영상번역가가 쓴

앙대 앙~대

코패니즈 한자어 ③

영상번역가가 쓴

왕대 왕~대 코패니즈 한자어 3

초판 1쇄 발행 2024년 1월 1일

지은이　이빈
펴낸이　김병호
펴낸곳　주식회사 바른북스

등록　2019년 4월 3일 제2019-000040호
주소　서울시 성동구 연무장5길 9-16, 301호
　　　　(성수동2가, 블루스톤타워)
대표전화　070-7857-9717
팩스　070-7610-9820
이메일　barunbooks@naver.com
홈페이지　www.barunbooks.com

값　18,000원
ISBN　979-11-93647-38-7 (13730)

영상번역가가 쓴

앙대 앙~대

코패니즈 한자어

목 차

첨예(尖鋭)라는 한자어의 한일 간 첨예한 차이

彼女の行動は、極めて先鋭的、[1]実験的だった。

그녀의 행동은 지극히 [　2　], **극단적이고** 실험적이었다. 모리 히로시 〈사계4동(冬)〉

当時は学生運動も[3]、しかも先鋭的でしたから、なかなか大変でした。

당시는 학생운동도 **활발했고** 게다가 [　4　] 꽤 [　5　]. 우치다 야스오 〈괴담의 길〉

彼はあまりにも先鋭的な思想の持ち主だったので、周りの[　　6　　]。

그는 너무나도 [　7　]의 소유자여서 주변 **사람들이 꺼려했다**.

私の親父は、強引に[　　8　　]先鋭的な人でした。

제 아버지는 강제로 **상대를 무릎 꿇게 만드는** [　9　] 사람이었어요.

[　　10　　]大人の女性を対象とし、

시대를 앞서갈 수 있는 성인 여성을 대상으로,

先鋭的なデザインとカラフルな色使いで個性を引き出す!

[　　11　　]과 컬러풀한 [　12　]으로 개성을 이끌어낸다!

双方の対立が特に先鋭化したのは、[　13　]の対策に関するものであった。

양측의 대립이 특히 [　14　] 건 **저출산 고령화** 대책에 관한 것이었다.

先鋭な刃先が彼の[　　15　　]、[　　16　　]

[　17　]이 그의 **심장을 파고들자, 모골이 송연해지는**

[　18　]悲鳴が[　　19　　]。

단말마적 비명이 **골짜기에 울려 퍼졌다**.

気象庁は、[1   ]を発令し、明日は記録的な[2]を
기상청은 **호우주의보**를 발령하고, 내일은 기록적인 **강우량**을

記録する可能性が高いとし、国民の格別な[3   ]。
기록할 가능성이 높다며, 국민들의 각별한 **주의를 당부했습니다.**

小学校の入学年齢を[4   ]が[5   ]
초등학교 입학 연령을 **하향 조정하는 학제 개편안**이 **언론을 타자**

該当する[6   ]を持つ[7]たちから批判の声が[8]。
해당 **연령대의 자녀**를 둔 **학부모**들로부터 비판의 목소리가 **빗발쳤다.**

[9   ]雇うのは難しいので、
형편상 사비로 아이 돌보미를 고용하기는 어려워서

政府が費用の一部を支援してくれる[10   ]を[11   ]。
정부가 비용 일부를 지원해 주는 **공공 어린이집을 찾고 있는 중이에요.**

[12   ]タクシー[13]の数は[14]に急減したが、
지난 10월 말 현재 택시 **기사** 수는 **6만 명 수준**으로 급감했는데,

これがタクシー運行率が[15   ]理由だ。
이것이 택시 운행률이 **30% 수준에 머무르는** 이유다.

ソウル市側は、新たに[16]光化門広場で大規模な集会やデモに
서울시 측은 새로이 **재개장하는** 광화문 광장에서 대규모 집회나 시위로

[17]のある[18   ]という[19   ]。
변질될 가능성이 있는 행사는 불허한다는 방침임을 분명히 했습니다.

퀴즈를 풀어 보시고 신기하게 생각하는 분들이 많겠죠? 이 '첨예'라는 한자어도 한일 간에 쓰임새 차이가 큽니다. 그리고 일본은 尖이라는 한자가 아니라 상용한자인 先으로 바꿔서 표기하는데, 이 '첨예'의 경우는 尖銳라고 표기하는 경우도 상당히 많은 거 같습니다. 일단 먼저 사전을 뒤져 보면 한국의 국어사전은,

1. 날카롭고 뾰족하다.
   첨예한 칼끝에 손을 찔렸다.

2. 상황이나 사태 따위가 날카롭고 격하다
   양측의 대립이 첨예하다.
   이 소설은 인간 사회의 구조적 모순을 첨예하게 보여 주고 있다.

그리고 일본의 국어사전을 보시죠. 다 비슷비슷하니 이번에는 다이지센 사전을 봅시다. 신기한 뜻풀이가 있습니다.

(1) 鋭くとがっていること。また、そのさま。「―な穂先」
(2) 思想·行動などが急進的、過激であること。また、そのさま。「―な活動家」

1번 뜻풀이는 한국과 비슷하지만 2번 뜻풀이는 전혀 다르죠. 한국에서는 '첨예'를 급진적이나 과격하다는 뜻으로는 쓰지 않죠. 그리고 모범 답안 설명을 읽어 보셨다면 아시겠지만 일본은 '첨단적'이라는 뜻으로도 씁니다. 그러니까 일본어 '첨예'를 번역할 때는 어떤 뜻으로 쓰였는지 면밀히 살펴야 하겠죠.

1. 극단적이고 : 極端で

제가 제공한 엑셀 파일을 공부하신 분은 다 맞히셨을 거라 기대합니다. 물론 이미 알고 있었던 분도 많으시겠지만요. 일본은 '극단'에도 '적'을 붙이지 않습니다.

2. 先鋭的 : 급진적

해설에서 설명했듯이 일본은 이런 의미로도 씁니다.

3. 활발했고 : 盛んで

이런 문맥에서의 「盛んで」는 '활발'이라고 번역해 줘야 자연스럽겠죠. 학생 운동이 번성했다고 하면 좀 그러니까요. 아니면 '성행했고'라고 해 줄 수도 있을 듯합니다.

4. 先鋭的でしたから : 과격해서

일본어 「先鋭(的)」의 뜻을 설명하는 글들에서 '과격'과 비슷한 뜻이라고 하는 게 많습니다. 그러니 문맥에 따라 '급진'을 선택할 건지 '과격'을 선택할 건지 면밀히 살펴야겠죠.

5. 大変でした : 힘든 시기였죠

이 大変이라는 일본어도 말뜻의 스펙트럼이 상당히 넓어서 번역하기 大変 까다로운 단어죠. 그리고 술어적으로 쓰이는 「大変だ」는 보통 힘들다, 큰일이다, 큰일 났다 정도로 번역되지만 이렇게 해선 어색한 문맥이 분명히 있죠. 이 문장이 그런 케이스라고 생각하는데 '큰일'은 영 아니고, '힘들었죠'라고 하면 화자 또는 화자와 청자가 힘들었다는 뉘앙스가 되니까 좀 애매하죠. 그러니 문맥상 객관성을 부여해서 번역하자면 위와 같은 번역이 가능하지 않을까 합니다. 검색을 통해 발견한 예문이라서 전후 사정을 잘 모르지만 경우에 따라서는 '혼란스러웠죠'도 역어 후보가 될 수 있으리라 봅니다.

6. 사람들이 꺼려했다 : 人たちから敬遠された

이 '꺼려하다'와 '내켜하다'는 오용이라고 '꺼리다', '내키다'로 써야 한다고 지적하는 사람들이 많죠. 왜냐하면 이 둘은 동사이기 때문에 형용사에 'ㅓ하다'를 붙이는 것과는 다르다는 것이죠. 그런데 '꺼리다'의 경우는 그렇다 쳐도 '내키다'의 경우는 부자연스러운 예가 많습니다. 예를 들어 '어머니는 처음에 내 아내를 내켜하지 않았다'와 '어머니는 처음에 내 아내가 내키지 않았다'의 경우 후자는 어딘지 부자연스러운 느낌이 들지 않나요? 자연스럽다고 하더라도 둘의 뉘앙스는 어딘가 다르다는 느낌이 들지 않나요? 문법에 보수적인 분들은 말이 먼저고 문법은 나중에 생긴 거라는 사실을 간과하는 것 같다는 느낌이 들 때가 많습니다. 문법, 물론 중요하죠. 언어의 체계를 세우는 거니까요. 하지만 가끔 주객전도라는 말이 떠오를 때가 있습니다. 참고로 국립국어원은 '꺼리다'와 '꺼려하다' 둘 다 쓸 수 있다고 답변한 사실이 있습니다.

> 日   한국에도 '경원하다'라는 말이 있지만 일본에 비해 사용 빈도가 낮습니다.

7. 先鋭的な思想 : 급진적인 사상

개인적 생각으로는 이 문맥에서도 '급진적'이 가장 적절한 거 같습니다.

8. 상대를 무릎 꿇게 만드는 : 相手をひれ伏させる

「ひれ伏す」는 바닥에 바짝 엎드린다는 뜻인데 이 문맥에서의 '무릎 꿇게 만들다'는 상대를 굴복시킨다는 뉘앙스니까 이렇게 번역해 줄 수 있겠습니다. 참고로 감수자님은 한정적으로 이런 표현도 가능할 수 있지만 남을 무릎 꿇게 만드는 정도 가지고 先鋭的라는 표현을 쓰는 건 일반적이지 않다고 했으니 참고하십시오. 다만 이 역시 실제로 쓰인 예문을 갖고 온 것입니다.

9. 先鋭的な : 강압적인, 과격한

개인적으로 이 문맥에서는 '강압적인'으로 의역하는 게 적절할 듯합니다. 일본인에게 질문한 결과 사전적인 뜻으로는 '과격'의 뜻이지만 이 예문의 문맥으로는 '강압적'이 어울릴 듯하다는 의견을 줬고, 감수자님 또한 이 부분은 건드리지 않았습니다.

10. 시대를 앞서갈 수 있는 : 時代を先取りできる

꽤 자주 접하는 표현이니까 지금껏 몰랐던 분은 외워서 활용해 보시길. 「先取り」는 선취하는 것, (이자 등을)미리 떼는 것이라는 뜻으로 쓰이지만 남들보다 먼저 행하는 것이라는 뜻으로도 쓰입니다.

11. 先鋭的なデザイン : 첨단적 디자인

사전의 뜻풀이에는 없지만 이런 뉘앙스로도 쓰는 예가 많습니다. 그래서인지 Weblio유의어 사전에서는 「流行の先端である様」, '유행의 첨단에 있는 것'이라는 뜻풀이가 돼 있습니다. 그리고 이 예제는 실제로 이 뜻으로 쓰인 안경 광고 문구입니다. 사전의 뜻풀이에는 없지만 이런 뜻으로 쓰는 사람이 있다는 것이죠.

12. 色使い : 색상, 색감

'색 쓰기'라는 표현을 우리는 하지 않으니 이처럼 의역할 수밖에 없겠습니다. 문맥에 따라서는 '배색'으로 번역도 가능합니다.

13. 저출산 고령화 : 少子高齢化

14. 先鋭化した : 격화된, 첨예화된

> **日** 한국에도 '첨예화'라는 게 사전에 있고 또한 비슷한 뉘앙스로 쓰이기 때문에 답안으로 제시했지만, 개인적으로는 전자의 번역을 택할 거 같습니다.

15. 심장을 파고들자 : 心臓に突き刺さると

한국어 '파고들다'도 일본어로 번역할 때 참 까다로운 단어죠. 이 문맥에선 제 능력으로는 이런 번역밖에 안 떠오르네요.

16. 모골이 송연해지는 : 身の毛がよだつような

'모골'은 털과 골이란 말이죠. 일본은 이런 표현을 안 쓰니 위와 같이 의역해 줄 수밖에 없겠죠. 그리고 「よだつ」를 한자로 쓰면 「弥立つ」지만 히라가나로 표기합니다. 다이지센의 뜻풀이를 보면,

寒さ・恐怖などのためにぞっとして体の毛が立つ。「身の毛が―・つ」

이처럼 '요다츠' 자체에 몸의 털이 선다는 뜻이 있는데 예문을 보시죠. 중복 표현에 엄격한 일본도 이런 예외가 없을 수 없는 법이죠. 이 '요다츠'는 위의 예문처럼 쓰는 게 전형적 형태입니다.

> 日   '송연(悚然)하다'는 몸이 움츠러들 정도로 소름이 끼친다는 뜻입니다.

17. 先鋭な刃先 : 날카로운(예리한) 칼끝

> 日   한국어 '첨예'라는 말도 날카롭고 뾰족하다는 뜻풀이가 돼 있고, 또 국어사전 예문에도 '첨예한 칼날'이라고 해 놨지만 일반적인 표현은 아니라고 생각합니다. 따라서 이런 경우에는 위와 같이 번역하는 게 낫다고 생각합니다.

18. 단말마적 : 断末魔の

일본은 '단말마'에도 '적'을 붙이지 않습니다. 그리고 断末魔의 '말마'는 산스크리트어를 음역한 것인데 치명적인 혈, 급소라는 뜻이라고 합니다. 그러니까 급소를 찌르거나 베면 엄청나게 고통스럽겠죠. 여기서 뜻이 변해서 '단말마적'이라는 말은 '숨이 끊어질 때처럼 몹시 고통스러운 것'이라는 뜻이 됐는데, 사실상 한국에서는 국어사전의 뜻풀이와는 다른 의미로 쓰고 있는 예가 많습니다. 검색을 해 보시면 '발악적'과 비슷한 뉘앙스로 쓰고 있는 경우가 많다는 걸 알 수 있습니다.

19. 골짜기에 울려 퍼졌다 : 谷間に響き渡った

'울려 퍼지다'라는 말은 위와 같이 번역할 수 있겠습니다.

랜덤 예제 모범 답안

1. 호우주의보 : 大雨注意報

2. 강우량 : 雨量

일본도 '강우량'이라는 말도 쓰지만 '우량'이라고 하는 게 일반적입니다.

3. 주의를 당부했습니다 : 注意を呼びかけました

4. 하향 조정하는 학제 개편안 : 引き下げる学制改革案

1권에서 '하향 조정'을 일본에선 「下方修正」이라고 한다고 했죠. 하지만 이건 경제 관련 뉴스에서나 나오는 딱딱한 용어입니다. 초등학교 입학 연령을 「下方修正」이라고 하면 일본말로 '오오게사'가 되겠죠. 그리고 한국 정부의 학제 개편안 관련 뉴스를 전하는 일본 기사를 보면 '개편안'이 아니라 '개혁안'이라고 해 놨습니다.

5. 언론을 타자 : マスコミに取り上げられると

일본은 '언론'이라는 한자어의 쓰임새가 적다는 건 이미 다뤘던 거고, 한국어 '타다'라는 동사도 쓰임새의 폭이 매우 넓고 일본과는 다른 쓰임새를 지닌 단어죠. 예를 들면 가을을 타다, 부끄럼을 타다, 나무를 타다, 연줄을 타다 등등… 따라서 이건 위와 같이 의역해 줄 수 있겠습니다.

6. 연령대의 자녀 : 年代(年齢層)の子供

연령대의 한자는 年齢帶인데 일본은 이 한자어를 쓰지 않습니다. 따라서 직역에 가깝게 번역하자면 「年齢の代」가 되겠지만 일본은 위처럼 「年代」라고 하거나 「年齢層」이라고 하는 게 일반적입니다. 그리고 일본도 子女라는 말이 있지만 일상생활에서의 쓰임새는 적습니다. 외국에서 살다가 돌아온 자녀를 뜻하는 「帰国子女」라고 할 때나 쓰는 정도. 그리고 親(おや)도 어머니와 아버지를 같이 이르는 말로 쓰듯이 子供도 딸과 아들을 겸해서 이르기도 합니다.

7. 학부모 : 保護者

8. 빗발쳤다 : 殺到した

9. 형편상 사비로 돌보미를 : 家計の事情で自腹で子守を

이 '형편'이라는 한국어도 1대1로 대응되는 일본어가 없죠. 그리고 여기선 경제적으로 어렵다는 뜻이죠. 家計라는 일본어는 가정의 수입과 지출 상태를 뜻하는 말이니 위와 같이 의역해 줄 수 있겠습니다. 또한 일본은 사비(私費)라는 한자어가 아니라 위와 같이 말하는 게 일반적입니다. 그리고 「子守」는 아이를 돌보는 것, 또는 돌보는 사람을 뜻하는 말이죠. 또한 「自腹」는 자신의 배라는 말인데 여기서 뜻이 변해서 자신의 지갑, 자기 돈이라는 뜻으로 쓰이게 된 것입니다. 몰랐던 분은 아주 자주 쓰는 표현이니까 이참에 외워 두시길 바랍니다.

10. 공공 어린이집 : 認可保育園(所)

우리가 말하는 어린이집을 일본은 이처럼 '보육원(소)'라고 합니다. 그리고 공공 어린이집은 공립과는 다르죠. 사립인데 일정한 요건을 갖추면 정부의 지원을 받을 수 있는 어린이집이죠. 일본은 이런 시설을 위와 같이 말합니다. 그리고 일본도 公共保育所가 있긴 한데, 이건 편모 또는 편부 가정, 그리고 교사, 간호사 등의 자녀들로서 충분한 보살핌을 받지 못하는 아이들을 우선적으로 입학시키는 곳이라고 합니다.

11. 찾고 있는 중이에요 : 探しているところです

이걸 「探している途中」이라고 하면 어색하죠. 거꾸로 이런 문맥에서 쓰인 「ところ」는 이처럼 번역하면 자연스러우니 몰랐던 분은 외워 두시기 바랍니다. 문맥에 따라서는 '~ 참이다'라고 번역할 수도 있겠고요.

12. 지난 10월 말 현재 : 去る10月末の時点で

일본은 '현재'를 이런 문맥에서 쓰지 않습니다. 말 그대로 '현재'일 경우만 씁니다. 여기서 「去る」는 과거 시점을 말하는데 '현재'랑 같이 쓰면 이상하다는 거죠. 그러니 위와 같이 번역해 줘야 자연스러워지겠죠. 그리고 옛날에 공부하면서 왜 과거형인 「去った」라고 하지 않고 「去る」라고 하는지 궁금했는데 그래서 외국어인 것이죠. 그냥 정형화된 표현이라고 생각해야겠죠.

13. 기사 : 運転手

14. 6만 명 수준 : 6万人台

15. 30% 수준에 머무르는 : 30%台に留まる

16. 재개장하는 : 再オープンする

이 경우 일본은 '오픈'이라고 하는 게 일반적입니다.

17. 변질될 가능성 : 変質する可能性

18. 행사는 불허한다 : イベントは許可しない

일본은 '불허'라는 한자어를 안 쓰니까 이렇게 해 줘야겠죠.

19. 방침임을 분명히 했습니다 : 方針であることを鮮明にしました

> ### 読み方
>
> 悲鳴(ひめい)・雇(やと)う・先鋭(せんえい)・敬遠(けいえん)・ひれ伏(ふ)させる・先取(さきど)り色(いろ)使(づか)い・突(つ)き刺(さ)さる・刃先(はさき)・断末魔(だんまつま)・谷間(たにま)殺到(さっとう)・自腹(じばら)・子守(こもり)・去(さ)る・留(とど)まる

일본 한자어 触発(촉발)의 의외의 쓰임새

フランスの[1]**に**[2   ]、**全国に**[3]**。**

프랑스 **정유업계**에서 촉발된 노조 파업 전국으로 **확산**

貯蓄銀行の[4   ]**スペイン危機の原因と展望**

저축은행 부실로 촉발된 스페인 위기의 원인 및 전망

米国警察による逮捕過程での黒人男性の[5   ]**が**

미국 경찰의 체포 과정에서 흑인 남성의 사망으로 촉발된 시위가

全国に[6   ]**政府は米国本土訪問を**[7]**するよう勧告している。**

전국으로 **확산되고 있으므로** 정부는 미국 본토 방문을 **자제**하라고 권고하고 있다.

最近、[8]**を初めとする犬が**[9   ]**報道が相次ぎ、**

최근 **반려견을 비롯하여** 개가 **사람을 공격했다는** 보도가 잇따르면서

[10   ]**。**

격렬한 반응이 촉발됐다.

IT企業を[11]**大成功を収めた友達に触発されて、**

IT 기업을 **창업해서** 대성공을 거둔 [12   ]

僕も[13   ]**IT分野を**[14]**である。**

나도 **창업에 뜻을 품고** IT 분야를 **맹렬히** 공부 중이다.

あの時、日本人のノーベル賞受賞に触発されて

그때 일본인의 노벨상 [15   ]

[16   ]**しています。**

학자의 뜻을 품고 나날이 정진하고 있습니다.

[17   ]している韓国のアイドルグループに触発されて、

바야흐로 전 세계로 도약하고 있는 한국의 아이돌 그룹에 [18   ]

[19   ]に登録した。

아이돌 학원에 등록했다.

[20]の演説に触発されて、カトリックの[21]になる決心をした。

교황의 [22   ] 가톨릭 주교가 될 결심을 했다.

[23   ]僕は、彼の[24]に触発され[25   ]を決心した。

절망감에 허덕이고 있었던 나는 그의 자서전에 [26   ] 정계 입문을 결심했다.

랜덤 예제

[1   ]お金で女房に[2   ]を買ってあげたが

연말정산에서 환급받은 돈으로 아내에게 짝퉁 명품백을 사 줬다가

結局ばれて[3   ]。

결국 들켜서 엄청나게 혼이 났다.

[4   ]に急騰した株価が[5   ]を見せると、

일사분기에 급상승했던 주가가 꼭지를 치고 답보 상태를 보이자

[6   ]が増えた状態で[7   ]。

매도 주문이 늘어난 상태로 장이 마감됐다.

取調べの結果、犯罪[8   ]、初犯の上に罪質が軽微で

취조 결과 범죄 혐의는 인정되나 초범인 데다 죄질이 가볍고

[9   ]したそうです。

개전의 정을 보여서 훈방했다고 합니다.

퀴즈를 풀어 보셨으면 아시겠지만 일본은 '촉발'이라는 한자어의 쓰임새가 한국에 비해 많고 그 뜻도 미묘하게 다르게 쓰입니다. 우리는 '친구에게 촉발돼서'라고 하지 않죠. 또한 일본의 여러 사이트에서 일본어 '촉발'은 긍정적인 뜻으로만 쓴다고 설명하고 있는데 그중 한 곳에서는 다음과 같은 대화를 예시로 제시하고 있습니다.

A：学生時代は周りに**"触発"**されてギャンブル三昧の生活でしたね
B：それは間違ってるよ!
A：わかっています…でも今はきっぱり足を洗ってますから
B：(속으로)「触発」の使い方が間違ってるって言いたかったんだけど

'촉발'의 쓰임새가 틀렸다고 말한 건데…라고 속으로 생각한 것이죠. 하지만 이 대화의 예에서도 짐작할 수 있듯이 지금은 부정적인 뉘앙스로 쓰는 사람도 많다고 합니다. 실제로 검색을 해 보면 부정적인 뉘앙스로 쓰고 있는 것들도 많이 발견되고요. 그러니 일본어로 번역하거나 말을 할 때, 부정적인 뜻으로 쓰는 사람도 있으니 한국어 촉발을 그대로 触発라고 할 것인지, 아니면 부정적 뜻으로 쓰는 건 틀렸다고 생각하는 사람도 많으니 다르게 의역할 것인지는 본인의 선택에 달린 것이겠죠. 참고로 일본의 여러 사이트들이 '촉발'의 유의어로 제시한 건 다음과 같습니다. 그러니 의역을 선택한 분은 아래의 유의어를 참고하면 좋겠죠.

刺激, 誘発, 煽動, 引き起こす, 影響を与える, 働きかける, 左右する
感化, 感応, 教化, もたらす, きたす, 生ずる, 生む, 挑発

그리고 「触発され」를 영어로 번역한 사례를 보면 inspired, triggered, provoked, touched off 등이 있습니다. 참고로 위의 대화에 나온 「周りに触発されて」에서 '촉발'의 쓰임새가 원래의 쓰임새로 볼 때 틀린 거라면 어떤 한자어로 바꾸면 될까요? 뒤에 의외라고 생각하실(물론 아는 분도 계시겠지만) 표제어가 나오니까 기대하세요.

| 日 | 한국에서는 '연설에 촉발돼서', '친구에게 촉발돼서', '종교에 촉발된 예술', '팀원들을 촉발하기 위해' 등이라고 하면 어색합니다. 참고로 예제의 한국의 '촉발'을 触発라고 하지 않고 의역한 것들을 감수자님도 건드리지 않았습니다. |

1. 정유업계 : 石油業界

일본 국어사전에서 精油를 찾아보면 식물의 꽃, 잎, 가지 등에서 추출하는 방향유라고 나옵니다. 한국처럼 '정제한 석유'라는 뜻으로 쓰지 않는다는 것이죠.

> 日   국어사전을 찾아보니 한국에도 일본과 같은 뜻풀이가 있던데 저는 처음 봤습니다. 그런 뜻으로 쓰는 예도 듣거나 본 적이 없습니다. 전문 영역에서는 쓰일지도 모르지만요.

2. 촉발된 노조 파업 : 端を発した労組スト

해설에서 설명했듯이 부정적으로 쓰는 사람들도 많은 모양이지만, 일단 긍정적으로만 쓴다는 사람들도 있는 만큼 위와 같이 의역해 주는 게 좋지 않을까 싶습니다.

3. 확산 : 広がる

4. 부실로 촉발된 : 放漫経営が引き金となった

블로그에도 썼듯이 한국어 '부실'도 번역하기 참 까다로운 한자어죠. 우리가 말하는 '부실 채권'을 일본은 「不良債権」이라고 하고, 또 실제로 不良라고 번역하면 되는 경우도 많죠. 그런데 여기서도 不良라고 번역해도 될까요? 답은 '아니오'입니다. 이 경우는 「銀行の不良」라고 하면 의미가 통하지 않는다고 합니다.

5. 사망으로 촉발된 시위 : 死亡に端を発したデモ

요즘은 일본어 '촉발'도 부정적 의미로도 쓴다고 하니 써도 되겠지만 안 그렇게 생각하는 일본인들도 있으니까 위와 같이 번역해 봤습니다. 어쨌건 선택은 번역자의 몫이겠죠. 그리고 이와 비슷한 뉘앙스인 誘発는 부정적 의미로만 쓴다고 설명해 놓은 사이트가 있더군요. 실제로 신명해 사전은 아래와 같이 설명하고 있습니다.

それがきっかけになって、他のかんばしくない事を引き起こすこと

「芳しくない」는 좋지 않다, 바람직하지 않다는 뜻이죠. 그런데 확인차 여러 일본인에게 물어본 결과는 부정적 뉘앙스로 쓰이는 경우가 많지만 긍정적 의미로도 쓴다고 합니다. 실제로 우리는 '분만 유도제'라고 하는데 일본은 「分娩誘発剤」라고 하듯이 말이죠. 그리고 이 일본 한자어 誘発는 誘라는 한자어 때문인지 의도를 갖고 일으킨다는 뉘앙스로 받아들이는 일본인들이 많은 모양입니다.

6. 확산되고 있으므로 : 拡大しているので

7. 자제 : 自粛

8. 반려견 : ペットの犬

9. 사람을 공격했다는 : 人を襲ったという

이 경우에 '공격'이라고 해도 알아는 듣겠지만 위와 같이 말하는 게 일반적입니다.

10. 격렬한 반응이 촉발됐다 : 激しい反応を引き起こした

일본어 触発도 부정적 뉘앙스로 쓰일 때가 있다니까 한국어 '촉발'을 触発라고 해도 되는 경우도 있지만 이런 문맥에서는 触発라고 하면 부자연스럽습니다. 그리고 일본도 激烈이라는 한자어를 쓰지만 쓰임새가 한국에 비해 적습니다. 이 경우에 어떤 걸 쓰는 게 더 일반적이냐고 질문했더니 한 일본인이 자기는 激烈라는 말을 써 본 적이 없다고까지 하더군요.

11. 창업해서 : 起業して

12. 友達に触発されて : 친구한테 자극을 받아서

그러므로 이런 문맥에서는 위와 같이 번역하는 게 자연스럽다고 생각합니다.

13. 창업에 뜻을 품고 : 起業を志して

'뜻을 품다', '뜻을 두다' 등의 표현을 일본은 위와 같이 합니다.

14. 맹렬히 공부 중 : 猛勉強中

> **日** 한국에서는 '맹공부'란 말은 안 씁니다. 물론 무슨 말을 하려는지 알아는 듣겠지만 일반적인 표현은 아닙니다. '맹'을 붙여서 하나의 단어로 쓰는 건 맹연습, 맹훈련, 맹공격, 맹비난, 맹추위 정도밖에 기억이 안 나네요.

15. 受賞に触発されて : 수상에 자극을 받아서

16. 학자의 뜻을 품고 나날이 정진 : 研究者を志して日々精進

우리는 이 경우에 '연구자의 뜻을 품다'는 식으로 말하지는 않죠? 반면에 일본은 '연구자'라는 한자어를 우리로 치면 '학자'란 뜻으로 쓰는 경우가 많습니다. 단순히 연구하는 사람이라는 뜻이 아니라 특정한 학문을 연구하는 '직업'과 비슷한 뉘앙스로 쓴다는 말이죠. 그리고 이 日々精進은 사자성어입니다.

> **日** 한국에서도 연구소 같은 데서 일하는 사람을 '연구자'라고 하긴 합니다. 하지만 "저는 연구자가 꿈입니다", 또는 "저는 연구자예요"라고 말하면 '무슨 연구자?'라고 생각할 겁니다.

17. 바야흐로 전 세계로 도약 : 今や全世界に飛躍

18. 触発されて：자극을 받아서

19. 아이돌 학원：アイドル養成所

일본은 이렇듯 '양성소'라는 표현을 씁니다. 일본의 경우 '양성'과 '육성'도 미묘한 쓰임새 차이가 있는데, 이건 뒤에서 하나의 표제어로 자세히 살펴보겠습니다.

20. 교황：教皇·法王

1권에서 다뤘던 건데 상황이 바뀌었답니다. 예전까지 일본 가톨릭 관계자들이 '교황'이라고 부르자고 해도 일반인들은 물론이고 언론에서도 '법왕'이라고 했는데 2019년 11월 말경 프란시스코 교황의 방일에 맞춰서 일본 정부가 '교황'으로 통일하기로 했다고 합니다. 그 이후로 언론에서도 '교황'이라는 명칭을 쓰기로 했다는군요.

21. 주교：司教

22. 演説に触発されて：연설에 감명을 받아서

이 경우에는 '감명'이라고 의역할 수 있겠습니다.

23. 절망감에 허덕이고 있었던：絶望に打ちひしがれていた

24. 자서전：自伝

25. 정계 입문：政界入り

이때 일본어로도 '입문'이라고 하면 의미는 통하겠지만 위와 같이 말하는 게 일반적입니다. 일본인에게 질문해 본 결과 뜻은 통하지만 거의 본 적이 없다는 답변을 들었습니다.

26. 触発され：감명을 받아, 감화되어

여기선 '감화'로 의역할 수도 있겠는데, 이 '감화'라는 한자어도 한일 간 쓰임새가 다릅니다. 바로 다음 표제어로 살펴보죠.

랜덤 예제 모범 답안

1. 연말정산에서 환급받은：年末調整で還付された

일본은 이처럼 '연말조정', 그리고 '환부'라고 합니다.

2. 짝퉁 명품백 : パチモンのブランドバッグ

일본은 '짝퉁'을 이와 같이 말합니다. 비슷한 말로서「ばったもん」이란 것도 있는데 현재는 이것도 가짜, 짝퉁이라는 뜻으로 통용되지만, 옛날에는 기업이 도산했을 때 대량으로 싸게 파는 제품, 너무 오래됐거나 흠집 같은 게 있어서 싸게 내놓은 제품을 뜻했다고 합니다.

3. 엄청나게 혼이 났다 : 散々に怒られた

일본은 특히 야단을 맞거나 할 때「散々」이라는 부사를 자주 씁니다.

4. 일사분기 : 第1四半期

5. 꼭지를 치고 답보 상태 : 頭打ちをして伸び悩む様子

주가 등이 꼭지를 치는 걸「頭打ち」, 다시 말해 머리를 친다고 표현합니다. 그리고 답보 상태는 위와 같이 번역해 줄 수 있겠죠.

6. 매도 주문 : 売り注文

7. 장이 마감됐다 : 大引けした·取引が終了した

8. 혐의는 인정되나 : 容疑は認められるが

9. 개전의 정을 보여서 훈방 : 改悛の情を示しているので微罪釈放

이 '개전의 정' 역시 일본에서 쓰는 표현을 그대로 갖다 쓴 게 아닌가 싶습니다만, 아무튼 법률 용어지만 일반인들, 예컨대 학교 선생님들도 간혹 썼던 걸로 기억합니다. 改悛의 悛은 우리는 고칠 전, 공손할 순, 두 가지 읽는 법이 있는데 일본은 우리로 치면 '순'만 채택(?)한 모양입니다. 그러니「かいしゅん」이라고 읽는 거겠죠. 그런데 이 말은 지금의 한국 젊은이들한테는 생경한 말일 듯한데 이건 일본도 마찬가지겠죠. 그러니 그냥「反省している」정도로 의역하는 게 나을지도 모르겠습니다. 그리고 우리는 훈방이라고 하는데 일본은 '미죄석방'이라고 합니다.

> 日　훈방은 훈계 방면(訓戒放免)을 줄인 말입니다.

読み方

相(あい)次(つ)ぎ·女房(にょうぼう)·軽微(けいび)·端(たん)を発(はっ)した·労組(ろうそ)放漫(ほうまん)·引き金(がね)·誘発(ゆうはつ)·分娩(ぶんべん)·触発(しょくはつ)·猛(もう)勉強志(こころざ)して·精進(しょうじん)·教皇(きょうこう)·還付(かんぷ)·散々(さんざん)頭打(あたまう)ち·伸(の)び悩(なや)む·改悛(かいしゅん)の情(じょう)·微罪(びざい)

こいつらに感化されちゃだめってば。

이것들한테 [1   ]! 〈내 머릿속의 포이즌베리〉

部長に感化されて自殺したかも知れない。

부장한테 [2   ] 자살한 건지도 몰라. 〈명탐정 코난〉

あんなに[3]が[4]とは、不良の[5]に感化されたのよ、きっと!

그렇게 **착했던 애가** **좀도둑질**이라니, 불량한 **반 친구**한테 [6   ], 분명히!

あの子は小学校までは[7   ]父に感化されてなまけ癖が[8   ]。

재는 초등학교까지는 **정말 부지런했는데** [9   ] 게으른 버릇이 **전염된 거야**.

[10   ]に感化されて、[11   ]しまう[12]が多い。

질 나쁜 친구에게 [13   ] 자기도 모르게 비행을 저지르고 마는 **탈선 청소년**이 많다.

랜덤 예제

今回キム議員が発議した[1   ]に関する法案は

이번에 김 의원이 발의한 **재활용 쓰레기 처리**에 관한 법안은

与野党を問わず、[2   ]であると[3   ]人が多い。

여야를 막론하고 **부실 투성이 법안**임을 **성토하는** 사람들이 많다.

警察の[4]から内部の[5]者を[6   ]そうです。

경찰 **고위층**으로부터 내부 **문건을 유출한** 자를 **색출하라는 지시가 떨어졌**네요.

[7   ]連続殺人鬼が国外へ[8   ]逮捕した警察は

세상을 발칵 뒤집었던 연쇄 살인마가 국외로 도주하기 **직전** 가까스로 체포한 경찰은

これまでに明らかになった犯行以外に[9   ]と述べています。

지금껏 밝혀진 범행 외에 **추가 범행 여부를** 조사 중이라고 [10   ].

[11   ]には、本人[12   ]できないので、

저희 사이트에는 본인 **인증 절차를** 거치지 않으면 가입할 수 없으므로

[13   ]は[14]です。

공인인증서 발급은 필수적입니다.

[15]に「総作画監督」の[16]「作画監督」の[17]名前を入れてくだい。

엔딩 크레딧에 '총 작화 감독' **표기가 불가**할 경우, '작화 감독' **맨 위에** 이름을 넣어 주세요.

[18   ]してるのに[19]が[20   ]笑わせてくるので、

감정을 잡으려고 하는데 **상대 배우가 자꾸 이상한 표정으로** 웃기는 바람에

何回も[21   ]。

몇 번이나 **다시 찍었어요.**

あの女は[22   ]なので、[23   ]、[24   ]。

저 여자는 **뼛속부터 여장부라서 웬만한 일 갖고는 꿈쩍도 안** 한다.

[25   ]になった人たちには、どこか[26   ]がある

자수성가해서 입지전적 인물이 된 사람들에겐 어딘가 **일맥상통하는** 데가 있다.

[27   ]では、[28   ]が繰り広げられています。

대입 합격자 발표 현장에서는 희비가 **교차하는 정경**이 펼쳐지고 있습니다.

이 '감화'라는 일본 한자어를 바로 앞에 나온 '촉발'의 유의어로 제시하고 있는 곳이 많은데 '촉발'과 다른 점은 이 '감화'는 긍정적으로도 부정적으로도 쓴다고 설명을 하고 있습니다. 예제로 다뤘지만 실제로 제가 했던 번역에서도 부정적 뜻으로 쓰인 예가 있었고 말이죠. 다만 앞서 언급했듯이 현실적으로는 '촉발'도 부정적 뜻으로도 쓴다는 사람들도 있었지만요. 그러니 이 일본 한자어 感化가 부정적 뜻으로 쓰였을 때는 그대로 '감화'라고 하면 안 되겠죠.

> **日** 한국에서는 '감화'라는 한자어를 긍정적 의미로만 씁니다. 아래 표준국어대사전의 뜻풀이에서 진한 색깔을 입힌 부분을 참고하십시오.

좋은 영향을 받아 생각이나 감정이 **바람직하게** 변화함. 또는 그렇게 변하게 함.

감화를 주다.
나는 어린 시절 위인들에게 많은 감화를 받았다.
이가환이 비록 영세를 받지 않았으나, 일찍부터 이덕조의 감화를 입어 교리를 연구했고….
출처 <서기원, 조선백자 마리아상>

1. 感化されちゃだめってば : 물들면 안 된다니까

<내 머릿속의 포이즌베리>라는 영화에서 사랑, 연애에 관한 다섯 가지 감정을 관장하는 캐릭터들이 주인공의 연애를 성공시키기 위해서 설전을 벌이는데, 그중 한 명이 자기와 다른 주장을 하는 캐릭터들에게 끌려가려 하자 하는 말이죠. 그리고 이 「〜ってば」 문형을 모르는 분을 위해 간략히 설명하자면 자신의 말을 강조하는 의미로, 한국어 '~다(라)니까'에 해당하는 표현입니다. 앞에 명사가 올 때는 「だってば」의 형태로 씁니다. 예를 들어서 '엄마라니까!'라고 할 때는 「お母さんだってば」의 형태로 쓰죠. 다만 사람을 부를 때도 쓰는데 예를 들어 엄마를 계속 불렀는데 대답이 없는 경우 큰소리로 「お母さんってば!」라는 식으로 말합니다. 헷갈리지 않도록 조심해야겠죠.

> **日** 해설에서 언급했듯이 한국에서는 '감화'를 이런 문맥에서 쓰지 않습니다. 긍정적인 뜻으로만 씁니다.

2. 感化されて : 나쁜 영향을 받아서

<명탐정 코난>의 대사인데, 원래는 '자살' 부분은 없습니다. 그런데 그러면 독자들이 부정적 뜻인지, 긍정적 뜻인지 알 수가 없으니 '자살' 부분을 넣어서 예제를 짠 겁니다. 따라서 이 역시 위와 같이 의역해 줘야겠죠.

3. 착했던 애 : おとなしかった子

이걸 「優しかった子」라고 생각한 분 많으시죠? 문맥에 따라서는 이렇게 번역할 수도 있지만 이 문맥에서는 위와 같이 번역하는 게 자연스럽습니다. 감수자님 의견도 마찬가지였습니다. 「おとなしい」를 점잖다, 얌전하다 정도로만 알고 있는 분이 많으실 텐데 사실 이 일본어도 말뜻의 스펙트럼이 상당히 넓습니다. 다음에 기회가 되면 이에 관해서도 글을 쓸 생각인데 제가 수집한 역어 후보군을 여기서 간략히 소개한다면 착하다, 차분하다, 의젓하다, 조용하다, 온순(유순, 온건, 온화)하다, 수수하다 등이 있습니다. 의외라고 생각하는 분 많으시겠지만 이 단어가 쓰인 문맥을 보면 점잖다나 얌전하다로 번역해선 부자연스러운 예가 아주 많습니다. 아무튼 이에 관해서 이 책에서 구구절절 소개할 순 없으니 다음을 기약하기로 하죠.

4. 좀도둑질 : 万引き

일본은 슈퍼나 잡화점 같은 데서 물건을 훔치는 걸 이렇게 표현합니다.

> 日 　한국은 이런 말이 따로 없으니 번역하기 애매한데 그나마 비슷한 게 '좀도둑질' 같습니다.

5. 반 친구 : クラスメート

6. 感化されたのよ : 물든 거야

여기서도 저는 이렇게 번역해 봤습니다.

7. 정말 부지런했는데 : とても勤勉だったのに

일본은 '부지런하다'와 1대1 대응되는 말이 없죠. 따라서 이런 문맥에서는 위와 같이 번역해 줄 수 있겠습니다. 한국의 일본어 사전에선 「まめまめしい」를 제시하고 있는데 이건 오늘날은 쓰임이 거의 없는 거 같습니다. 처음 본다는 반응도 있을 정도였습니다.

8. 전염된 거야 : 伝染ったのよ

일본은 伝染뿐 아니라 感染도 비유적으로 쓴다고 했죠. 병이나 버릇, 감기 등이 '옮는다'는 뜻으로 쓸 때는 「移る」가 아니라 「うつる」라고 히라가나로 표기합니다. 그리고 위와 같이 표기하거나 「感染る」라고 표기하기도 합니다. 다만 이건 「当て字」기 때문에 공식적인 표기는 아닙니다.

9. 父に感化されて : 아빠한테 물들어서

여기선 '물들다'라는 번역이 가장 어울릴 거 같습니다.

10. 질 나쁜 친구 : 柄の悪い(たちの悪い)友達

후자의「たち」를 한자로 표기하면 質인데 히라가나로 쓰는 게 일반적입니다.「柄」도 여러 뜻으로 쓰이는 단어인데 여기선 인품이라는 뜻인「人柄」라고 할 때의 柄인 것이죠. 그리고 둘 사이에는 미묘한 뉘앙스 차이가 있는데 전자는 언동이나 태도가 거친, 이를테면 불량아, 깡패 같은 이미지라면 후자는 꼭 그렇지는 않고, 자기중심적이고 불리하다 싶으면 금세 거짓말하고, 남을 속여 먹고 하는 등의 질 나쁜 언행을 하는 사람, 우리 식으로 치면 얍삽한, 비열한, 야비한 인간이라는 뉘앙스라고 합니다. 그리고 잘 낫지 않고 사람을 무척 괴롭히는 악질 감기, 지독한 감기를「たちの悪い風邪」라고는 해도「柄の悪い風邪」라고는 하지 않습니다.

11. 자기도 모르게 비행을 저지르고 : 知らず知らず非行に走って

「知らず知らず(のうちに)」는 자기도 모르는 새, 부지불식 간에, 등의 뉘앙스를 지닌 표현이죠.

12. 탈선 청소년 : 非行少年

13. 感化されて : 나쁜 본을 받아서

여기서는 이렇게 번역해 봤습니다.

랜덤 예제 모범 답안

1. 재활용 쓰레기 처리 : 資源ゴミの処理

재활용 쓰레기를 일본은「資源ゴミ」라고 합니다. 그리고 1권에서 언급한 바 있듯이 일본은 '재활용'이 아니라 '재이용'이라고 하죠.

2. 부실 투성이 법안 : 抜け穴だらけの法案

'투성이'의 어감을 살려 주려면 위와 같이 번역하는 방법이 있겠습니다. 거꾸로 일한 번역으로 직역에 가깝게 번역한다면 '구멍이 숭숭 난 법안'이라는 뉘앙스죠. 그리고 그냥 '부실 법안'이라고 할 때는「ずさんな法案」이라고 번역해 줄 수 있겠습니다. 한자로 쓰면 杜撰(두찬)인데, 조잡한, 엉성한, 날림 등의 뜻을 지닌 한자어죠. 송나라 시인 두묵의 시는 형식, 격식에 맞지 않았다는 데서 유래한 거라고 합니다. 杜는 두묵의 '두', 撰은 시를 짓는다는 뜻인 '찬'인 것이죠.

3. 성토하는 : 糾弾する

일본은 聲討라는 한자어를 안 쓰니 위처럼 '규탄'이라고 번역할 수 있겠습니다.

4. 고위층 : 上層部

이 경우 일본은 '고위층'이라는 말이 아니라 '상층부'라는 표현을 씁니다.

5. 문건을 유출한 : 文書を流出させた

일본에는 '문건'이라는 한자어가 없습니다. 그리고 '유출'은 자동사이므로 위와 같이 사역형으로 번역해 줘야 합니다.

6. 색출하라는 지시가 떨어졌다 : 探し出せとの指示が出された

일본은 '색출'이라는 한자어도 쓰지 않죠.

7. 세상을 발칵 뒤집었던 : 世間を震撼させた

8. 도주하기 직전 가까스로 : 逃亡する直前、辛うじて

'가까스로' 부분은 「何とか」라고 번역해 줄 수도 있겠습니다. 이건 가까스로, 간신히 등의 뉘앙스로 쓰이기도 하니까요.

9. 추가 범행 여부를 조사 중 : 余罪の有無を調べている

10. 述べています : 밝혔습니다

뉴스나 신문 기사 같은 데서는 '말했습니다'가 아니라 위와 같이 해 주는 게 낫겠죠.

11. 저희 사이트 : 当サイト

12. 인증 절차를 거치지 않으면 가입 : 認証手続きを踏まないと登録

우리는 절차를 '거치다'라고 하는 게 일반적인데 일본은 이처럼 「踏む」라고 합니다. 그리고 우리는 인터넷 사이트 등에 '가입'한다고 하는 게 일반적인데 일본은 이처럼 '등록'한다고 하는 게 일반적입니다. 물론 '가입'이라고도 하긴 합니다.

13. 공인인증서 발급 : 電子証明書の発行

일본은 '전자증명서'라고 하고, 또한 '발급'이 아니라 '발행'이라고 하는 게 일반적입니다.

14. 필수적입니다 : 必須です

15. 엔딩 크레딧 : エンドロール

일본은 이렇듯 '엔드 롤'이라고 합니다. 「エンディング」라고 하면 기니까 이것도 그냥 짧게 「エンド」라고 하는 거겠죠.

16. 표기가 불가할 경우 : 表記ができない場合

일본도 不可라는 한자어를 쓰지만 아주 딱딱한 표현에 속합니다. 可의 반대 개념으로 주로 쓰고 또한 '불합격'이라는 뜻으로 씁니다. 그러니 위와 같이 번역해 줘야겠죠.

17. 맨 위에 : 筆頭に

일본은 '필두'를 이런 때도 씁니다.

18. 감정을 잡으려고 : 気持ちを作ろうと

연기를 할 때 '감정을 잡는다'는 표현을 일본은 이렇게 합니다. 블로그에서도 언급한 바 있듯이「気持ち」라는 말의 뉘앙스는 이렇게 넓다는 것이죠. 그리고「気持ちを入れる」라고도 합니다.

19. 상대 배우 : 相手役

일본은 이 경우「相手俳優」가 아니라 위와 같이 말하는 게 일반적입니다.

20. 자꾸 이상한 표정으로 : 再三変顔で

이「再三」이라는 말은 여러 번이라는 뜻으로도 쓰이죠. 그리고「変顔」는 표정을 웃기게 일그러뜨려서 우스꽝스러운 표정을 짓는 걸 뜻합니다.

21. 다시 찍었어요 : 撮り直したんです

22. 뼛속부터 여장부 : 筋金入りの女傑

일본은 '여장부'란 말이 없으니 이렇게 '여걸'이라고 번역할 수 있겠죠. 그리고 '뼛속부터'와 비슷한 표현으로「根っからの」도 외워 두시길.

23. 웬만한 일 갖고는 : ちょっとやそっとのことでは

'웬만한 일'은「並大抵なこと」라고 번역할 수도 있습니다.

24. 꿈쩍도 안 한다 : びくともしない

꿈쩍도 안 한다, 까딱도 안 한다, 끄떡하지도 않는다 등의 뜻으로 쓰이는 말입니다. 떨거나 흠칫흠칫하는 걸 뜻하는「びくびく」를 생각하시면 외우기 쉬울 겁니다.

25. 자수성가해서 입지전적 인물 : 叩き上げで成功して立志伝中の人物

일본은 '자수성가'라는 말을 쓰지 않으니 이렇게 번역해 줄 수 있겠습니다.

26. 일맥상통하는 데 : 一脈相通じるところ

일본인들에게 이 표현을 자주 접하냐고 물었더니 거의 안 쓴다는 반응이더군요. 감수자님 의견은 써도 된다고 생각하는데 고치려면「なにかしら共通するものがある」정도라고 하셨으니 참고하시기 바랍니다.

27. 대입 합격자 발표 현장 : 受験の合格発表の会場

일본은 '대입'이란 말을 쓰지 않죠. 그리고 우리는 '합격자 발표'라고 하는 게 일반적인데 일본은 '합격 발표'라고 하는 걸 자주 봅니다. 물론 '합격자'라고 해도 틀린 게 아니지만 '합격 발표'라고 하는 경우가 더 많은 것 같다는 말입니다. 또한 이 경우 現場가 아니라 위처럼 会場라고 하는 게 일반적이라고 합니다.

28. 희비가 교차하는 정경 : 悲喜交々の光景(情景)

일본은 우리와 반대로 '비희'라고 합니다. 그리고 「交々」는 교대로, 번갈아 등의 뜻이죠. 따라서 일본의 경우 위의 표현은 원래 '한 사람'의 마음에서 희비가 동시에, 또는 번갈아 느껴지는 걸 뜻하는 말인데, 요즘은 여러 사람들의 희비가 엇갈리는 걸 뜻하는 말로 쓰는 사람이 많아졌다고 합니다. 이에 관해서도 일본 사이트에 질문을 올려 봤는데 반드시 오용이라고는 할 수 없다고 답한 사람도 있을 정도였습니다. 그래서인지 강담사에서 편찬한 국어사전에는 「悲しむ人と喜ぶ人が混在しているさま」라는 뜻풀이를 병기하고 있다고 합니다. 하지만 오용이라는 사람들도 있나 보니까 「明暗が分かれる」라는 식으로 표현하는 게 나을 수도 있겠습니다. 또한 일본도 情景라는 한자어를 쓰는데 이걸 감수자님이 '광경'이라고 고쳤더군요. 그런데 조사해 본 결과 '정경'이라고 해 놓은 예도 많았고, 일본인한테 질문한 결과도 '정경'이라고 해도 자연스럽다는 답변을 받았습니다. 이에 관해서는 큐알코드를 참조.

'희비 교차'는 「悲喜交々」? (feat 情景와 光景)

読み方

作画(さくが)・感化(かんか)・万引(まんび)き・勤勉(きんべん)・伝染(うつ)った・柄(がら)の悪い
糾弾(きゅうだん)・辛(かろ)うじて・筆頭(ひっとう)・再三(さいさん)・変顔(へんがお)
女傑(じょけつ)・並大抵(なみたいてい)・一脈相通(いちみゃくあいつう)じる・悲喜交々(こもごも)

번역가를 무척 괴롭히는 일본 한자어 紛糾(분규)

野党は[　1　]候補者の人事聴聞会で、過去[　2　]との

야당은 **검찰총장** 후보자의 인사 청문회에서 과거 **변호인단**과의

接触疑惑を[　3　]聴聞会を紛糾させたが、

접촉 의혹을 **문제 삼아** [　　4　　],

真相調査の結果、[　　5　　]は見つからなかった。

진상 조사 결과 **별다른 혐의점**을 찾지 못했다.

[　6　]に対する[　7　]の意見が[　8　]結局国会が紛糾しました。

부자 감세 정책에 대한 **여야**의 의견이 **첨예하게 대립되어** 결국 [　　9　　].

[　　10　　]市役所では[　11　]をどこに使うかということで

연말이 다가오자 시청에서는 **잉여 예산**을 어디에 쓰느냐를 놓고

紛糾して、[　　12　　]まで[　13　]で[　　14　　]。

[　15　] **시장부터 말단 공무원**까지 **결론 없는 논쟁**으로 내홍을 겪고 있다.

快刀乱麻とは難題や紛糾している事態を鮮やかに処理することを意味する。

쾌도난마란 어려운 문제나 [　　16　　]을 [　17　] 처리하는 것을 뜻한다.

[　18　]。[　　19　　]として渡したお金を

뻔하잖아. 불법 정치 자금으로 건넨 돈이

途中で[　　20　　]、事態が紛糾してしまったのさ。

도중에 **배달 사고가 나면서** [　　21　　].

[　　22　　]労使間の[　　23　　]、結局会議が紛糾してしまった。

임금 인상안을 놓고 노사 간 **절충점**을 찾지 못해 결국 [　　24　　].

[　25　]国民のための合意点を[　　　26　　　]

여야 모두 국민을 위한 합의점을 도출하려는 노력은 소홀히 한 채

[　　27　　]しているので、この政治的紛糾は終わる[　28　]。

자신의 주장만 밀어붙이려 하고 있어서 이 [　29　]은 끝날 기미가 안 보인다.

遺産相続で兄弟の関係が紛糾することを防ぐために母が[　30　]には

유산 상속으로 [　31　] 막기 위해 어머니가 친필로 남긴 유언장에는

兄弟が[　32　]過ごすことを[　33　]母の[　34　]。

형제가 오래오래 화목하게 지내기를 기원하는 어머니의 마음이 담겨 있었다.

BTSへの[　35　]に関して[　　36　　]会議は次第に紛糾していった。

BTS의 병역 특혜에 관한 열띤 논쟁이 오가며, 회의는 점점 [　37　].

[38]感情的になりすぎると[　　39　　]を紛糾させることになる。

양측이 너무 감정적이 되면 합의 이혼을 위한 협의를 [　40　].

ため口・悪口、[　41　]、[　42　]紛糾

반말에 욕설, 의사봉 내동댕이, 정기국회 [　43　]

[44]問題で[45]との話し合いが紛糾して運賃引き上げの[　46　]。

화물 정체 문제로 화주와 [　47　] 운임 인상 협상이 난관에 봉착했다.

[　　48　　]。日韓関係が紛糾した事態が続いている。

레이더 조준과 위협 비행. [　49　]이 계속되고 있다.

組合長は[50]を[51]するために[52]したが[　53　]。

조합장은 노사 분규를 원만히 해결하기 위해 동분서주했지만 해법을 찾지 못했다.

모범 답안 설명을 보셨으면 대충 감을 잡으셨겠지만 '분규'라는 한자어도 한일 간 쓰임새의 차이가 크죠. 일단 한국과 일본의 가장 큰 차이는 한국은 명사로만 쓰이는데, 일본은 동사로도 쓴다는 점이고, 또한 한국에서는 일상생활에서 '분규'라는 한자어를 쓸 일이 거의 없는데, 이건 일본도 마찬가지지만 뉴스나 신문 기사에서는 종종 접합니다. 하지만 한국에서는 신문이나 뉴스 보도 등에서도 '노사 분규'라는 용어를 쓰는 정도 외에는 접할 일이 별로 없죠. 바로 이 점이 커다란 차이인 것이죠.

제가 이 '분규'라는 한자어의 쓰임새가 한국과 다르다는 걸 처음 안 건, 제가 이 바닥에 뛰어들었을 초창기에는 문서 번역도 병행했었는데, 일본 국회의 회의 자료를 번역하다가 이 '분규'가 나왔을 때였습니다. 당시에 골머리를 엄청 앓다가 '파행'이라는 한국어가 떠올라서 그렇게 번역했었습니다. 아무튼 그럼 사전을 뒤져 볼까요? 한국 국어사전에는

이해나 주장이 뒤얽혀서 말썽이 많고 시끄러움.

분규 해결.
분규가 발생하다.
분규를 일으키다.
분규가 타결되다.
돈에 관계된 사건 때문에 지금까지 분규가 계속되고 있는 셈인데, 이 젊은이가 나를 찾아온 것도 그 때문입니다. 출처 <송기숙, 자랏골의 비가>

그리고 일본의 국어사전을 보죠. 코지엔, 다이지린, 다이지센 순입니다.

物事がうまくゆかず、もつれ乱れること。ごたごたすること。「事態が―する」
일이 순조롭지 않고 어지럽게 뒤얽히는 것. 어수선한(혼란한) 것

もつれ乱れること。ごたごたすること。「―した事態を解決する」
어지럽게 뒤얽히는 것. 어수선한(혼란한) 것.

意見や主張などが対立してもつれること。ごたごた。紛乱。「予算委員会が―する」
의견이나 주장 등이 대립해서 뒤얽히는 것. 어수선함(혼란함). 분란

언뜻 한국이나 일본이나 비슷한 거 같은데 예문을 보시면 아시겠듯 일본은 주로 동사로 쓴다는 사실입니다. 그리고 쓰임새의 폭이 넓고 사용 빈도도 한국에 비해 높다는 게 큰 차이인데, 중요한 건 이 말이 쓰인 예문들을 보면 뉘앙스가 한국과 많이 다르다는 사실입니다. 위의 일본 국어사전의 예문을 그대로 '분규하다'라고 하면 어색한 한국어가 된다는 것이죠. 한국은 동사로 안 쓰지만요.

참고로, 여기서 쓴 예제들도 거의 다 '분규'의 뜻과 쓰임새를 설명하는 사이트에서 예문으로 제시한 것들과 실제로 일본인이 쓴 것들을 가져와서 짠 것들입니다. 「紛糾が発生」와 「紛糾を招く」도 그러한데 감수자님은 이걸 고치셨더군요. 하지만 검색해 보면 이렇게 쓰인 사례들이 검색이 되고, 특히 「紛糾が発生」의 경우는 법원의 판례를 적은 문서에서도 발견이 됩니다. 아무튼 감수자님이 부자연스럽다고 하니 일단 예문을 고쳤습니다만, 요즘의 일본인들은 「紛糾する」의 형태로 써야 자연스럽다고 느끼는 사람들이 많은 것 같으니 이 점도 참고하시기 바랍니다.

모범 답안

1. 검찰총장 : 検事総長

2. 변호인단 : 弁護団

3. 문제 삼아 : 問題視して

4. 聴聞会を紛糾させたが : 청문회를 파행시켰지만

해설에서 말씀드렸듯이 일본 국회 회의 자료 번역 때 '파행'이라고 번역했었고, 또 그 뒤에도 몇 번 '파행'이라고 번역한 적이 있습니다.

5. 별다른 혐의점 : これといった問題点

이걸 「容疑点」이라고 번역했었는데 감수자님께서 이처럼 '문제점'이라고 고쳐 주셨습니다. 조사해 보니 검색이 되긴 하는데 극소수였습니다. 그리고 '별다른'은 위와 같이 번역해 줄 수 있겠습니다.

6. 부자 감세 정책 : 富裕層への減税政策

이걸 그대로 「金持ち」라고 했더니 감수자님이 위와 같이 고쳐 주셨습니다.

7. 여야 : 与野党

8. 첨예하게 대립되어 : 鋭く対立し

일본도 '첨예'라는 한자어가 있으니 그대로 직역해도 틀린 건 아니지만 위와 같이 말하는 게 일반적입니다. 질문해 본 일본인의 답변도 마찬가지였습니다. 또한 여기서도 일본은 '스루'라고 하죠.

9. 国会が紛糾しました : 국회가 파행됐습니다

10. 연말이 다가오자 : 年度末(年末)が近づくと

이걸 그대로 年末라고 번역하면 일본 사람들은 의아해할 겁니다. 왜냐하면 일본의 회계 연도는 4월에 시작하므로 1분기나 남았는데 왜 벌써부터 잉여 예산 처리 문제를 고민하지? 싶을 것이기 때문입니다. 따라서 위와 같이 年度末라고 해 줘야 쉽게 이해를 할 겁니다. 하지만 한국은 연말과 회계 연도 말이 같기 때문에 年末라고 해도 틀린 건 아니니까 이것도 적어 뒀습니다.

11. 잉여 예산 : 余剰の予算

한국어 '잉여'를 일본은 '여잉'이라고 한다는 걸 복습하는 의미로 짠 예문인데, 이와 같이 해서 보냈더니 감수자님이 「余った予算」이라고 고쳐 주셨습니다. 이걸 보더라도 일본은 '여잉'이라는 한자어를 일상생활에서는 잘 안 쓴다는 걸 방증하는 것이죠.

12. 시장부터 말단 공무원 : 市長から末端の職員

말단 공무원을 「小役人」이라고도 부릅니다. 제가 22년 말경에 이 예제를 짜면서 이런 문맥에서 이 말을 써도 되나 싶어서 일본인에게 질문을 했더니, 일상에서 종종 쓰는 단어이긴 하지만 모욕적인, 모멸감을 주는 말이기 때문에 남에게 대놓고 쓰는 건 조심해야 한다더군요. 그런데 이번에 감수를 맡기면서 혹시나 해서 그대로 「小役人」이라고 해서 보냈더니 역시나 위와 같이 고쳐 주셨습니다. 그리고 '공무원'이 아니라 '직원'이라고 했다는 점도 참고하시길.

13. 결론 없는 논쟁 : 水掛け論

14. 내홍을 겪고 있다 : 内輪もめをしている

일본은 '내홍'이라는 한자어를 안 쓰니 이처럼 번역할 수 있겠습니다.

15. 紛糾して : 분란이 생겨서

16. 紛糾している事態 : 어지럽게 뒤얽힌 사태

17. 鮮やかに : 명쾌하게(명확하게)

1권에서 「鮮やか」도 문맥에 따라서는 번역하기 까다로운 단어라고 했었는데, 이 문맥에서 '선명하게'라고 하면 이상하죠? 저는 위와 같은 번역을 선택했습니다.

18. 뻔하잖아 : 決まってるだろう

19. 불법 정치 자금 : 違法な政治資金

20. 배달 사고가 나면서 : 誰かに横取りされて

정치계에서 말하는 '배달 사고'는 뇌물 같은 걸 줬는데 받아야 할 사람한테 가지 않고 도중에 누군가가 꿀꺽해 버리는 걸 뜻하죠. 그러니 이걸 그대로 「配達事故」라고 하면 일본인은 이해를 못 하니까 이처럼 의역해 줄 수밖에 없겠죠.

21. 事態が紛糾してしまったのさ : 상황이 꼬여서 난리가 난 거지

'사태' 표제어에서 다뤘듯이 이 문맥에서도 '상황'이라고 번역하는 게 낫다고 생각합니다. 그리고 「事態が紛糾している時」를 영어로 번역한 걸 보면 'when things are in a mess'라고 해 놨습니다. 그러니까 이 표현은 일이 완전 꼬여서 엉망이 되는 것, 난리가 나는 것을 의미한다는 말이죠.

22. 임금 인상안을 놓고 : 賃金引き上げ案をめぐって

이 '놓고'를 「置いて」라고 직역하면 어색해지죠.

23. 절충점을 찾지 못해 : 折衷点を見出せず

이 경우의 '찾지 못해'는 위와 같이 번역하면 되겠습니다.

24. 会議が紛糾してしまった : 회의가 파행되고 말았다

25. 여야 모두 : 与野党いずれも

이 문맥에서의 '모두'는 이렇게 번역해 줄 수 있겠습니다.

26. 도출하려는 노력은 소홀히 한 채 : 見出す努力はないがしろにしたまま

여기서의 '도출하다'도 이처럼 번역할 수 있겠습니다.

27. 자신의 주장만 밀어붙이려 : 自分の主張ばかり押し通そうと

28. 기미가 안 보인다 : 気配が見えない

29. 政治的紛糾 : 정치적 갈등(분쟁)

이 문맥에서도 저는 '갈등'이라는 역어를 선택했는데, 다만 이 경우는 '분쟁'이라고 해도 이상하진 않을 듯합니다. 지금 구글에서 검색해 보니 '정치적 갈등'은 수없이 많고, '정치적 분쟁'은 42,900건, '정치적 분규'는 796건이 검색됩니다.

30. 친필로 남긴 유언장 : 直筆で残した遺言書

일본은 親筆라는 한자어가 사전에 있지만 거의 안 쓰고 위와 같이 '직필'이라고 합니다. 또한 이렇듯 '유언서'라고도 합니다.

31. 兄弟の関係が紛糾することを : 형제 관계가 꼬이는 걸

여기서는 '꼬이다'라는 번역을 선택해 봤습니다. 또는 '형제 간에 분란이 생기는 걸'이라고 번역할 수도 있겠습니다.

32. 오래오래 화목하게 : 末永く仲睦まじく

한국어 '오래오래'는 이처럼 번역할 수 있겠습니다. 「末永く」는 꽤 자주 접하는 표현이니까 몰랐던 분은 외워 두세요.

33. 기원하는 : 祈念する

블로그에서도 다룬 바 있지만 '기원'이라는 한자어도 쓰임새가 다릅니다. 일본에서 祈願(기원)이라는 한자어는 신사나 절 같은 곳에서 신이나 부처님 등에게 뭔가를 빌 때나 쓰고 우리처럼 일상생활에서 뭔가를 기원한다고 할 때는 祈念이라는 한자어를 씁니다.

34. 마음이 담겨 있었다 : 心がこもっていた

「籠もる」는 마음, 감정 등이 깃들다, 서리다, 담기다 등의 뜻과 안개 같은 게 자욱하다, 그리고 집 등에 틀어박힌다는 뜻으로도 쓰이는데 히라가나로 표기하는 게 일반적입니다.

35. 병역 특혜 : 兵役免除·兵役特例

BTS 관련 일본 기사를 보면 일본은 '특혜'라는 말을 거의 안 쓰니까 궁여지책으로 兵役恩恵(혜택)라고 번역해 놓은 것들이 눈에 띄는데 이건 일본인들에게는 생경한 표현인 모양입니다. 그러니 차라리 위와 같이 번역하는 방법도 있겠습니다.

36. 열띤 논쟁이 오가며 : 白熱した議論が交わされ

여기서 저는 '논쟁'을 선택했고, 또 '오가며'를 직역투로 번역하면 부자연스럽죠.

37. 紛糾していった : 혼란에 빠져들었다

일본어 '분규'의 유의어로서 '혼란'을 제시해 놓은 것들이 많습니다. 그러니 이 문맥에서는 이렇게 번역해 줄 수도 있겠습니다.

38. 양측이 : 双方が

이런 문맥의 경우 일본은 「両側」가 아니라 이와 같이 말하는 게 일반적입니다.

39. 합의 이혼을 위한 협의 : 協議離婚のための話し合い

40. 紛糾させることになる : 파탄에 빠뜨리게 된다

이 문맥에서 저는 과감히 '파탄'이라는 역어를 선택했습니다.

41. 의사봉 내동댕이 : ガベル(木槌)投げつけ

일본은 의사봉이라는 말을 쓰지 않고 gavel이라는 외래어를 그대로 쓰는데 널리 알려진 용어는 아닌 모양이니 괄호 안의 '나무망치'라고 하는 것도 방법일 듯합니다.

42. 정기국회 : 通常国会

43. 紛糾 : 파행

44. 화물 정체 : 貨物の滞留

45. 화주 : 荷主

일본은 「貨主」라고 하지 않고 이처럼 말합니다. 그리고 훈독을 합니다.

> **日** 한국에도 '하주'라는 말이 사전에는 있는데 전문 서적에서는 쓸지 몰라도 '화주'라고 하는 게 일반적입니다.

46. 협상이 난관에 봉착했다 : 交渉が暗礁に乗り上げている

한국에서 쓰는 '난관에 봉착'이라는 표현. 그런데 일본은 '봉착'이라는 한자어를 안 쓰니까 이걸 「難関に直面」이라고 번역해 놓은 기사를 심심찮게 접합니다. 그래서 감수 맡길 때 이렇게 해서 보내 봤더니 아니나 다를까 「難航している」로 고쳐 놨더군요. 우선, 일본은 이 '난관'이라는 한자어를 쓰는 장면이 한국에 비해 국한돼 있습니다. 가장 흔히 접하는 말이 難関高校, 難関大学, 難関テスト 등의 표현입니다. 한마디로 합격하기 어려운 학교라는 뜻이죠. 한국과 쓰임새가 사뭇 다르죠? 그리고 여기서의 難関의 주체는 뭐죠? 사람이죠? '난관'이라는 한자어를 한국과 비슷한 뜻으로 쓰는 경우도 그 주체가 사람일 경우에 쓰지 협상이 난관에 직면, 관계가 난관에 직면, 구상이 난관에 직면… 이런 식으로는 쓰지 않는다는 말입니다.

47. 話し合いが紛糾して : 협의가 파행을 겪고 있어서

48. 레이더 조준과 위협 비행 : レーダー照射と威嚇飛行

49. 日韓関係が紛糾した事態 : 한일 관계가 갈등을 빚는 양상

여기서도 '갈등'이라는 단어를 택했습니다. 그리고 이 문맥에서는 '양상'이라고 번역해 줄 수도 있겠습니다. 왜냐하면 일본 국어사전 뜻풀이에 「成り行き」라는 말이 있죠. 이건 글자 그대로 '되어 감', 그러니까 되어 가는 양상이라고 해석할 수도 있겠죠.

50. 노사 분규 : 労使紛争

51. 원만히 해결 : 穏便(円満)に解決

> 日 　한국에도 '온편'이라는 한자어가 사전에 있지만 사어라고 보시면 됩니다.

52. 동분서주 : 奔走·東奔西走

일본도 '동분서주'라는 사자성어를 쓰지만 그냥 「奔走」라고 하는 게 일반적입니다. 특히 구어라면 더더욱 그렇죠. 감수자님께 이 둘을 제시했더니 역시나 '분주'를 골라 주셨습니다.

53. 해법을 찾지 못했다 : 解決策が見つからなかった

> **読み方**
>
> 快刀乱麻(かいとうらんま)·遺産(いさん)·相続(そうぞく)·紛糾(ふんきゅう)·富裕層(ふゆうそう)
> 末端(まったん)·小役人(こやくにん)·内輪(うちわ)もめ·横取(よこど)り·折衷点(せっちゅうてん)
> 直筆(じきひつ)·末永(すえなが)く·睦(むつ)まじく·木槌(きづち)·荷主(にぬし)·穏便(おんびん)
> 奔走(ほんそう)·東奔西走(とうほんせいそう)

일본어 안배(按配·按排)는 사실은…

延長戦まで[　1　]**接戦を繰り広げた末、最後は**[2]**に失敗した**
연장전까지 **엎치락뒤치락하는** 접전을 펼친 끝에, 결국 체력 안배에 실패한

韓国チームの[　3　]**。**
한국팀의 **석패로 끝나고 맙니다.**

[4]**で勝利し新しく**[5]**したO政権は、**[　6　]**した人事を断行した。**
대선에서 승리해서 새롭게 **출범**한 O 정권은 지역 안배를 고려한 인사를 단행했다.

今回の[　7　]**は、各科目あたり充分な**[　8　]**ができず、**
이번 **기말고사**는 각 과목당 충분한 시간 안배를 못 해서

[　9　]**をしたので、成績がよくなかった。**
벼락치기 공부를 했기 때문에 성적이 좋지 않았다.

OOO[　10　]**の構成過程で、**[　11　]**の導入も**
OOO **대통령 당선인이 인수위** 구성 과정에서 **여성할당제** 도입도

慶尚道・全羅道の[　12　]**と述べた。**
영·호남 지역 안배도 고려하지 않겠다고 밝혔다.

昨夜[　13　]**按配が悪くて、社長に**[14]
어젯밤에 **4차까지 달린 탓인지** [　15　] 사장한테 **아첨해서**

今日は[　16　]**。**
오늘은 일찍 **퇴근하게 해 달랬어.**

에밀 뒤르켐 〈자살론〉

欲望は常に、そして[17]**自らの按配しうる手段を超えてしまう。**
욕망은 항상, 그리고 **한없이** 스스로 [　18　] 수단을 넘어 버린다.

趣向を凝らして作ったのに、どうも味付けの塩梅を間違えたみたい。

[19   ] 만들었는데 아무래도 [20   ]을 잘 못한 거 같아.

良い按配の湯加減だな。[21   ]隣にある[22   ]行こう。

[23   ]. **목욕 마치면** 옆에 있는 **사찰음식점** 가자.

ちょうど○○の[24   ]問題で先生に[25   ]ありましたが、

마침 ○○ **징계 수위** 문제로 선생님과 **상의할 게** 있었는데

良い按配に来てくれましたね。

[26   ] 와 주셨군요.

ところが、表面に[27   ]して、[28   ]

그런데 표면에 **눌어붙거나** 해서 **석쇠를 올려 놓으면**

按配が悪いので「トースター」を使って焼いていました。

[29   ] 토스트기를 써서 굽고 있었습니다.

랜덤 예제

若者が[1   ]働き始めると、彼らを「[2   ]」と呼ぶ。

젊은이들이 **사회에 진출해서** 일하기 시작하면 그들을 '**직장인**'이라 부른다.

[3   ]のお前が俺に付いてくれるなら、[4   ]。

일당백인 네가 내 쪽에 붙어 준다면 그야말로 **천군만마를 얻는** 셈이지.

[5   ]者を[6   ]すべき検察が、むしろ[7   ]

죄를 지은 사람을 **엄히 단죄**해야 할 검찰이 오히려 **앞장서서 진상 규명을** 가로막고

容疑者を庇護し、[8   ]してやった[9   ]。

용의자를 비호하고, **은신처까지 마련**해 준 정황이 드러났다.

제가 한창 일본어를 공부할 때 일본은 按配(按排)라는 한자어를 이상하게 쓰는구나 했습니다. 그런데 그때는 인터넷이 없던 시절이어서 지금처럼 용례를 여기저기 찾아볼 수가 없어서 그런가 보다 하고 넘어갔었죠. 그런데 번역을 시작하면서 다시 이 '안배'라는 한자어를 만나서 자세히 조사해 보기로 했었습니다. 그때 알게 된 사실은 按配, 또는 按排와 혼용해서 쓰는 塩梅는 소금과 매실을 뜻하는 말로서 읽는 법도 「えんばい」였다더군요. 옛날에는 지금처럼 양념이 발달하지 않아서, 그리고 식초도 없어서 음식을 만들 때 소금과 매실초로 간을 했고, 그 간의 정도가 딱 알맞다는 뜻으로 쓰인 건데 그 뜻이 확장돼서 쓰임새의 폭이 넓어진 거죠. 그런데 어느 시기에 사물을 적절하게 배치, 배열하거나 알맞게 처리하는 걸 뜻하는 按排와 혼동해서 쓰기 시작하면서 읽는 법도 「あんばい」로 바뀌고 혼용해서 쓰게 되었다는 겁니다. 또한 사람에 따라 한자 표기도 제각기 다르게 하다 보니 그 당시 제가 봤던 '안배'라는 일본 한자어가 우리의 쓰임새와 사뭇 달랐던 것이죠.

> 日 한국은 '안배'라는 한자어의 쓰임새가 그리 많지 않습니다. 예제에서 나온 체력 안배, 지역 안배 등, 적당하고 적절하게 배분, 배치하거나 처리한다는 뜻으로서 쓰입니다.

아무튼 그렇기에 이걸 번역하는 게 결코 수월치가 않습니다. 모범 답안을 살펴보며 설명해 나가겠습니다.

모범 답안

1. 엎치락뒤치락하는 : 二転三転する

2권에서도 나왔지만 엎치락뒤치락하는 것, 반전에 반전을 거듭하는 것, 이리 바뀌고 저리 바뀌는 걸 이렇게 표현합니다.

2. 체력 안배 : 体力(の)配分

일본은 「体力按配」라고 하지 않습니다.

3. 석패로 끝나고 맙니다 : 惜敗に終わってしまいました

앞서서도 몇 번 나왔지만 일본은 이때 과거형으로 표현해야 자연스럽습니다.

4. 대선 : 大統領選

일본은 '대선'이라고 줄이지 않는다고 했죠. 줄이더라도 위와 같이 줄입니다.

5. 출범 : 発足

6. 지역 안배를 고려：出身地域のバランスを考慮·出身地域を均等に配分

한국어 '안배'는 문맥에 따라 配分이라고 하면 자연스러운 경우도 있는데, 이 경우에는 地域配分이라고 하면 의미가 통하지 않는다고 합니다. 따라서 위와 같이 풀어서 의역해 줄 수밖에 없겠습니다.

7. 기말고사：期末テスト

일본은 '고사'란 말이 아니라 이렇게 말하는 게 일반적입니다.

8. 시간 안배：時間配分

9. 벼락치기 공부：にわか勉強

벼락치기 공부를 이렇게 말합니다. 그리고 「一夜漬け(の勉強)」랑 「付け焼き刃(の勉強)」도 있는데 전자는 시험 전날 하루 정도 만에 밤새워서 공부하는 이미지라고 합니다. 一夜란 말 때문이겠죠. 「漬ける」는 채소 같은 걸 절이거나 담그는 걸 뜻하죠. 그리고 후자는 칼날을 제대로 연마하는 게 아니라 시간이 없거나 급해서 대충 아무거나 갖다 붙인다는 뜻에서 파생돼서, 대충 임시변통으로 고식적으로 하는 걸 비유하는 말로 쓰입니다.

10. 대통령 당선인이 인수위：次期大統領が引継ぎ委員会

우리는 대통령으로 당선이 되더라도 취임 때까지는 대통령이 아니니 대통령 당선인이라는 표현을 하죠. 하지만 이걸 직역하면 어색한 일본어가 된다고 합니다. 따라서 위와 같이 의역해 주는 게 낫습니다. 또 일본은 引受라는 한자어를 안 쓰고 위와 같이 말합니다.

11. 여성할당제：女性クオータ制

일본은 이렇듯 '쿼터'라는 외래어를 그대로 씁니다.

12. 지역 안배도 고려하지 않겠다：出身地域のバランスも考慮しない

13. 4차까지 달린 탓인지：4軒梯子したせいか

우리는 'N차'라고 하지만 일본은 이처럼 건물을 세는 단위인 '헌'을 씁니다. 그리고 梯子는 사다리죠. 술을 여러 차에 걸쳐서 먹는 걸 「梯子酒(ざけ)」라고 합니다.

14. 아첨해서：媚びを売って

아첨하다, 아양을 떨다, 알랑방귀를 뀐다는 뜻으로 「媚びる」, 「へつらう」, 이 둘을 합친 「媚びへつらう」도 쓰고 「おべっかを使う」도 함께 외워 두세요. 또한 「おもねる」도 비슷한 뜻의 단어입니다만 일상생활에서 쓸 일은 다른 단어에 비해 적은 편이고 주로 문어적으로 쓴다고 합니다.

15. 按配が悪くて：몸이 안 좋아서

일본은 이렇듯 몸이 안 좋은 것도 '안배'라는 한자어를 씁니다.

16. 일찍 퇴근하게 해 달랬어 : 早めに上がらせてもらったよ

「上がる」의 뜻은 엄청나게 많죠. 영화나 드라마에서 알바 등을 하는 장면에서 자주 접하는 표현인데 퇴근하는 것도 이렇게 「上がる」를 씁니다.

17. 한없이 : 無際限に

우리나라에는 없는 한자어인데 일본은 끝이 없다, 한이 없다는 뜻으로 이 한자어를 씁니다.

18. 按配しうる : 제어할 수 있는

적절히 처리하는 걸 뜻하는 말이니 이 문맥에서는 '제어'라고 의역할 수 있을 것 같습니다. 일본어 '안배(염매)'는 이렇게 말뜻의 스펙트럼이 넓습니다.

19. 趣向を凝らして : 엄청 신경 써서

20. 味付けの塩梅 : 간 조절

21. 목욕 마치면 : お風呂上がったら

목욕을 마치고 나가는 것도 「上がる」라고 합니다. 그리고 손님 등을 집으로 들어오라고 할 때도 「上がって」라고 하죠.

22. 사찰음식점 : 精進料理屋

사찰 음식을 일본은 이렇듯 '정진요리'라고 합니다.

23. 良い按配の湯加減だな : 목욕물 온도 딱 알맞네

24. 징계 수위 : 懲戒処分のレベル

25. 상의할 게 : 相談することが

26. 良い按配に : 딱 적당한 타이밍에

이건 按配가 들어간 실제 예문을 참고해서 짠 건데 감수자님이 「良いタイミングで」로 고쳐 놓았더군요. 그래서 다른 일본인들에게 물어봤더니 한 사람은 의미는 충분히 알겠는데 조금 부자연스럽다는 답변을 했고, 다른 두 사람 역시 의미는 통하지만 다른 표현을 하는 게 좋겠다고 답변했습니다. 그러니 이런 뜻으로는 按配를 쓰지 않는 게 나을 듯합니다. 다만 방금 말했듯이 按配의 쓰임새를 설명하는 사이트에서 제시한 예문 중에 「いい按配にともこちゃんと会えた」라는 게 있습니다. 이건 '좋은 타이밍'이라는 뜻으로 쓰인 것이죠.

27. 눌어붙거나 : 焦げ付いたり

음식이 같은 게 타서 눌어붙는 걸 이렇게 표현합니다.

28. 석쇠를 올려 놓으면 : 網を載せると

일본은 석쇠를 이렇게 '망'이라고 말합니다. 「焼き網」를 줄인 것이죠.

29. 按配が悪いので : 굽기 조절이 어려워서

랜덤 예제 모범 답안

1. 사회에 진출해서 : 社会に出て

일본은 이런 맥락에서 '진출'이라는 한자어는 좀 어색하다고 합니다.

2. 직장인 : 社会人

아는 분은 아시겠지만 일본은 '사회인'이라는 말을 고교나 대학을 졸업하고 직장인이 돼서 스스로 돈을 버는 사람 이라는 뜻으로도 씁니다. 이 한자어에 대해 설명해 놓은 사이트에서는 이건 세계 어디에도 없는 일본만의 쓰임새라 고 적어 놓은 곳도 있습니다.

3. 일당백 : 百人力

우리는 '일당백'이라고 하지만 일본은 '백인력'이라고 합니다.

4. 천군만마를 얻는 셈이지 : 鬼に金棒ってわけさ

일본도 '천군만마'가 사전에 있지만 요즘은 거의 안 쓴다고 합니다. 한국처럼 '천 명의 군사와 만 마리의 군마'라는 뜻도 있지만 다음과 같은 뜻으로도 쓰입니다.

度々戦場に臨んで これには千軍万馬の藪田も驚いた戦闘の経験が豊かであること。転じて，社会経験 が豊かなこと。

한국어로는 '백전노장'에 가까운 뜻으로 쓰는 거죠. 실제 뉴스 기사 중에 「これには千軍万馬の藪田も驚いた」 라는 게 있었는데, 이게 바로 위의 뜻으로 쓰인 것이죠. 따라서 제 능력으로는 '호랑이에 날개 단 격'이라는 속담과 비슷한 뜻인 위와 같은 번역밖에 떠오르지 않네요.

5. 죄를 지은 : 罪を犯した

6. 엄히 단죄 : 厳しく断罪

7. 앞장서서 진상규명을 가로막고 : 積極的に真相究明を妨げ

'가로막다'라는 한국어도 일본어로 번역할 때 세심한 주의가 필요한 말이죠. 이 문맥에서는 이런 식으로 의역하는 게 좋겠습니다. 또 '앞장서서'를 「先頭に立って」라고 번역해도 되겠냐고 감수자님께 물으니까 '직역투이긴 한데' 못 쓸 거까지는 없을 거 같다는 답변이었습니다.

8. 은신처까지 마련 : 隠れ家まで用意

'은신처'는 복습이고 '마련하다'라는 말도 다양한 일본어로 번역해야 하는 까다로운 단어인데 이 문맥에서는 위와 같이 번역할 수 있겠습니다.

9. 정황이 드러났다 : 事実が明るみに出た

일본도 정황(情況)이라는 한자어가 사전에 있지만 상황(状況)이라는 한자어와 발음도 같고 뜻도 동의어라고 여기기 때문인지 情況라는 한자어는 거의 쓰지 않는다고 합니다. 하지만 한국어 '정황'은 '상황'과는 다른 뉘앙스로 쓰이므로 한국어 '정황'이라는 한자어는 문맥에 따라서 다양하게 의역할 수밖에 없습니다. 이에 관해선 큐알코드 참조.

'타살 정황은 없다'를 일본어로 하면...?

読み方

庇護(ひご)・惜敗(せきはい)・均等(きんとう)・一夜漬(いちやづ)け・付け焼き刃(ば)・引継(ひきつ)ぎ
4軒(けん)梯子(はしご)・按配(あんばい)・無際限(むさいげん)・塩梅(あんばい)・湯加減(ゆかげん)
焦(こ)げ付いたり・網(あみ)・百人力(ひゃくにんりき)・金棒(かなぼう)

번역가를 갈등하게 만드는 일본어 葛藤

[1   ]、[2   ]昨今の[3   ]は
표심 몰이에 눈이 멀어서 젠더 갈등을 부추기는 작금의 정치권의 행태는

大韓民国の[4   ]である。
대한민국의 미래를 망치는 망국적인 작태다.

日本の[5   ]日韓の[6   ]が
일본의 수출 규제로 촉발된 한일 외교 갈등이

日本製品の[7   ]させている。
일본 제품 불매 운동을 급격히 확산시키고 있다.

[8   ]老年層と自由奔放な[9]の[10   ]は
가부장적인 노년층과 자유분방한 젊은 층의 세대 갈등은

韓国の未来に[11   ]。
한국의 미래에 암운을 드리우고 있다.

A : 今[12   ]だけど今月は[13   ]、[14   ]はやめて
A : 지금 백화점인데 이번 달은 지갑이 얇으니까 식기세척기는 관두고

A : [15   ]を[16   ]、[17   ]。
A : 전기밥솥을 교체할까 갈등하고 있어.

B : [18   ]にすりゃ良いじゃん。[15   ]は[19   ]。
B : 일시불 말고 할부로 하면 되잖아. 전기밥솥은 충분히 더 쓸 수 있어.

A : 里佳子[20   ]のせいで大変みたいなの。
A : 리카코 결혼 시작부터 시어머니랑 갈등 때문에 힘든가 봐

B : 韓国もひどいけど[21   ]はどの国でもあるようだね。
B : 한국도 심한데, 고부 갈등은 어느 나라나 있는 모양이네.

[　22　]必要か。顔あわせるたびに[23]。日韓[　24　]

외무장관 회담 필요한가. 얼굴 맞댈 때마다 악재. 한일 갈등의 골만 깊어져

[　25　]はないのか。[　26　]のせいで殺人事件まで

아파트 층간 소음 해법은 없는가. 이웃 간 갈등 때문에 살인 사건까지

彼は、共和党が議会を掌握すれば、[　27　]だろうと展望した。

그는 공화당이 의회를 장악하면 정치 갈등이 보다 심화될 것이라고 전망했다.

O議員「政治は[28]、解消できない」改憲を提案

O 의원 "정치가 사회 갈등 해소할 수 없다" 개헌을 제안

現在の[　29　]ためには、[　30　]だ。

지금의 노사 갈등이 수습되기 위해서는 냉철한 현실 인식이 필수적이다.

OO区域、不在者投票[31]ーロッテ・サムスン[32]

OO 구역 부재자 투표 중단 논란 - 롯데, 삼성 갈등 심화

商人ら「[　33　]」ー[　34　]

상인들 '추경 통과 촉구' - 도의회 갈등 여전

[　35　]OOとXXは、一見[　36　]見えたが

불화설이 나돌던 OO와 XX는 언뜻 화해한 것처럼 보였지만,

むしろ二人の[　37　]。

도리어 두 사람의 갈등은 격화돼 갔다.

먼저 표준국어대사전에서 '갈등'을 찾아볼까요?

「1」 칡과 등나무가 서로 얽히는 것과 같이, 개인이나 집단 사이에 목표나 이해관계가 달라 서로 적대시
하거나 충돌함. 또는 그런 상태.

「3」『심리』 두 가지 이상의 상반되는 요구나 욕구, 기회 또는 목표에 직면하였을 때, 선택을 하지 못하고
괴로워함. 또는 그런 상태.

'갈등'의 뜻을 비교하는 데에 별 상관없는 2번의 뜻은 생략했습니다. 그럼 이번엔 일본의 인터넷 사전에
서 葛藤라는 한자어를 찾아볼까요? 먼저 다이지린 사전의 설명입니다.

（1）人と人とが譲ることなく対立すること。争い。もつれ。
（2）〔心〕心の中に相反する欲求が同時に起こり，そのどちらを選ぶか迷うこと。

코토방크와 goo 사전은 뜻풀이가 아래와 같이 동일합니다.

1 人と人が互いに譲らず対立し、いがみ合うこと。「親子の葛藤」
2 心の中に相反する動機·欲求·感情などが存在し、そのいずれをとるか迷うこと

감이 잡히셨나요? '응? 뜻풀이도 비슷한데? 아직 잘 모르겠는데?' 싶은 분도 계시죠? 한국과 일본 모두
두 번째 뜻으로 쓰일 때는 별다른 차이가 없습니다. 문제는 1번 뜻의 차이인데 자세히 살펴보시면 한국의
뜻풀이는 '개인이나 집단 사이'라고 돼 있는 반면 일본의 경우는 「人と人」라고 돼 있죠? 지금까지 차이
를 못 알아차렸던 분들은 아항~ 싶으시죠? 네, 일본에선 '갈등'이라는 한자어가 '사람과 사람 사이'의 갈
등이라는 뜻으로 쓰인다는 겁니다. 그러니 한국과 일본이라는 국가 간에 서로 반목하고, 대립하고 적대
시하는 건 「葛藤」이라고 하지 않는다는 거죠.

물론 일본 사람들도 「葛藤」라는 한자어를 알고 있고, 쓰고 있기 때문에 그대로 써 놔도 무슨 말을 하려
는 건지 이해는 하겠죠. 하지만 일반적이지 않은 '코패니즈 한자어' 표현이라는 사실에는 변함이 없겠죠.
그럼 국가와 국가 간에는 葛藤 말고 어떤 단어를 쓰면 좋을까요? 対立(대립)·摩擦(마찰)·軋轢(알력) 등
의 단어로 대체할 수 있겠습니다.

그리고 오늘날 대부분의 일본인들은 1번 뜻으로는 쓰지 않고 2번 뜻으로만 쓰는 사람이 많은 것 같습니
다. 어떤 일본인은 1번 뜻으로는 안 쓴다고 잘라 말하는 사람까지 있을 정도로 말이죠. 그런데 2권이 나
오지 못할 수도 있으니 이 '갈등' 또한 '츠키다시'로 1권 예제에 끼워 넣었기 때문에 좀 더 확인을 거치자
싶어서 인터넷을 다시금 샅샅이 뒤지고 여러 일본인들한테 물어봤는데 거의 다 예전에 답변해 준 사람들
과 의견이 일치했습니다. 그런데 한 일본인이 국가 간에도 쓸 수 있다는 겁니다. 그래서 '갈등' 한자어는
책에서 뺄까 갈등이 되더군요. 그래서 또 여러 사이트에서 더 많은 일본인들에게 재차 질문을 해 봤는데
방금 언급한 국가 간에도 쓴다고 한 사람과 달리 앞선 일본인들이 말한 것과 비슷하더군요. 이 얘길 다 하
자면 지면을 너무 잡아먹으니까 결론을 정리한 부분만 소개하겠습니다.

1. 분명히 말할 수 있는 건, 일본은 '갈등'이라는 한자어를 한국에 비해서 빈번히 쓰는 편은 아니다.

2. 쓰는 경우에도 사전의 2번 뜻풀이(마음의 갈등, 심적 갈등)로 쓰는 일본인이 훨씬 많은 것 같다. 앞서 말했듯이 한 일본인의 경우 처음엔 '아예 안 쓴다'고 잘라 말했을 정도. 아무튼 이나마도 문어적으로 쓰이는 경우가 많고, 예컨대 일상생활 속 대화에서 '다 맛있는 거 같아서 뭘로 해야 할지 갈등 중이야'라는 표현도 일본에선「葛藤してる」가 아니라「迷ってる」라고 하는 게 일반적이고 보편화된 표현이다

3. 사전의 1번 뜻풀이로 쓰더라도 많은 일본인들은 개인 간의 갈등이라는 뜻으로 쓰는 경우가 많지 국가 간, 조직 간의 갈등이라는 뜻으로 쓰는 일본인은 많지는 않은 듯하다.

4. 또한 유의해야 할 것은, 국가 간에도 쓸 수 있다고 대답한 사람도 韓日外交葛藤이라는 식의 표현은 어색하다(違和感がある)고 한다. 왜냐하면 한국 기사를 번역한 글들 중에는 '한일 외교 갈등'을 그대로 韓日外交葛藤라고 번역해 놓은 것들이 많은데 外交葛藤이라는 표현 자체가 일본인들로서는 생경하고 어색하게 느껴진다는 말이다.

▎모범 답안 ▎

1. 표심 몰이에 눈이 멀어서 : 票集めに目がくらみ

일본은 '표심 몰이'라는 표현을 안 쓰니 이렇게 의역할 수밖에 없겠죠. 그리고「目が眩む」는 기본적으로는 현기증이 나는 것, 강한 빛 등으로 눈이 부셔서 일시적으로 눈이 안 보이게 되는 것이라는 뜻인데, 욕심, 돈 등에 '눈이 멀다'라는 뜻으로도 쓰입니다. 그리고 한자가 아니라 히라가나로 쓰는 걸 많이 봅니다.

2. 젠더 갈등을 부추기는 : ジェンダー対立を煽る

이때도 그대로 葛藤라고 하면 어색합니다.

3. 정치권의 행태 : 政治界の所業

'행태'라는 말은 일본에 없으니 한국어로 '소행'과 비슷한 뜻인 所業라고 번역해 봤습니다. 그리고 일본은 정치'권'이라고 하지 않으니까 이 역시 위처럼 해 주면 되겠죠.

4. 미래를 망치는 망국적인 작태 : 未来を台無しにする亡国的な仕打ち

이 문장에서 '망치는'은 위와 같이 번역할 수 있겠고. '작태' 역시 일본은 안 쓰는 한자어니까 '짓거리'와 비슷한 부정적 뉘앙스가 있는 仕打ち로 번역해 봤습니다.

5. 수출 규제로 촉발된 : 輸出規制に触発された

일본은 '촉발'을 긍정적인 뜻으로 쓰는 게 일반적이지만 다른 답변도 있었기 때문에 그대로 '촉발'이라고 번역해 봤는데, 이 경우도 위와 같이 피동형으로 쓰는 게 자연스럽습니다. 왜냐하면 '촉발하다'는 타동사이기 때문이죠. 다른 표현을 쓰려면「端を発した」정도로 해 주면 되겠고요.

6. 외교 갈등 : 外交対立(摩擦)

여기선 대립이나 마찰을 선택했습니다.

7. 불매 운동을 급격히 확산 : 不買運動を急激に拡大

불매 운동의 경우도 일본은 '확대'를 쓰는 게 일반적입니다.

8. 가부장적인 : 亭主関白な

9. 젊은 층 : 若年層

일본은 이처럼 '약년층'이라는 용어를 씁니다. 기본적으로는 젊은 층이라는 말인데, 통계에서는 15~24세, 15~34세 정도를 일컫는다고 합니다.

10. 세대 갈등 : 世代間対立

11. 암운을 드리우고 있다 : 暗雲が立ち込めて(垂れ込めて)いる

이것도 블로그에 썼던 거죠. 오늘날은 「暗雲が垂れ込める」라는 말을 처음 본다는 사람도 있을 정도로 많은 사람들이 「立ち込める」라고 쓰고 있는데, 원래는 「垂れ込める」라고 하는 게 올바른 용법이라는 점. 하지만 이미 후자는 모르는 사람이 있을 정도로 널리 퍼졌기 때문에 전자를 써야 의사소통이 원활할 것 같습니다. 혹시나 싶어서 후자로 적어서 보냈더니 감수자님 역시 전자로 말하지는 않는다고 잘라서 말할 정도니까요.

> 日 한국은 이 경우 '드리우다'를 자동사로도 타동사로도 씁니다.

12. 백화점 : デパート

13. 지갑이 얇으니까 : 懐が寂しいから

우리는 '지갑이 얇다'라고 하지만 일본은 이렇듯 '품이 허전하다'고 합니다. 옛날 일본 복장에서는 지갑을 가슴에 넣고 다녀서 유래된 표현인 것이죠.

> 日 한국은 지갑이 얇다고 하는 게 일반적인데 지갑이 허전하다고 해도 통합니다.

14. 식기세척기 : 食器洗浄機·食器洗い機

15. 전기밥솥 : 炊飯器

복습이죠. 일본은 전기밥솥을 '취반기'라고 합니다.

16. 교체할까 : 買い換えようか

교체라는 한자어를 한국과 일본은 다른 뜻으로 쓰니까 위와 같이 하거나 한자어를 쓴다면 交換이라고 해야겠죠.

17. 갈등하고 있어 : 迷っているの·葛藤してるの

오늘날의 일본인들은 '갈등'을 거의 이런 뜻으로만 쓰니까 이때는 그대로 '갈등'이라고 해도 되겠죠. 다만 일상생활 속에서는 전자와 같이 말하는 게 일반적이라는 점.

18. 일시불 말고 할부 : 一括払いじゃなく分割払い

일본은 일시불과 할부를 위와 같이 말합니다.

19. 충분히 더 쓸 수 있어 : 十分持つから

이「持つ」도 말뜻의 스펙트럼이 상당히 넓죠. 이 경우는 (더)오래 간다, 더 쓸 수 있다는 뜻인 것이죠. 버틴다, 지속된다, 지탱한다는 뜻으로도 쓰입니다. 우리가 예컨대 '길어(버텨) 봤자 일주일이다'라고 할 때 일본은「長く持って一週間」이라고 하죠.

20. 결혼 시작부터 시어머니랑 갈등 : 結婚早々から姑との確執

'~ 시작부터', '~하자 마자'라는 표현을 위와 같이 하고, 또 자주 접하는 표현이니 몰랐던 분은 외워 두시길. 그리고 이 경우는 이렇듯 '확집'이라는 표현이 제일 어울릴 듯합니다. 일본어 '확집'의 뜻은 원래는 '서로가 자기 의견만 강하게 주장하며 물러서지 않는 것'을 말하는데 뜻이 확장돼서 그럼으로써 인해 생기는 불화와 다툼, 마찰이라는 뜻으로도 쓰입니다. 제가 듣기로는 지금은 거의 후자의 뜻으로 쓰는 경우가 많다고 합니다.

> 日 　한국에도 '확집'이 국어사전에 있는데 한국은 후자의 뜻은 없습니다. 그리고 거의 사어가 된 말이기 때문에 잊어버려도 된다고 생각합니다.

21. 고부 갈등 : 嫁姑の確執

우리가 말하는 고부 갈등을 일본은 위와 같이 말합니다.

22. 외무장관 회담 : 外相会談

23. 악재 : 悪材料

24. 갈등의 골만 깊어져 : 対立の溝、深まるばかり

25. 아파트 층간 소음 해법 : マンションの騒音トラブル、解決策

일본은 '해법'이라고 하지 않는다는 건 2권에서 살펴봤죠. 그리고 일본은 '층간 소음'이라는 말을 안 씁니다. 한국의 모 유명 신문이 이 층간 소음을 「階間騒音」이라고 번역해 놓은 걸 발견했는데, 글로 적힌 거면 한자를 보고 뜻을 짐작하겠지만 이걸 말로 하면 일본인은 무슨 말인지 모를 겁니다. 꼭 '층간'이라는 말을 쓰려면 차라리 「上下階間騒音」이라고 하면 무슨 말인지 알아먹을 거라고 하더군요. 그리고 한국에서 말하는 '층간 소음'을 전문 용어로는 「床衝撃音」, 그러니까 '바닥 충격음'이라고 합니다. 다만 이건 말 그대로 바닥을 충격하는 소리라는 뜻이죠. 그래서 우리가 말하는 '아파트 층간 소음'을 위와 같이 「マンションの騒音トラブル(問題)」라는 식으로 말한다고 합니다.

> **日** 사실 '층간 소음'은 바닥을 크게 쿵쿵 울리며 걷거나 뛰는 것을 말하는 게 '기본'입니다만, 피아노 등 악기 연주 소리나 술 마시며 크게 떠드는 것 등 이른바 생활 소음을 포괄하는 용어입니다.

26. 이웃 간 갈등 : 隣人同士のいざこざ

사람 사이의 갈등이니 葛藤라고 해도 틀린 건 아니지만 역시 쓰임새가 많지는 않은 것 같습니다. 이걸 그대로 葛藤라고 해서 자연스러운지 물으니 「隣人同士の葛藤」가 뭔지 모르겠다면서 한국어 원문을 가르쳐 달라고 하더군요. 써도 틀린 건 아닌데 이 사람처럼 모르겠다는 일본인들도 있다는 것이겠죠. 그래서 실랑이, 옥신각신 등의 뜻이 있는 「いざこざ」라고 의역해 봤습니다.

27. 정치 갈등이 보다 심화될 : 政治対立がより深刻化する

28. 사회 갈등 : 社会の軋轢

우린 '알력'이라는 한자어를 빈번히 쓰진 않죠. 하지만 일본은 우리에 비해 훨씬 빈번히 씁니다.

29. 노사 갈등이 수습되기 : 労使の軋轢が収束する

30. 냉철한 현실 인식이 필수적 : 冷静な現実認識が不可欠

제가 이 퀴즈를 내면서 다시 한번 확인하기 위해 일본인에게 이 경우 냉정과 냉철 중 어느 걸 쓰는 게 자연스러우냐고 물으니 일본인이 답변한 내용이 있는데, 이건 바로 다음의 '냉철' 표제어에서 다시 말씀드리겠습니다.

31. 중단 논란 : 中断の問題

32. 갈등 심화 : 対立深刻化

33. 추경 통과 촉구 : 補正予算通過促す

34. 도의회 갈등 여전 : **依然とした道議会内の軋轢**

35. 불화설이 나돌던 : **不仲説が出回っていた**

36. 화해한 것처럼 : **仲直りしたかのように**

37. 갈등은 격화돼 갔다 : **確執は激化していった**

読み方

奔放(ほんぽう)・掌握(しょうあく)・葛藤(かっとう)・票集(ひょうあつ)め・煽(あお)る
所業(しょぎょう)・台無(だいな)し・若年層(じゃくねんそう)・暗雲(あんうん)・垂(た)れ込(こ)めて
懐(ふところ)・一括(いっかつ)・姑(しゅうとめ)・確執(かくしつ)・嫁姑(よめしゅうとめ)・溝(みぞ)
軋轢(あつれき)・収束(しゅうそく)・激化(げきか)

"정말 냉철하시군요"라고 하면 일본인은?

俺は、あの目を知っている。あの容赦ない冷徹な目を!

나는 저 눈빛을 알고 있어. 그 [1   ]을! 〈세븐 고스트〉

彼は、暴君として[2   ]人物であり、

그 사람은 폭군으로 이름을 날리고 있는 인물이며,

目的のためなら[3   ]非常に冷徹な性格の持ち主です。

목적을 위해서라면 **수단 방법을 가리지 않는** 대단히 [4   ]의 소유자입니다.

彼女は、周りの人間を[5]としてしか見ていない冷徹な性格ですが

그 여자는 주위 사람을 **장기말**로밖에 안 보는 [6   ]이지만,

演技力だけは[7   ]。

연기력만큼은 **독보적이에요**.

200人を超える[8   ]解雇してしまった社長に、

200명 넘는 **직원을 서슴지 않고** 해고해 버린 사장에게

冷徹すぎるという[9   ]。

[10   ] 비난이 쏟아지고 있다.

彼は、[11   ]常に冷徹だ。冷徹に判断して一旦決定を下せば、

그는 **정에 휩쓸리지 않고** 항상 [12]. [13   ] 일단 결정을 내리면

[14   ]一気に[15   ]。

좌고우면하지 않고 단숨에 **밀어붙인다**.

彼の[16   ]冷徹な批評は、多くの人々の共感を得た。

그의 **주관에 치우치지 않은** [17   ]은 많은 사람들의 공감을 얻었다.

急に[　　　1　　　]行ったが[　2　]と言われて[　　　3　　　]。
갑자기 **근시가 와서 안경을 맞추러** 갔는데 **원시도 있다고** 해서 **다초점 안경을 맞췄다**.

しかし、なんか[　4　]ようで[　5　]気がする。
하지만 왠지 **도수가 안 맞는** 거 같아서 **돈만 날린** 느낌이 든다.

[　　　6　　　]付いてきてくださる[　　　7　　　]は
심지어 지방 행사까지 따라와 주시는 **골수팬분들의 성원은**

私にとって[　　8　　]になります。
저한테 **더할 나위 없는 힘**이 되죠.

[　9　]の末、[　　10　　]を手に入れた日、
천신만고 끝에 **꿈에 그리던 내 집**을 갖게 된 날

[　　　11　　　]記憶が新しい。
펄쩍펄쩍 뛰며 기뻐했던 기억이 새롭다.

店内に[　　12　　]が設けられていて、
가게 안에 **음식을 먹을 수 있는 공간**이 마련돼 있어서

[　　13　　]を食べても[　　14　　]。
밖에서 가져온 음식물을 먹어도 **아무 말도 하지 않는다**.

先月は[　15　]が多かったし、来月も引っ越しのために[　　16　　]
지난 달은 **지출이 많았고**, 다음 달도 이사 때문에 **지출이 늘어날 테니까**

今月は[　　17　　]、[　18　]生活をしないと。
이번 달은 **허리띠를 바짝 졸라매고 검소한** 생활을 해야겠네.

[　19　]景気が[　20　]を見せているので[　21　]新製品の[　22　]を決定した。
침체돼 있던 경기가 **회복세를 보임**에 따라 **보류해 두었던** 신제품 **출시**를 결정했다.

오래 전에 번역 중 검색해야 할 게 있어서 검색을 하다가 이 冷徹라는 한자어가 쓰인 글을 발견했는데, 이걸 그대로 '냉철'이라고 번역하면 어딘지 이상한 느낌이 들더군요. 근데 그때는 번역 때문에 시간이 없어서 일단 엑셀에 메모만 해 두고 B셀에 '조사 필요'라고 적어 놓고 끝났는데, 첫번째 예제로 적은 <세븐 고스트>라는 작품에서 또 '냉철'이 쓰인 대사를 접했습니다. 바로 그 대사 속의 冷徹라는 일본어가 그때 내가 봤던 그것과 같은 뉘앙스로 쓰인 거라는 직감이 오더군요. 첫번째 예제 속의 '그 인물'은 어떤 제국의 최정예 특수부대 대장인데 주인공이 사관학교 졸업시험을 치르는 걸 지켜봅니다. 졸업시험의 내용은 덩치가 산채만 한 죄수와 싸워서 그 죄수를 이기면(죽이면) 최정예 특수부대의 대원으로 합격하는 것입니다. 그런데 주인공이 격투 끝에 죄수를 꼼짝 못하게 묶어 두고는 '진짜 적이 아닌데 죽일 것 까진 없다'며 죄수를 살려 주려 하자 위의 인물이 시험장으로 들어와서 그 죄수를 죽여 버립니다. 한마디로 아주 잔혹하고 냉혹한 캐릭터인 것이죠.

그래서 이참에 조사를 해 보자 싶어서 사전을 찾아봤더니 사전의 뜻풀이는 두 나라 다 대동소이하길래 일본의 어학 Q&A 사이트에 질문을 던졌습니다. 이 문장에서 쓰인 冷徹라는 한자어에 '냉혹'이라는 뉘앙스가 내포된 것인지를요. 그랬더니 한 명은 거의 같은 뜻이라는 답변, 또 한 명은 엄밀히 말하면 조금 다르지만, 그 캐릭터가 평소에 잔혹하고 무자비한 행동을 하는 사람이라면 '냉혹'의 뉘앙스로 볼 수 있다더군요. 그래서 저는 결국 '냉철한'이 아니라 '냉혹한 눈빛'이라고 번역해서 보냈습니다. 왜냐하면 그 근거가 또 하나 있거든요. 그 애니 주인공이 자신을 도와주는 교회의 사제를 보고는 「フラウ(사제)のあんな冷たい顔、初めて見た」라고 말하는데, 이 화의 줄거리에서는 이 「冷たい顔」라는 말을 다르게 표현합니다. 그건 다름아닌 「テイトは、冷徹な目つきで佇むフラウを目撃する」라는 글이었습니다. 테이토의 대사인 '차가운 표정'을 줄거리에서는 '냉철한 눈빛'이라고 묘사하고 있는 것이죠. 즉, 한국어 '냉철'이라는 한자어와는 다른 의미로 쓰인 것이란 말이죠.

정리하자면, 엄밀하게 따질 때 일본어 '냉철'과 '냉혹'은 뉘앙스가 조금 다르지만, 두 단어를 혼동해서 '냉철'이라는 한자어를 '냉혹'이라는 뉘앙스로 쓰는 일본인들이 많다는 겁니다. 그리고 일본어 '냉철'과 '냉혹'의 차이점을 설명하는 사이트에서도 이 둘의 의미는 다르지만 혼동해서 쓰는 일본인들이 많다는 언급을 합니다. 반면에 어떤 사이트에서는 '냉철'의 유의어로서 냉혹, 냉혈, 잔인, 비정을 제시하고 있는 곳도 있습니다. 그리고 바로 앞 예제에서 나온 퀴즈의 답을 「冷静な現実認識」이라고 적으면서 재차 확인해 보자 싶어서 일본 사이트에 질문을 던졌습니다. 「冷静な現実認識」과 「冷徹な現実認識」 중에 일본에선 어떤 걸 쓰는 게 자연스러운지를 물었던 거죠. 그랬더니 돌아온 답변을 지금 소개합니다.

冷徹→cruel, ruthless
目的のためなら人を傷つけることもいとわない/手段を問わない、のようなニュアンスがあります。

더 이상 말할 필요는 없겠죠? 이 일본인 역시 '냉철'을 목적을 위해서라면 사람을 다치게 하는 것도 마다않는, 수단을 가리지 않는 '잔인한', '무자비한' 뉘앙스로 쓰고 있다는 사실이죠. 그러니 영화나 드라마 등에서 이 冷徹라는 일본어가 나온다면 어떤 뉘앙스로 말한 것인지를 면밀히 살펴본 연후에 어떻게 번역해야 정답인지를 판단해야 된다는 결론인 것이죠.

모범 답안

1. 容赦ない冷徹な目 : 가차없는 냉혹한 눈빛

해설에서 말했던 애니에서 나오는 대사입니다. 차갑고 냉혹하다는 뉘앙스로 쓰인 것이죠.

2. 이름을 날리고 있는 : 名を馳せている

1권의「悪名を轟かす」퀴즈에서「馳せる」도 살짝 언급했었죠.

3. 수단 방법을 가리지 않는 : 手段を選らばない

우리와 달리 일본은 '방법'은 빼고 '수단'만 쓰는 게 일반적이라는 점.

4. 冷徹な性格 : 냉혹한 성격

이 역시 문맥상 '냉혹한'으로 번역해 주는 게 낫겠죠.

5. 장기말 : 駒

우리가 말하는 '장기말'을 일본은 이렇게 말합니다.

> 日 표준국어대사전은 '장기짝'만 표준어로 삼는다지만 이렇게 말하는 사람이 몇이나 있을지 의문입니다.

6. 冷徹な性格 : 차가운 성격

여기서는 '냉혹한'보다 '차가운'이 적절할 듯합니다.

7. 독보적이에요 : ずば抜けています

한국어 '독보적'은 이렇게 번역할 수도 있겠죠. 복습 차원에서「右に出るものはいない」도 언급하고 넘어갑니다.

8. 직원을 서슴지 않고 : 社員を躊躇なく

이 역시 일본은 직원이 아니라 사원이라고 한다는 점.

9. 비난이 쏟아지고 있다 : 非難が殺到している

일본은 비난이 '쏟아지다'라고는 하지 않으니 빗발친다, 쇄도한다는 뜻으로 의역해 줄 수 있겠죠.

10. 冷徹すぎるという : 완전 냉혈한이라는

해설에서 일본어 '냉철'의 유의어로 '냉혈'을 소개하는 사이트가 많다고 했죠. 그래서 여기서는 이렇게 의역해 봤습니다.

11. 정에 휩쓸리지 않고 : 情に流されず

우리는 '휩쓸린다'고 하지만 일본은 위와 같이 말합니다.

12. 冷徹だ : 냉철하다

이 문맥에서는 그대로 '냉철'로 번역해 줘야겠죠.

13. 冷徹に判断して : 냉철하게 판단해서

14. 좌고우면하지 않고 : 右顧左眄せずに

2권에서 다뤘죠. 우리와 반대로 일본은 '우고좌면'이라고 하는 게 일반적이라는 점.

15. 밀어붙인다 : 押し通す

16. 주관에 치우치지 않은 : 主観に偏らない

17. 冷徹な批評 : 냉철한 비평

이런 문맥에서도 그대로 '냉철'이라고 번역하는 게 자연스럽겠죠.

랜덤 예제 모범 답안

1. 근시가 와서 안경을 맞추러 : 近眼になって眼鏡を作りに

일본은 안경을 '맞춘다'라고 하지 않습니다. 그리고 일본도 '근시'라고도 하지만 이렇게도 말합니다.

2. 원시도 있다 : 遠視もある

일본은 '근시'는 '근안'이라고 하지만 '원시'는 '원안'이라고 하지 않는답니다. 사전에는 '원안'도 올라 있습니다만, 처음 본다는 사람도 있을 정도입니다.

3. 다초점 안경을 맞췄다 : 遠近両用眼鏡を作った

일본은 다초점 안경을 이렇듯 '원근 양용 안경'이라고 합니다.

4. 도수가 맞지 않는 : 度が合わない

우린 '도수'라고 하지만 일본은 그냥 度만 씁니다.

5. 돈만 날린 : お金だけ飛んだ

우리는 돈을 '날리다'라고 하지만 일본은 이처럼 '날다, 날아가다'라고 합니다.

6. 심지어 지방 행사까지 : さらには地方営業にまで

부사는 양국 모두 뉘앙스 캐치가 녹록지 않은 경우가 많죠. 이 '심지어'라는 한국 부사도 「さらに(は)」라는 일본 부사도 서로가 번역하기 만만치 않은 단어죠.

> 日 이런 맥락에서 쓰인 「さらに(は)」는 '심지어'라고 번역해 줄 수 있겠습니다.

7. 골수팬분들의 성원 : 筋金入りのファンからのエール

우리가 말하는 골수팬을 일본은 이렇게 표현합니다. 그리고 「エール」는 영어로 yell, 그러니까 성원, 응원이라는 뜻으로 아주 빈번히 사용하는 말입니다.

8. 더할 나위 없는 힘 : この上ない力

이런 문맥에서의 '더할 나위 없는'은 이처럼 번역해야 적절하다고 생각합니다.

9. 천신만고 : 大変な苦労

일본도 千辛万苦라는 사자성어가 있고 또 비슷한 뜻인 艱難辛苦라는 한자어도 있는데 거의 안 쓰는 모양입니다. 처음 봤다는 사람, 안 쓴다고 잘라 말하는 사람이 있을 정도니까 위와 같이 번역해 주는 게 낫겠습니다.

> 日 '천신만고'는 잘 알려지고 자주 접하는 사자성어입니다. 그리고 '간난신고'는 국어사전에 있지만 천신 만고만큼 잘 알려진 사자성어는 아닙니다.

10. 꿈에 그리던 내 집 : 夢にまで見た(夢に描いた)マイホーム

일본인에게 「夢に描いたマイホーム」라고 적고 자연스러우냐를 물으니까 전자로 고쳐 주더군요. 「夢に描いた」라고 하면 이상하냐고 물으니 이건 시나 가사 같은 데서 비유적으로 쓰는 표현이라며, 집을 사는 건 현실적인 꿈이니 좀 안 맞는 거 같다는 대답이었는데 검색해 보면 이렇게 쓴 예도 많이 검색이 됩니다. 감수자님께도 저 둘을 제시했더니 둘 다 된다는 답변이었으니 참고하시길.

> 日 '꿈에 그리다'라고 할 때의 '그리다'는 「描く」가 아니라 '사랑하는 마음으로 간절히 생각하다'는 뜻. 그러니까 '그리워하다'와 비슷한 말입니다.

11. 펄쩍펄쩍 뛰며 기뻐했던 : 飛び上がって喜んだ

처음에 이걸「足を踏み鳴らして喜んだ」라고 했는데 감수자님이 위와 같이 고쳤길래 이유를 물었더니 기쁨의 표현으로「足を踏み鳴らす」라고는 안 한다더군요. 저는 그렇게 쓴 걸 본 적이 있기 때문에 예문에 넣은 것인데 좀 의아했습니다. '일본어 표현'이라는 제목의 엑셀 파일에 일본만의 독특한 표현을 수집 중인데 거기 메모해 뒀던 것이거든요. 그래서 검색해 봤더니 많은 숫자가 나오지는 않더군요. 흔한 표현이 아닌 건 분명한 거 같은데 건담 시리즈로 유명한 토미노 요시유키 감독이 쓴 판타지 소설에서도 이렇게 쓴 사례가 검색됐으니 참고하시기를.

12. 음식을 먹을 수 있는 공간 : 飲食できるスペース

일본은 '음식'이라는 한자어를 먹고 마신다는 뜻으로 쓰죠. 그리고 2권에서 나왔던 '주차 공간'과 마찬가지로 이 경우에도 일본은 '공간'이라는 한자어가 아니라 위와 같이 말하는 게 일반적입니다.

13. 밖에서 가져온 음식물 : 外から持ち込んだ食べ物

이 경우는「持ってきた」가 아니라 위와 같이 표현하는 게 일반적입니다. 반입한다는 표현이죠. 반대말은「持ち出す」고요.

14. 아무 말도 하지 않는다 : 何も言われない

일본은 이 경우에도 피동형으로 표현하는 게 자연스럽죠.

15. 지출 : 出費

일본도 '지출'이라는 한자어를 쓰긴 하는데 일상생활에서는 '출비'라고 하는 게 일반적입니다.

16. 지출이 늘어날 테니까 : 出費がかさむから

일본은 비용, 지출 등이 늘어나는 걸「かさむ」라고 합니다. 한자는「嵩む」인데 흔한 한자가 아니기 때문에 히라가나로 표기하는 게 일반적입니다.

17. 허리띠를 바싹 졸라매고 : 財布の紐をぎゅっと締めて

우리는 허리띠를 졸라맨다고 하는데 일본은 이처럼 지갑 끈을 죈다고 표현합니다.

18. 검소한 : 倹約な

19. 침체돼 있던 : 低迷していた

20. 회복세 : 回復基調

21. 보류해 두었던 : 見合わせていた

이「見合わせる」는 마주보다, 또 비교, 대조하다는 뜻으로도 쓰이지만 이처럼 뒤로 미루다, 보류하다는 뜻으로도 씁니다.

22. 출시 : 発売

한국과 쓰임새가 사뭇 다른 일본어 潤沢(윤택)

[　1　]は、血液循環を促進して[　2　]くれる。

경락 마사지는 혈액 순환을 촉진해서 피부를 윤택하게 해 준다.

昔は潤沢な資金を誇る会社だったが、今は[　3　]である。

옛날에는 [　4　]을 자랑하는 회사였지만 지금은 자금이 동이 난 상태다.

この地域の海水はミネラルが潤沢に[　5　]

이 지역의 바닷물은 [　6　] 함유돼 있어서

多種多様な[　7　]が多いです。

다종다양한 어패류의 어획량이 많습니다.

彼女の潤沢でありながら[　8　]を見つめていると、

그녀의 [　9　] 우수를 띤 눈동자를 바라보고 있자면

[　10　]気さえする。

빨려 들어갈 것 같은 느낌마저 든다.

[　11　]ベンチャー企業は、大企業に比べて人手が潤沢ではないため

갓 창업한 벤처기업은 대기업에 비해 [　12　]하지 않으므로

生産性を高める方法を[　13　]。

생산성을 높일 방법을 미리 강구해 두어야 한다.

彼女の潤沢を帯びた黒髪は、[　14　]

그녀의 [　15　] 검은 머리는 너무 자주 염색을 해서

[　16　]女性たちとは[　17　]。

푸석푸석한 머릿결의 여자들과는 차원이 다르다.

この[18]は、腸内で[19]**物質を潤沢に生成**してくれる。

이 **건강보조식품**은 장 내에서 **건강에 좋은** [20]해 준다.

趣味を楽しむことも[21]**殺伐とした生活から**[22]彼は

취미를 즐기는 것도 **여의치 않은** [23]에서 **탈피를 꾀한** 그는

今は[24]**人生を送っている。**

지금은 정신적, 물질적으로도 윤택한 삶을 살고 있다.

震災直後で物が潤沢でないため、[25]**を用意している。**

지진 직후라서 [26] 재해 지역에 보낼 **구호 물자**를 준비 중이다.

あの頃は、[27]**が潤沢でなかったので、**[28]**ばかり食べていたね。**

그 무렵은 **식료품**이 [29] **컵라면**만 먹었었지.

この化粧品は、[30]**くれるので**

이 화장품은 피부를 윤택하게 해 주기 때문에

[31]**の女性も**[32]。

중장년 여성도 **고운 살결을 유지할 수** 있어요.

랜덤 예제

そんなに[1]**を見せるのを見ると、何か**[2]**あるようだね。**

그렇게 **과민반응**을 보이는 걸 보니까 뭔가 **켕기는 게** 있는 모양이네.

[3]**敵軍の**[4]**も実施し、**

인종청소를 기치로 내건 적군의 **기습에 대비**해서 **대피 훈련**도 실시하고,

[5]**と共に空爆に備えて大規模な**[6]**も設置した。**

곳곳에 대피소와 함께 공폭에 대비해 대규모 **방공호**도 설치했다.

모범 답안을 보셨으면 아시겠듯 '윤택'이라는 한자어의 쓰임새도 미묘하게 다릅니다. 일단 사전부터 찾아 봅시다. 코지엔 인터넷 사전의 설명입니다.

① つや。うるおい。「―を帯びる」
② 物資や利益などが豊富にあること。十分ゆとりのあること。「―な資源」「資金を―に使う」
③ 恩恵を施すこと。

이번에는 표준국어대사전입니다.

1. 광택에 윤기가 있음.
　윤택이 없다.
　윤택이 흐르다.
　화강암 돌층계는 반드럽고 고왔다. 정으로 돌을 다룬 게 아니라 대패로 밀어 깎은 듯 반듯하고 윤택이 났다. 출처 <<박종화, 다정불심>>

2. 살림이 풍부함.

뜻풀이는 언뜻 비슷한 같은데 살짝 다른 것도 있죠. 일본은 「もの」가 풍부하게 있는 것인 데 반해 한국은 '살림'이 풍부하다는 것이죠. 이 살짝 다른 뜻풀이가 양국의 쓰임새 차이에 결정적 역할을 한다고 생각하는데, 일본의 예문인 '윤택한 자금'을 방금 검색해 보니 한국에서도 검색되는군요. 구글 검색 결과 3,120건입니다. 많은 건 아니죠? 게다가 그중에서는 일본 기사 같은 걸 그대로 번역해 놓은 것도 보이고요. 하지만 한국에서 '윤택'이라는 한자어는 윤택한 살림, 윤택한 삶 등의 예 정도로만 쓰는 실정이죠. 어쨌건 일본 한자어 '윤택'은 '물건'이 풍부하다는 뜻으로 쓰이므로 우리와 다르게 쓰이는 예가 많고 그 쓰임새의 폭도 훨씬 넓습니다.

그리고 중요한 사실은 요즘은 사전의 1번 뜻으로 쓰는 예는 별로 없다는 겁니다. 많은 일본인들에게 물어본 결과도 오늘날은 물건, 자금, 자원 등이 풍부하다는 뜻으로 쓴다는 답변을 했습니다. 하지만 사전의 뜻풀이에도 있고, 또 이 '윤택'이란 말의 뜻과 쓰임새를 설명하는 여러 사이트에서도 1번 뜻으로 쓴 예문들을 제시하고 있습니다. 그리고 분명 옛날에는 1번 뜻으로도 썼으니 옛날 영화나 드라마 등에서는 나올 수도 있고, 또 옛날 책이나 문서에서도 1번 뜻으로 쓰인 예가 나올 수 있으니 알아는 둬야겠죠.

日　한국에서 '윤택'이라는 한자어의 쓰임새의 폭, 사용 빈도는 일본에 비하면 엄청나게 좁고, 낮습니다. 제가 지금껏 살면서 일상생활에서 '말'을 하면서 윤택이라는 한자어를 쓴 적이 있던가? 싶을 정도입니다. 윤택이라는 말은 책이나 신문 기사 등에서, 그리고 화장품 등을 선전하는 광고 문구 등에서 가끔 보거나 듣는 정도입니다.

모범 답안

1. 경락 마사지 : つぼマッサージ

엄밀히 말하면「つぼ」는 경혈, 혈에 가깝지만 일본은 이렇게 말합니다.

2. 피부를 윤택하게 : お肌を潤して

어떤 일본인의 의견으로는 피부, 머릿결 등이 윤기 있게 되는 걸 '윤택'이라고 하는 경우는 줄어들고 있다니 위와 같이 번역해 줄 수 있겠죠. 실제로 일본, 일본어, 그리고 -韓国로 검색해 보니 6건이 뜹니다. 감수자님의 의견도 같았습니다.

3. 자금이 동이 난 상태 : 資金が払底している状態

동이 나는 것, 바닥나는 걸「払底する」라고 합니다. 다만 일상생활 속에서 구어로 쓸 일은 거의 없다고 하는데 뉴스를 검색해 보면 쓰인 사례가 많이 나옵니다. 쉽게 외우는 힌트를 드리자면「底を払う」라는 표현에서 온 겁니다. 직역식으로 번역하자면 '바닥을 털다(치우다)' 정도가 되겠는데 바꿔 말하면 바닥이 나다, 동이 나다 등의 뜻이 되는 것이죠.

4. 潤沢な資金 : 풍부한 자금

> 日　이걸 그대로 '윤택한 자금'이라고 해도 알아는 먹겠지만 일반적인 표현은 아니라고 생각합니다.

5. 함유돼 있어서 : 含まれているので・入っているので

일본도 含有라는 한자어를 쓰지만 전문 영역에서나 쓰는 딱딱한 용어라고 합니다. 그러니 일상생활에서는 위와 같이 번역해 줘야 매끄럽겠죠.

6. ミネラルが潤沢に : 미네랄이 풍부하게

이 경우도 저는 '풍부'라는 단어를 택하겠습니다.

> 日　한국에선 '미네랄이 윤택하게'라고 하면 부자연스럽습니다.

7. 어패류의 어획량 : 魚介類の水揚げ量

일본은 '어획량'을「水揚げ量」라고도 합니다. 그리고 일본도「漁獲量」라는 용어를 쓰는데 엄밀히 말하면 뜻 차이가 있다고 합니다.「水揚げ量」는「水揚げ」, 그러니까 '물에서 건져 올린' 양, 바꿔 말해 육지로 인양된 수산물의 양을 뜻하고 漁獲量은 어로 작업을 통해 잡은 모든 수산물의 양을 뜻한다는 것이죠. 예를 들면 잡어들이 섞여 올라오면 버리기도 하는데, 이 버린 어종들까지 포함하는 총량이라는 뜻인 것이죠.

8. 우수를 띤 눈동자 : 憂いを帯びた瞳

일본에도 憂愁라는 한자어가 있지만 일상적으로 쓰이는 말이 아니라고 합니다. 또한 오늘날은 쓰임새가 적지만 동사로도 씁니다. 그리고 「憂い」는 보통 근심이나 걱정으로 번역되는 말이죠. 하지만 이걸 '근심(걱정)을 띤 눈동자'라고 번역하면 이 표현이 지닌 뉘앙스를 오롯이 전달하지 못합니다. 왜냐하면 이 표현에 대해 설명하는 글에 다음과 같은 말이 있습니다.

「憂いを帯びた〜」は、翳りのある美しさ、物悲しくしみじみした趣があると言った、暗い美しさを表す表現として使われることも多いです。
「憂いを帯びた〜」는 그늘진 아름다움, 구슬프고 절절한 정취가 있는 어두운 아름다움을 표현할 때 쓰일 때가 많습니다.

그러니까 왠지 은근한 멋, 매력이 있는 눈동자라는 뉘앙스란 것이죠. 근데 이걸 그냥 근심이나 걱정이라고 번역하면 이 표현이 지닌 뉘앙스가 제대로 전달이 안 된다는 말이죠.

> **日** 한국에서 여기에 딱 어울리는 말이 바로 '우수(憂愁)'입니다. 사전에는 그냥 '근심과 걱정을 아울러 이르는 말'이라고 돼 있지만, '우수'는 주로 문학 작품 같은 데서 종종 나오는 말로서, 은근한 매력과 멋이 느껴진다는 뉘앙스로 쓰입니다.

9. 潤沢でありながら : 촉촉하면서도

여기서는 윤기 있다는 말보다 촉촉하다는 말이 더 어울리겠죠? 그리고 이건 실제로 이렇게 쓰인 것을 변형해서 만든 예문인데 감수자님은 「うるうるして」라고 하는 게 더 매끄럽다고 했으니 참고하시길.

10. 빨려 들어갈 것 같은 : 吸い込まれるような

11. 갓 창업한 : 起業したばかりの

12. 人手が潤沢 : 일손이 충분

여기선 '풍부'보다는 '충분'이 더 적절할 것 같습니다.

> **日** 한국에선 '일손이 윤택'이라고 하면 어색합니다.

13. 미리 강구해 두어야 한다 : 予め講じておくべきである

이 '강구'라는 한자어도 뜻과 쓰임새가 다르기 때문에 그대로 講究라고 하면 오역이 됩니다. 이에 관해서는 맨 마지막에 억지로 욱여넣었으니 그때 다시 살펴보기로 하죠.

14. 너무 자주 염색을 해서 : あまり頻繁に染めすぎて

15. 潤沢を帯びた : 윤기를 띤

16. 푸석푸석한 머릿결의 : パサパサした髪の毛をしている

머릿결이 푸석푸석한 건 이렇게 번역해 줄 수 있겠습니다.

17. 차원이 다르다 : 次元が違う · 格が違う

몇 년 전에 썼던 '응수 타진 차원'과 관련된 블로그 글에서도 언급했지만 '차원'이라는 한자어를 일본은 전문 용어, 그리고 수준, 레벨이라는 뉘앙스로만 쓴다고 했죠. 그러므로 '응수 타진 차원'이라거나, 이 책에서도 여러 번 쓴 '복습 차원에서'라고 할 때 직역하면 부자연스럽지만, 이 경우는 수준, 레벨이라는 뉘앙스니까 그대로 직역해도 됩니다. 감수자님께 질문한 결과도 같았습니다.

18. 건강 보조 식품 : サプリメント

일본은 이렇듯 supplement라는 외래어를 그대로 씁니다.

19. 건강에 좋은 : 健康的な

> 日 한국에서는 '건강적'이라는 말은 안 씁니다.

20. 物質を潤沢に生成 : 물질을 풍부하게 생성

> 日 이 역시 '물질을 윤택하게 생성'이라고 하면 어색합니다.

21. 여의치 않은 : ままならない

복습이죠. 이건 문맥에 따라서는 '변변히 못 하는'이라고 번역해 줄 수도 있습니다.

22. 탈피를 꾀한 : 逃避を図った

'도피'는 1권에서 다뤘던 거고, 일본은 '탈피'를 한국처럼 쓰지 않고 주로 '탈각'이라는 한자어를 씁니다.

> 日 일본어 '탈각'은 한국어 '탈피'로 번역하면 자연스러운 경우가 있지만 안 그런 경우도 있는데, 이때는 '벗어나다'로 번역해 주면 자연스러운 경우가 많습니다.

23. 殺伐とした生活 : 삭막한 생활

24. 정신적, 물질적으로 윤택한 : 精神的に潤いがあって物質的にも潤沢な

일본은 '윤택'을 물건에 쓰니까 '정신적으로 윤택'이라고 하면 이상하겠죠? 상당히 많은 일본인들에게 물어본 결과도 가능할 거 같다는 사람은 2명이었고, 그 외 모든 사람들이 어색하다는 반응이었습니다.

> **日** 사전의 뜻풀이로 보면 '정신적으로 윤택'이라고 하면 안 되는 건데 이런 표현을 씁니다. 윤택이라는 단어에서 여유로움, 풍요로움이라는 뉘앙스를 느끼기 때문이 아닌가 합니다.

25. 재해 지역에 보낼 구호 물자 : 被災地に送る救援物資

26. 物が潤沢でないため : 물건이 충분치 않으므로

여기서도 저는 '풍부'보다는 '충분'을 택했습니다.

27. 식료품 : 食料

일본은 '식료'라고도 합니다.

28. 컵라면 : カップ麺

한국은 '컵라면'이라는 용어가 일반적이지만 일본은 이렇듯 '컵면'이라고 하는 게 일반적입니다. 정식 명칭은 '즉석 컵면'이라는군요. 이걸 기본으로 내용물이 일반 인스턴트 라면이면 '컵라면', 소바라면 '컵소바', 우동이면 '컵우동', 야키소바면 '컵야키소바'라는 식으로 부른다고 합니다.

> **日** 한국의 컵라면 역시 인스턴트 라면 외에도 우동, 짬뽕 등 여러 종류가 있지만 이렇듯 '컵라면'으로 통용되는 게 현실입니다. 이 カップ麺이라는 말을 처음 접했을 때 한국도 '컵면'이라고 하나 싶어서 찾아보니 검색이 되더군요. 이 글을 쓰는 현재 다시 검색해 보니 검색 건수가 더 많아졌네요. 그런데 제조업체나 마트 등에서 제품을 소개하면서 '컵면'이라고 구분해서 부르는 게 대부분입니다. 하지만 일상생활에서 예컨대 "편의점 가서 컵면 사 와"라든가 "오늘 점심은 컵면으로 때웠어"라는 식으로 말하는 사람은 거의 없을 거라고 봅니다.

29. 潤沢でなかったので : 충분치 않아서

30. 피부를 윤택하게 : お肌を潤して

31. 중장년 : 中高年

32. 고운 살결을 유지할 수 있어요 : 美肌を保つことができます

고운 살결, 고운 피부라는 뜻으로 일본은 美肌라는 단어를 엄청나게 자주 씁니다. 그리고 일본도 '유지'라는 한자어를 쓰지만 이 경우는 위와 같이 말하는 게 일반적이라고 합니다.

랜덤 예제 모범 답안

1. 과민 반응 : 過剰反応

2. 켕기는 게 : 後ろめたいことが

켕기다, 구리다, 그리고 뭔가 께름칙하다, 찜찜하다는 뉘앙스로도 씁니다.

3. 인종 청소를 기치로 내건 : 民族浄化を旗印に掲げている

우리는 인종 청소라고 하지만 일본은 이처럼 민족정화라고 합니다.

4. 기습에 대비해서 대피 훈련 : 不意打ちに備えて避難訓練

5. 곳곳에 대피소 : 所々に避難所

6. 방공호 : シェルター

일본도 「防空壕」라고도 하지만 요즘은 이렇듯 '셸터'라는 영어 표현을 그대로 쓰는 걸 자주 봅니다. 그리고 이 둘의 차이는 셸터가 훨씬 규모도 크고, 공습 등에 대비해서 대피하는 장소뿐 아니라 가정 폭력을 피할 수 있게끔 일시적으로 살 수 있게 만들어 놓은 시설, 빈곤 때문에 주거가 없는 사람들이 일시적으로 살 수 있게 하는 시설도 이렇게 부른다고 합니다.

読み方

空爆(くうばく)・潤(うるお)して・払底(ふってい)・底(そこ)を払(はら)う・潤沢(じゅんたく)・含有(がんゆう)・魚介類(ぎょかいるい)・水揚(みずあ)げ量・憂(うれ)いを帯(お)びた・人手(ひとで)・予(あらかじ)め・頻繁(ひんぱん)に染(そ)めすぎて・逃避(とうひ)を図(はか)った・美肌(びはだ)・浄化(じょうか)・不意打(ふいう)ち・防空壕(ぼうくうごう)

무아지경 = 無我夢中?

息子が夜遅くまで[1]しないから[2]に行って探してみたら、

아들이 밤늦게까지 **귀가**하지 않길래 **오락실**에 가서 찾아봤더니

ゲームに無我夢中で[　　3　　]、[　　　　4　　　　]。

게임에 [　　5　　] 귓전에 대고 불렀는데도 들리지도 않나 보지 뭐야.

瞑想の境地が深まると、「我」というのが無くなる[6]を経験できる。

명상의 경지가 깊어지면 '나'라는 것이 없어지는 무아지경을 경험할 수 있다.

[　7　]に[　　8　　]、[　9　]ほんとに刺そうとするじゃん。

수금하러 온 **양아치**에게 **돈 없다**고 **뻗댔더니 칼로 위협**하면서 정말로 찌르려고 하잖아.

で、無我夢中で逃げてきたんだ。あの[10]やばかったぞ。

그래서 [11] 도망쳐 왔지. 그 **수금원** [12].

絵を描く時は無我夢中になってしまい、[13]忘れることがある。

그림을 그릴 때는 [14]이 돼 버려서 **음식을 먹는 것도** 잊을 때가 있어.

[15]数日が過ぎてたりもする。

정신을 차려 보면 며칠이 지나 있는 일도 있어.

랜덤 예제

今度の休みは[1]、[　　2　　]楽しい日々を送るぞ。

이번 휴가엔 **온종일 독서 삼매경에 빠져 있는** 즐거운 나날을 보낼 거야.

夫の[3]のために[　　4　　]、頭も[　　5　　]一人旅に出るの。

남편 **외도** 때문에 **마음이 싱숭생숭**하고 머리도 **혼란스러워서** 혼자 여행 가려고.

俺が子供の頃は[6]で遊んでたのに[　7　]、[8]とはこのことだね。

내가 어릴 땐 **고무총** 갖고 놀았는데 **비비총이라니 격세지감**이란 게 이런 거구나.

A :[9]を見ると[　　10　　]助けてあげるのよ。

A : **치매 노인**을 보면 **약속도 팽개치고** 도와준다니까.

B :[　　11　　]からでしょう。

B : **인정이 많아서** 그런 거지.

A : 私が思うに、あれは[　12　]よ。彼の母さんも[13]だったのに
　　海外にいて[　14　]できなかったから。

A : 내 생각엔 저건 **강박증**이야. 자기 엄마도 **치매**였는데
　　외국에 있어서 **병구완**을 못 했거든.

C : そう、そう。[　15　]があるのよ。

C : 맞아, 맞아. **죄책감**이 있는 거야.

[　16　]美人の上に、[　17　]もあんなに良いから[　　18　　]夢じゃないね。

이목구비도 또렷한 미인인 데다가 **몸매**도 저렇게 좋으니 **비단가마 타는 것도** 꿈이 아니겠네.

A : 若い[　19　]は、収入が高い[　　20　　]したせいで、
　　タクシーを捕まえるのが、[　21　]だ。

A : 젊은 **택시 기사**는 수입이 나은 **배달 라이더로 대거 이직**하는 바람에
　　택시 잡는 게 **하늘의 별 따기**야.

B : 俺も昨日、[　22　]人と[　　23　　]やっとタクシーを捕まえたよ。

B : 나도 어제 **일면식도 없는** 사람이랑 **합승을 해서** 겨우 택시를 잡았어.

[　24　]によって[　25　]を見ると、[　　　26　　　]。

연말 정산을 통해 환급받은 액수를 보니 한숨이 절로 새어 나왔다.

昔から本が大好きだった。それで[　27　]親の会社に入社した。

옛날부터 책이 참 좋았다. 그래서 **별다른 뜻 없이** [　28　]에 입사했다.

저도 번역일을 시작한 뒤에야 이 無我夢中라는 일본어가 다양한 문맥에서 쓰인 것들을 접하면서 이걸 그대로 '무아지경'이라고 번역하면 어색한 경우가 많다는 걸 알게 됐지만, 여러분 중에도 이걸 '무아지경'이라고만 알고 계신 분들이 많으리라 생각합니다. 원래 '무아지경'이라는 말은 명상이 깊어지면 경험하게 되는 '나'라는 것이 사라진 경지를 뜻하는 불교 용어죠. 하지만 이 사자성어의 쓰임새가 확대돼서 일상생활 속에서도 뭔가에 푹 빠져서 주위의 아무것도 눈에 들어오지 않고 귀에 들어오지 않는 상태를 뜻하는 말로도 쓰이게 됐죠. 그러니 이렇게 일상에서 비유적으로 쓰는 '무아지경'은 無我夢中라고 번역해도 되는 경우도 있고, 또 반대로 無我夢中를 '무아지경'으로 번역해도 되는 경우가 있지만 그래서는 어색한 경우도 많습니다. 그러니 이 둘을 서로 번역할 때는 조금 더 세심한 주의를 기울일 필요가 있습니다. 일본어 無我夢中를 '무아지경'이라고 번역하면 어색한 예제를 만들어 봤으니 한번 살펴보도록 하시죠.

모범 답안

1. 귀가 : 帰宅

일본은 귀가라는 말을 쓰지 않습니다.

2. 오락실 : ゲーセン

3. 귓전에 대고 불렀는데도 : 耳元で呼んだのに

4. 들리지도 않나 보지 뭐야 : 聞こえていやしないようだったんだもの

동사 연용형에 「〜やしない」 형태의 표현이죠. 「〜もしない」 형태도 있는데 이들의 미묘한 쓰임새 차이가 있습니다. 나중에 자료를 더 모으고 시간이 되면 블로그에서 소개해 보도록 하겠습니다.

5. 無我夢中で : 완전히 정신이 팔려서, 무아지경이어서

여기선 '무아지경'이라고 해도 될 것도 같은데 저는 전자를 선택하겠습니다.

6. 무아지경 : 無我の鏡地

불교에서 말하는 원래 의미의 '무아지경'은 無我夢中라고 하면 안 되겠죠.

7. 수금하러 온 양아치 : 集金に来たチンピラ

일본은 이 경우에도 '집금'이라는 한자어를 씁니다.

8. 돈 없다고 뻣댔더니 : お金ないと言って突っぱねたら

이 표현도 몰랐던 분은 외워 두시기를. 감수 과정에서 새로 알게 된 단어인데 이에 관해서는 블로그에도 따로 글을 올렸으니 한번 읽어 보시기 바랍니다.

새로 배운 단어「突っぱねる」를 아시나요?

9. 칼로 위협하면서 : ナイフで威嚇しながら

상기시키는 의미에서 언급하고 넘어가자면 명사로 쓰이는 '위협'은「脅威」라고 하지만 위협 사격, 위협 비행 등은「威嚇」라고 한다는 점.

10. 수금원 : 集金屋

11. 無我夢中で : 정신없이

이런 맥락에서 '무아지경으로 도망쳐 왔다'라고 하면 이상하죠? 그리고 '정신없이'는 붙여서 씁니다.

12. やばかったぞ : 장난 아니었어

이「やばい」라는 일본어도 말뜻의 스펙트럼이 엄청나게 넓은 단어죠. 이 경우 저는 위와 같이 번역해 봤습니다만, 다른 표현도 충분히 가능하겠죠. 그런데 사실은 일본에서「やばい」라는 말은 원래는 위험하다, 위태롭다, 상황 등이 좋지 않다 등의 뜻으로 쓰이는 말이었는데 그 의미와 쓰임새가 엄청나게 넓어진 것입니다. 지금은 '완전 대박', '최고'등의 긍정적인 뜻으로 쓰이고, 그냥 일종의 감탄사처럼도 쓰일 정도로 쓰임새 폭이 엄청나게 넓습니다. 이「やばい」의 전철을 밟고 있는 단어로「えぐい」가 있는데 이건 원래 관서 지방에서 주로 쓰던 표현이 전국으로 확대된 것으로서, 이 역시 부정적 뉘앙스로 쓰이는 단어였지만 요즘 젊은 층들은「やばい」처럼 긍정적 의미로 쓰는 사례가 늘어나고 있습니다.

13. 음식을 먹는 것도 : 飲食するのも

계속 접하면 저절로 자기 것이 되죠. 그리고 이 경우 거꾸로 번역할 때 '먹고 마시는 것도'라고 하면 살짝 어색하다고 생각합니다.

> **日** 한국에서 먹고 마신다고 할 때 '마신다'는 주로 술을 의미하는 뜻으로 쓰이는 경우가 많습니다.

14. 無我夢中 : 무아지경

이 경우는 '무아지경'이라고 해 줘야 자연스럽다는 생각이 듭니다.

15. 정신을 차려 보면 : 気が付くと

이「気が付く(気づく)」도 번역가를 애먹이는 단어인데 문맥에 따라서는 '어쩌다 보니', '어느새(어느샌가)' 등으로 번역할 수도 있습니다. 이 말이 쓰인 문맥을 유심히 살펴보시면 이 번역이 딱 어울리는 문장을 발견할 수 있을 겁니다. 몰랐던 분은 유용하게 활용하시기 바랍니다.

랜덤 예제 모범 답안

1. 온종일 : 一日中·日がな一日

처음에 후자를 퀴즈로 낸 것인데 확인차 여러 일본인들한테 물어본 결과, 처음 본다는 반응이 꽤 있었습니다. 하지만 검색을 해도 상당히 많이 나오고, 신문 기사에서도 쓰인 사례가 나옵니다. 아무튼 문어로는 쓰지만 일상의 대화에서 쓰일 일은 별로 없는 건 분명한 것 같습니다.

2. 독서 삼매경에 빠져 있는 : 読書三昧の·読書に明け暮れる

1권에서 오늘날 일본인들은「読書三昧にふける」라고 하면 이중 표현이라서 부자연스럽다고 한다고 했었죠. 이 예문도「読書三昧に明け暮れる」라고 해서 보내 봤더니, 아니나 다를까 감수자님께서「読書に明け暮れる」자체가「読書三昧」라고 하시더군요.

3. 외도 : 不倫

일본은 '외도'라는 한자어를 안 쓰죠.

4. 마음이 싱숭생숭하고 : 心がざわざわするし

사실「そわそわする」도 이런 맥락에서 쓸 수 있는 걸로 알고 있었고, 또한 이 표현의 쓰임새를 설명하는 사이트에서도 부정적인 의미로도 쓴다고 하는데, 확인차 여러 일본인에게 물어보니, 요즘은 긍정적인 기대로 마음이 들뜨고 초조한 경우에 쓴다고 답한 사람들이 많았으니 참고하시길.

5. 혼란스러워서 : 混乱しているから

일본은 '혼란'이라는 한자어를 동사로 사용합니다.

6. 고무총(고무줄총) : ゴム鉄砲

일본은 '총'이 아니라 이처럼 '철포'라고 합니다.

7. 비비총이라니 : エアガンだなんて

일본은 이처럼 '에어건'이라고 합니다.

8. 격세지감 : 隔世の感

9. 치매 노인 : 認知症の高齢者

일본은 '독거 노인'도 요즘은 「一人暮らし(の)高齢者」라고 하듯이 '노인'이라는 표현을 하는 걸 꺼리는 경향이 있는 듯합니다. 물론 안 쓴다는 말은 아닙니다.

10. 약속도 팽개치고 : 約束もほったらかしにして

11. 인정이 많아서 : 情に厚い

이 경우 조사를 '니'라고 하는 게 일반적인데 '가'를 쓰는 일본인도 있는 모양입니다. 불쌍한 사람을 보면 그냥 못 지나치는 사람, 남을 배려할 줄 아는 사람을 「情に厚い人」라고 표현하죠.

12. 강박증 : こだわり症

일본에선 「強迫性障害」도 「こだわり症」의 일종이라고 본다고 하는데, 어떤 행위를 안 하면 불안해서 견딜 수 없는, 그래서 반드시 그 행위를 고집하는, 집착하는 걸 말하죠. 치매 노인을 도와주지 않으면 뭔가 불안해서 견딜 수 없어서 도와주는 행위를 고집, 집착하는 것이죠.

> 日 한국에선 '강박증'의 의학적 정의와는 조금 다르게 방금 말한 것처럼 행동하는 사람을 강박증이라고 표현하는 경향이 있습니다.

13. 치매 : 認知症

14. 병구완 : 介護

일본은 '개호'라는 한자어를 이렇게 폭넓게 씁니다.

15. 죄책감 : 罪悪感

16. 이목구비도 또렷한 : 目鼻立ちもはっきりした

일본은 한국에서 말하는 이목구비, 얼굴 생김새를 위와 같이 표현합니다.

17. 몸매 : スタイル

일본에선 '스타일'을 '몸매'를 뜻하는 말로도 씁니다.

18. 비단가마 타는 것도 : 玉の輿も

輿는 가마라는 뜻인데, 에도 시대에 미천한 신분의 채소 장수 딸인 お玉가 쇼군 가문으로 시집을 간 데서 유래한 말로서, 가난한 여성이 사회적 지위가 높고 부유한 집안에 시집가는 걸 오늘날도 이렇게 표현합니다. 거꾸로 玉の 輿를 한국어로 어떻게 번역할지 난감했던 기억이 있는 분도 많으실 텐데 이 '비단가마'도 역어 후보군에 넣어 두시 길. 그리고 거꾸로 남자의 경우는 逆玉の輿, 줄여서 逆玉라고 합니다.

19. 택시 기사 : タクシー運転手

일본은 택시 '기사'라는 표현을 안 합니다.

20. 배달 라이더로 대거 이직 : 出前ライダーに大挙して転職

우리가 말하는 (음식)배달은 일본어로 「出前」죠. 그리고 일본은 한국만큼 음식 배달 문화가 발달하지 않아서 그런 지 감수자님은 저런 말을 쓰지 않는다고 잘라 말하더군요. 그런데 요즘은 저 말을 서서히 쓰기 시작했습니다. 감수 자님이 사는 곳이 도쿄 쪽이 아니라서 지방까지는 확산되지 않은 모양인데, 「出前ライダー」라는 이름의 음식 배 달 업체가 생겼을 정도입니다. 또한 일본은 '대거'를 위와 같이 동사로 씁니다.

21. 하늘의 별 따기 : 夢のまた夢

이 「夢のまた夢」라는 표현은 꿈을 꾸면서 꿈속에서 또 꿈을 꾼다는 말인데 두 가지 의미로 쓰입니다. 대단히 덧 없다는 뜻과 도저히 실현하기 어려운 일이라는 뜻으로 말이죠. 우리도 '서울에서 집 사는 건 하늘의 별 따기'라는 식으로 말하듯이, 이 표현의 쓰임새를 설명하는 사이트에서도 예문으로서 아래와 같은 문장을 제시하고 있습니다.

当時の私には、世田谷に一軒家を買うなんて夢のまた夢だった。

참고로, '하늘의 별 따기'라는 한국어 표현에 관해서 일본인에게 질문을 한 적이 있는데 일반적인 표현은 아니지만 그대로 「空の星をつかみ取るようなものだ」라고 해도 무슨 말을 하려는지는 알 거라는 반응이었습니다.

> **日** 한국에서도 비슷한 뜻으로 '꿈'이라는 단어를 써서 표현하기도 하는데 일본과 살짝 달리 '꿈 같은 일이 다'라는 식으로 말합니다.

22. 일면식도 없는 : 面識のない

일본도 「一面識」이라는 말이 사전에 실려 있는데 실제로는 거의 안 쓴다고 합니다. 따라서 위와 같이 번역해 줘야 자연스럽게 의사가 소통될 수 있을 겁니다.

23. 합승을 해서 : 相乗りをして

일본은 우리가 말하는 '합승'을 위와 같이 말합니다.

24. 연말 정산 : 年末調整

25. 환급받은 액수 : 還付された金額

일본은 '액수'라는 말을 안 쓰니 위와 같이 번역해야겠죠.

26. 한숨이 절로 새어 나왔다 : 自ずとため息が漏れた

번역을 오래 하셨거나, 한국어와 일본어의 어순에 대해 유심히 살펴본 분은 아시겠지만 두 나라의 어순은 '비슷'할 뿐이지 똑같지는 않죠. 특히 일본은 주어를 뒤에 말하는 경우가 한국에 비해 엄청나게 많습니다. 가장 대표적으로 꼽을 수 있는 게 「何これ?」라는 말이죠. 그런데 위의 경우도 일본은 「自ずと」를 앞에 놓는 게 '일반적'이라고 합니다. 물론 중간에 넣어도 부자연스럽다는 말은 아닙니다.

27. 별다른 뜻 없이 : 何の他意もなく

이건 제가 번역했던 애니에 나온 대사를 조금 바꾼 건데, 이 '타의'라는 한자어도 한일 간에 쓰임새가 다릅니다. 일본어 他意는 다른 뜻, 다른 생각, 다른 의도라는 뜻으로만 쓰이고 한국처럼 '남의 생각(의사, 의도)'이라는 뜻으로 쓰이지는 않습니다. 주인공은 별다른 의도 없이 책이 좋아서 아버지 출판사에 들어간 건데, 출판사 사람들이 뒤에서 낙하산이라고 험담을 하는 걸 알고 이 같은 말을 한 것이죠. 아울러 한국어 '타의'의 반대말인 '자의'라는 한자어도 일본은 쓰지 않기 때문에 '자의 반 타의 반'이라는 표현도 「自意半分、他意半分」이 아니라 「自分の意志半分、他人の意志半分」이라고 표현합니다.

> 日 한국 국어사전에 일본과 같은 뜻풀이도 있긴 있습니다만 거의 사어가 된 뜻풀이라고 보셔도 됩니다. 이런 뜻으로 쓰일 때는 '타의'가 아니라 다른 뜻(의도, 마음, 생각)이라고 말하는 게 일반적입니다.

28. 親の会社 : 아버지 회사

이 애니에서 출판사 사장은 주인공의 아버지입니다. 일본은 이렇듯 아버지나 어머니 한쪽을 일컬을 때도 親라는 말을 씁니다.

読み方

瞑想(めいそう)・我(が)・一人旅(ひとりたび)・耳元(みみもと)・無我夢中(むがむちゅう)
突(つ)っぱねた・日(ひ)がな一日(いちにち)・鉄砲(てっぽう)・隔世(かくせい)の感
認知症(にんちしょう)・目鼻立(めはなだ)ち・玉(たま)の輿(こし)・出前(でまえ)・大挙(たいきょ)して
面識(めんしき)・相乗(あいの)り・自(おの)ずと・他意(たい)

"오빠 믿지? 손만 잡고 잘게"를 일본인들은?

ボルト：あんた自分で言ってたよな。信用しろ、信じてくれって。

보루토 : 자기 입으로 말했잖아요. [1   ].

カゲマサ：くそ。僕を信用しろ。僕は[2   ]。

카게마사 : 젠장, [3   ]. 난 **살 뺄 수 있다고!** 〈보루토〉

佑希：1億円[4]その男の[5   ]。

유키 : 1억 엔을 **줘도** 그 남자는 **계속 뜯어내려 할 거야.**

みどり：私がバカだったんです。あんな男、信用したりして。

미도리 : 제가 바보였어요. 그런 남자를 [6   ]. 〈100만 엔의 여자들〉

業績も信用も落ちていたら本末転倒です。

[7   ] 떨어졌다면 본말전도죠. 〈파워오피스걸〉

関連会社からの信用も[8   ]。

관련 회사로부터 [9]도 **뚝 떨어졌어요.**

僕は、それに気付いていながら黙認してしまいました。

난 [10   ] 묵인하고 말았어요. 〈파워 오피스걸〉

証言に[11]がないと判断して[12]する[13   ]。

증언에 신뢰성이 없다고 판단해서 **파기환송하는** 대법원 **판결이 떨어졌대.**

랜덤 예제

[1   ]あの男[2   ]、[3   ]なんだって。

그 소식 못 들었어? 그 남자, 여자 관계가 복잡하기 짝이 없는 천하의 난봉꾼이래.

[　　4　　]を出した当局に対する市民の[　　5　　]。

이례적인 **특별 체류 허가**를 내어 준 당국에 대한 시민들의 **원성**이 날로 높아지고 있다.

あいつにはそんな[　6　]。正々堂々と[　7　]をしろ。

저놈한텐 그런 **얍삽한 수법**은 안 통해. 정정당당하게 **정면승부**를 걸어

普段は[　8　]を十分確保できていたが、ハリウッドの[　9　]が

평상시에는 **개봉관**을 충분히 확보할 수 있었지만 할리우드의 **블록버스터 영화**가

大量に輸入され、[　10　]を前に[　　11　　]。

대량 수입된 상태라서 **개봉**을 앞두고 **개봉관 확보** 때문에 고심하고 있다.

[　12　]は[　　13　　]、

검찰총장은 철저한 **비밀 유지** 아래

検察内で起きた[　　14　　]の[　15　]を指示した。

검찰 내에서 일어난 **여검사에 대한 성폭행 사건**의 **내사**를 지시했다.

[　　　16　　　]した疑いで、

막후에서 **불법 파업**을 사주한 혐의로

検察は17日、○○○さんを[　17　]調査することにした。

검찰은 17일 ○○○씨를 **소환**해서 조사하기로 했다.

[　18　]結論から言うと[　　19　　]人たちの[　20　]は

단도직입적으로 결론부터 말하면 **무일푼**에서 **자수성가**한 사람들의 **공통분모**는

殆どが[　21　]するという点だ。

대부분이 **근검절약**한다는 점이다.

アイドル[　22　]の新人が[　23　]をした[　24　]を出した。

아이돌 **학원 출신**의 신인이 **파격적인 노출**을 한 **화보집**을 냈다.

먼저 한국어 '신용'과 일본어 '신용'의 가장 큰 차이점은, 이 역시도 한국에서의 쓰임새 폭과 사용 빈도가 일본에 비해 훨씬 떨어진다는 것입니다. 그리고 한국어 '신용'은 표준국어대사전에 여전히 동사로는 올라 있지 않습니다. 그런데 일본의 영향을 받아서인지, 아니면 국어사전에 없는데도 '신뢰하다'처럼 동사로도 쓰는 줄 알고 무심코 쓰는 건지 몰라도 쓰는 사람도 꽤 있다 보니 고려대 국어대사전에는 동사도 올라 있군요. 하지만 동사로 쓰는 사람들도 예제에 있는 일본어 信用을 그대로 '신용'이라고 하면 어색하다는 걸 아실 테니 이 표제어도 일본인을 대상으로 한 것이라 볼 수 있겠습니다.

日 한국어 '신용'은 ○○상호신용금고 같은 금융기관명이나, 채무 변제 능력의 정도를 뜻하는 '신용도'라거나, 그리고 정해진 기한 안에 채무를 못 갚아서 경제적 제재를 받는 사람을 뜻하는 '신용불량자', 또「クレジットカード」를 뜻하는 '신용카드' 등 금융계 쪽에서 주로 쓰이고, 또한 뱉은 말이나 약속을 잘 안 지키거나 빌린 돈을 여러 차례 잘 안 갚거나 하는 사람을 '신용이 없다', '신용이 떨어진다'라는 식으로 주로 쓰입니다. 일본에 비해 쓰임새의 폭과 사용 빈도가 훨씬 떨어진다는 것이죠. 그러니 일본어 '신용'을 한국어로 번역할 때는 주의를 기울일 필요가 있습니다.

모범 답안

1. 信用しろ、信じてくれって : 믿어, 믿어 달라고!

2. 살 뺄 수 있다고 : 痩せられる

'살을 빼다'라는 말은 일본어로 직역이 불가능하죠. 일본은 위와 같이 표현합니다.

3. 僕を信用しろ : 나를 믿어

우리는 이런 상황에서 '나를 신용해'라고 하지 않죠. 하지만 일본은 이렇듯 '신용'이라는 한자어의 사용 빈도가 높고 쓰임새의 폭이 넓습니다.

4. 줘도 : 払っても

이건 1권에서 활용했던 예문이죠. 그런데「払う」도 말뜻의 스펙트럼이 꽤 넓은 말인데, 아무튼 이처럼 월세, 입장료 등을 '내는' 것, 대금 등을 '치르는' 것도「払う」를 씁니다.

5. 계속 뜯어내려 할 거야 : たかりは続きますよ

6. 信用したりして : 믿고 그러다니

7. 業績も信用も : 실적도 신용도

> 日 이런 문맥, 그러니까 회사 간의 신뢰, 믿음을 의미할 때는 '신용'이라고 합니다.

8. 뚝 떨어졌어요 : がた落ちです

이「がた落ち」는 가격 등이 뚝 떨어지는 것, 폭락하는 걸 의미하죠.

9. 信用 : 신용

> 日 이 경우도 '신용'이라고 번역해 줄 수 있겠습니다. 몇몇 예를 들어 보자면,

저 회사는(사람은) 신용을 너무 많이 잃어서 돈을 빌려주겠다는 곳이 없다.

무릇 장사라는 건 신용이 생명이다.

우리 여태 신용으로 거래해 왔잖아요.

이때까지 신용 하나로 버텨 왔으니 우리 회사를 믿어 줄 거야.

10. それに気付いていながら : 그걸 알고 있으면서도

이「気づく」에 관해서는 2권에서도 나왔는데 그때는 부정형이라서 '모르고'라고 했었죠. 따라서 이 경우는 그냥 '안다, 알고 있다'로 번역하는 게 자연스럽다고 봅니다.

11. 신뢰성 : 信用性

일본은 '증언'에도 '신용성'이라는 표현을 씁니다.

12. 파기환송 : 破棄差戻し

일본은 '파기환송'을 이렇게 말합니다.

13. 대법원 판결이 떨어졌대 : 最高裁の判決が出されたって

랜덤 예제 모범 답안

1. 그 소식 못 들었어? : あれ聞いてない?

이 경우도「知らせ」나「ニュース」로 번역하면 이상한 일본어가 됩니다.

2. 여자 관계가 복잡하기 짝이 없는 : 女性関係が派手すぎる

우리는 여자 관계, 남자 관계가 '복잡하다'고 하지만 일본은 이런 문맥에서 '복잡'을 쓰지 않고, 또한 이 경우 '복잡' 을 쓰면 한국과 다른 의미가 된다고 합니다. 한국처럼 여러 여자를 사귄다는 말이 아니라 말 그대로 관계나 사정이 복잡하게 얽혔다는 뜻으로 쓰인다고 하네요.

3. 천하의 난봉꾼 : すごい女たらし

일본도「天下の」라는 말을 쓰지만 이런 문맥에서 쓰면 어색하다고 합니다.

4. 이례적인 특별 체류 허가 : 異例の在留特別許可

이 경우는 '재류'라고 하고 단어의 순서도 거꾸로 말합니다. 하나의 법률 용어죠.

5. 원성이 날로 높아지고 있다 : 不満が日に日に高まっている

6. 얍삽한 수법은 안 통해 : 姑息な手口は通用しない

일본은 '통용'이라는 한자어의 쓰임새 폭이 한국에 비해 넓죠.

7. 정면승부 : 真っ向勝負

8. 개봉관 : 上映館

일본도 옛날에는「封切館」이라는 표현을 했지만 멀티플렉스 영화관이 주류가 되면서부터 서서히 안 쓰기 시작해서 지금은 이 단어를 모르는 일본인이 많을 정도라고 합니다.

9. 블록버스터 영화 : 超大作映画

10. 개봉 : 公開

11. 개봉관 확보 때문에 고심하고 있다 : 上映館の確保のために苦慮している

이 '고심' 부분은 원래 짰던 예제에선 다른 한자어(복습용)를 집어넣었었는데 막판에 '고심'이라는 한자어도 쓰임새가 다르다는 걸 알리기 위해 고친 부분입니다. 한국어 '고심'은 '몹시 애를 태우며 마음을 쓰다'라는 뜻이지만 일본은 단순히 애태우고 마음만 쓰는 게 아니라 애쓴다, 노력한다는 뉘앙스가 내포돼 있습니다. 이를 가장 잘 보여 주는 게 신명해 사전의 뜻풀이인데「新しい良い物を発明・創出したり思いもよらない案を提唱したり難問・難題を解決したりすることに懸命に努力すること」라고 설명하고 있죠. 따라서 한국어 '고심'을 일본어로 번역할 때는 이처럼 苦慮라고 해 줘야 의미 전달이 원활합니다.

(하나 더 투척!)아무도(?) 몰랐을 코패니즈 한자어

12. 검찰총장 : 検事総長

13. 철저한 비밀 유지 아래 : 徹底した秘密保持の下

14. 여검사에 대한 성폭행 사건 : 女性検事への暴行事件

15. 내사 : 内偵

16. 막후에서 불법 파업을 사주 : 裏で違法ストライキを扇動

'막후'도 '사주'도 일본은 쓰지 않으니 위와 같이 의역해 줘야겠고, 일본은 이 경우에도 '불법'이 아니라 '위법'이라고 하는 게 일반적입니다.

17. 소환해서 : 出頭させて

18. 단도직입적으로 : 単刀直入に

19. 무일푼에서 자수성가한 : 無一文から叩き上げて成功した

일본은 자수성가라는 말을 안 쓰니 이렇게 의역해 줄 수 있겠죠.

20. 공통 분모 : 共通項

21. 근검절약 : 質素倹約

22. 학원 출신 : 養成所出の

일본은 어떤 곳 '출신'이라는 표현을 위와 같이 하기도 합니다.

23. 파격적인 노출 : 衝撃的な露出

24. 화보집 : 写真集

読み方

本末転倒(ほんまつてんとう)・痩(や)せられる・破棄(はき)差戻(さしもど)し・在留(ざいりゅう)
封切(ふうきり)館・姑息(こそく)・苦慮(くりょ)・秘密保持の下(もと)・内偵(ないてい)
扇動(せんどう)・無一文(むいちもん)・共通項(きょうつうこう)・養成所出(で)の

예의범절과 礼儀作法도 미묘하게 다르다

父が外交官だったため[1   ]、帰ってきたばかりの帰国子女なので

아버지가 외교관이어서 **외국을 전전하다가** [2   ]니까

韓国で生活する上で必要な[3   ]の[4]よろしくお願いします。

한국에서 생활하는 데 필요한 전반적 예의범절의 **지도 편달을** 잘 부탁드립니다.

吉良様が殿中の礼儀作法を伝授される大名方より事々に[5   ]

키라 님이 [6   ]을 전수받는 영주들로부터 매번 **뇌물을 뜯어냈는데,**

それに応じなかった浅野は連日[7   ]・・・。

그에 응하지 않았던 아사노는 연일 **실수를 범했고**…〈47인의 자객〉

茶道の礼儀作法を学びに来たのが[8   ]

[9   ]을 배우러 온 게 **엊그제 같은데**

[10]茶道の先生になって私より人気が高いとは、これこそ[11   ]。

어엿한 다도 선생이 돼서 나보다 인기가 많다니 이거야말로 **청출어람이구나.**

랜덤 예제

「[1]」が[2   ]、[3]に

'억대 연봉'이 논란인 가운데 익명 게시판에

KBS[4   ]が社会の[5]をあおっている。

KBS **사원이 올린 글이** 사회의 **양극화 논란을** 부추기고 있다.

[6]のためには十分な[7   ]をとるのが一番大切ですので、

순산을 위해서는 충분한 **휴식과 숙면을** 취하는 것이 가장 중요하니까

くれぐれも[8   ]。

아무쪼록 안정을 취하도록 하세요.

あいつ[9   ]するって[10]を受けて[11   ]になっている。

저 녀석 **신용불량자로 등재**하겠다는 **최후통첩**을 받고 **넋이 나간 상태**가 됐어.

[12   ]のおかげで、日本でも[13   ]韓国のアイドル

일본을 강타한 한류 열풍 덕에 일본에서도 **일약 스타덤에 오른** 한국의 아이돌

OOさんが、日本の大スターXXさんと[14   ]です。

OO 씨가 일본의 대스타 XX 씨와 **혼담이 오가고 있다는** 소식입니다.

ここ数日ずっと[15   ]、[16]が近づいてるからかなと思ったら、

요며칠 계속 **배가 너무 땡땡해서 산달**이 가까워졌기 때문인가 했더니

医者が言うには[17   ]が原因だって。

의사 말로는 **식이섬유 과다 섭취**가 원인이래.

[18]を[19   ]から

적의 동태를 염탐하기 위해 보낸 첩자로부터

未だに[20   ]もないのを見ると、[21   ]ようだ。

아직까지도 **아무 소식도** 없는 걸 보면 **적에게 발각된** 모양이야.

[22   ]、[23   ]病院に行かないのよ。

부상당해서 골절됐는데 병원비 없다는 말만 줄창 하면서 병원엘 안 가는 거야.

[24   ]でもないのに一日中[25]ばかり飲んでるの。

오가피가 만병통치약도 아닌데 하루 종일 **오가피차**만 마시지 뭐야.

[26   ]物語の中で、今まで[27   ]OOが、

꿈과 현실을 넘나드는 이야기 속에서, 지금껏 **다양한 연기 변신을 시도했던** OO가

今度は[28   ]刑事役を演ずる。

이번엔 **살짝 허당기 있는** 형사 역을 연기한다.

1권에서 대략적인 설명을 했었죠. 일본어 礼儀作法는 보통 '예의범절'이라고 번역하는 경우가 많은데 포괄적인 예의범절이 아니라 예컨대 다도에서 찻잔을 어떻게 들고, 몇 번을 돌리고, 차를 어떻게 따르고 하는 등의 구체적인 예법을 뜻할 때도 있다고요. 그 이유는 바로 우리는 '범절'인데 비해 일본은 作法이라는 말을 쓰기 때문입니다. 이걸 사전에서 찾아보면 「物事を行う方法。きまったやり方」라는 뜻풀이가 있습니다. 즉, 일을 행하는 '방법', 정해진 '방법'이란 뜻이란 거죠.

모범 답안

1. 외국을 전전하다가 : 海外を転々とし

2. 帰ってきたばかりの帰国子女 : 갓 귀국한 아이, 갓 돌아온 유학파

우리는 '귀국 자녀'라는 말을 쓰지 않죠. 그러니 전자처럼 번역하거나 '귀국 자녀'라는 어감을 살리려면 '유학파' 정도의 용어밖에 없을 듯합니다.

3. 전반적 예의범절 : 礼儀作法全般

일본도 '전반적'이라는 말을 쓰지만 이 경우는 이처럼 '예의작법 전반'이라고 하는 게 자연스럽다고 합니다.

4. 지도 편달을 : ご指導ご鞭撻のほど

우리는 '지도 편달'이라고 하지만 일본은 위와 같이 말하는 게 정형화된 형태입니다.

5. 뇌물을 뜯어냈는데 : 賄賂をせびり

「せびる」는 조르는 것, 강요하는 걸 뜻하죠.

6. 殿中の礼儀作法 : 쇼군 거처에서의 예법

이 殿中라는 일본어도 번역하기 까다로운데 쇼군의 거처를 이렇게 말합니다. 그리고 이 경우는 전반적 예의범절이란 뜻이 아니라 예컨대 복도를 걸을 때는 어떻게 하고, 쇼군한테 인사할 때는 어떻게 하고, 어떤 자리에 앉고 등등 구체적 예법(방법)을 뜻하는 것이죠

7. 실수를 범했고 : 手違いを生じ

「手違い」는 실수하는 것, 특히 순서를 실수하는 걸 뜻하는 말이죠.

8. 엊그제 같은데 : 昨日のことのようなのに

우리는 '엊그제'라고 하는데 일본은 '어제'라고 합니다.

9. 茶道の礼儀作法 : 다도의 예법

10. 어엿한 : れっきとした

한국어 '어엿한'은 이렇게 번역해 줄 수 있겠습니다.

11. 청출어람이구나 : 出藍の誉れだね

자꾸 접하면 외워지죠. 개인적인 얘기지만 솔직히 이건 외워도 까먹고, 외워도 까먹는 것 중에 하나였는데, 책에 여러 차례 쓰다 보니 이젠 입에 딱 붙어 버렸습니다. 공부에 반복만큼 중요한 건 없죠.

랜덤 예제 모범 답안

1. 억대 연봉 : 億ウォン台の年収

KBS 사원이 블라인드에 익명으로 조롱하듯 올린 글이 한창 이슈가 돼서 떠들썩했었죠. 우연히 신문 기사에서 보고 퀴즈로 낼 거리가 많다 싶어서 메모해 둔 것인데, 우리는 '억대'라고 하지만 일본은 위처럼 말하는 게 자연스럽습니다.

2. 논란인 가운데 : 議論を呼んでいる中

이처럼 네가 옳네, 네가 그르네 하면서 논쟁이 붙은 경우는 議論이라고 번역할 수 있겠죠. 인터넷 댓글 등에 실제로 그 사원을 옹호하는 글도 있었듯이 말이죠. 여기서 흥미로운 점 하나. 2권 '물의' 표제어에서 개인적으로 일본어 '물의'와 가장 비슷한 건 한국어 '논란' 같다는 말을 했죠. 그런데 감수자님이 이 예문의 경우 뒤에서 議論이 또 나오니까 이건 「物議をかもす」라고 해 주는 게 좋겠다고 하더군요. 일본인들 입장에선 한국 한자어 '논란'과 일본 한자어 '물의'가 비슷하게 느껴진다는 걸 의미하는 것이죠.

3. 익명 게시판 : 匿名スレ

4. 사원이 올린 글 : 職員の書き込み

우리는 사원이라고도 직원이라고도 하지만 일본의 경우 KBS에 해당하는 NHK의 종업원들은 '직원'이라는 인식이 강하다고 합니다. 하지만 엄밀히 따질 때 공기업은 아니고 또한 법률로도 공공기간으로 지정할 수 없다고 명시된 걸로 압니다. 그래서 그런지 '사원'이라고 하는 사람도 있는 모양입니다.

5. 양극화 논란 : 二極化議論

6. 순산 : 安産

일본은 '순산'이 아니라 '안산'이라는 한자어를 씁니다.

7. 휴식과 숙면 : 休息と安眠

처음에는 休憩를 답으로 제시했는데 감수자님이 休息라고 고치셨더군요. 이유를 물으니 休憩는 주로 단시간의 휴식이라는 뜻이기 때문에 고쳤다면서 休憩를 쓰고 싶으면 그래도 된다더군요. 그리고 '숙면'을 일본은 '안면'이라고 하고 「熟睡」라고도 하죠.

> **日** 한국 국어사전에 '안면'이 실려 있는데 쓰임새가 무척 적습니다. '안면 방해'라는 법률적 용어 말고는 일상생활에서 쓸 일이 거의 없다고 보면 됩니다.

8. 안정을 취하도록 하세요 : 安静にしてください

일본도 「安静をとる」라고도 하지만 이처럼 말하는 게 일반적입니다. 그리고 한국과 달리 동사로 쓰지 않습니다. 그리고 한국은 동사로 쓰는데 일본은 아닌 경우가 또 있죠. 바로 '참고하다'라는 동사 말입니다. 일본은 「参考する」가 아니라 「参考にする」라고 하죠. 그리고 안정된 직장, 안정된 생활, 사회, 경제 등이 안정되다고 할 때의 '안정'은 安定이죠. 또한 안정'되다'도 일본은 「する」라고 하고요.

9. 신용불량자로 등재 : 不良債務者として登録

일본은 이처럼 '불량채무자'라고 하고, 또한 등재가 아니라 등록이라고 합니다.

10. 최후 통첩 : 最後通告·最後通牒

일본도 '최후 통첩'이라는 말을 비유적으로 쓰긴 하는 모양인데, 어려운 한자어라서 일상생활에서는 전자로 표현하는 경우가 많답니다. 감수 보낼 때 이 둘을 제시했더니 전자를 골라 주셨습니다.

11. 넋이 나간 상태 : 放心状態

한국어 '방심(放心)하다'는 일본은 「油断する」라고 하죠. 일본어 '방심'은 이처럼 넋이 나간 상태, 정신줄을 놓은 상태라는 뜻으로 쓰입니다.

12. 일본을 강타한 한류 열풍 : 日本を熱狂させた韓流ブーム

이 역시 직역하면 코패니즈가 됩니다. '강타'도 '열풍'도 한국과 쓰임새가 다르다는 말이죠. 그러므로 위와 같이 의역해 줘야 매끄럽게 의미 전달이 됩니다.

13. 일약 스타덤에 오른 : 一躍スターダムにのし上がった

이 「のし」는 「伸し」인데 한자를 보면 알 수 있듯이 격렬한 기세로 쭉 뻗어 나가는 뉘앙스죠.

14. 혼담이 오가고 있다는 소식 : 縁談が交わされているというニュース

일본은 '연담'이라고 하죠. 그리고 '오가다'는 일본어로 하면 「行き来する」지만 모든 경우에 일대일 대체 가능한 게 아닙니다. 이 경우에는 위와 같이 말하는 게 자연스럽습니다.

15. 배가 너무 땡땡해서 : お腹が張りすぎて

배가 땡땡해지는 것, 팽창하는 걸 일본은 위와 같이 말합니다.

16. 산달 : 臨月

우리는 산달(産달)이라고 한자와 한글을 병용해서 쓰는데 일본은 위와 같이 '임월'이라고 합니다. 그리고 사전을 찾아보면 「産み月」와 「産月(さんげつ)」가 실려 있긴 한데 확인차 물어봤더니 '임월'이 일반적이라는 답변이었습니다.

17. 식이섬유 과다 섭취 : 食物繊維の過剰摂取

일본은 '식물섬유'라고 하고, 이 경우도 '과다'가 아니라 '과잉'이라고 하는 게 일반적입니다.

18. 적의 동태 : 敵の動静(動向)

이 동태(動態)라는 한자어도 쓰임새가 미묘하게 다릅니다. 일본의 대표적인 개그맨 아카시야 산마 씨에 관해 말하면서 「サンマさんは、ドパミンの動態が普通の人とは違う」라고 하더군요. 아는 분은 아시겠지만 아카시야 산마 씨는 방송 외적인 자리에서도 말하는 것과 사람들 웃기는 걸 엄청 좋아한다죠. 같은 개그맨 입장에서도 산마 씨는 '도파민 분비 양상'이 일반인들과는 완전 다르다는 뜻으로 한 말이죠. "ドパミンの動態"로 검색하면 실제로 쓰인 사례가 나옵니다. 다만 확인차 질문해 본 결과 일반적인 표현이 아니라는 답변을 받았으니 이것도 참고하시기 바랍니다. 아마도 그 개그맨이 '동태'라는 말을 오용한 것일 수도 있으니까요. 아무튼 일본은 '적의 동태'라는 식의 표현은 하지 않습니다. 일본은 주로 '인구 동태 조사', '고용 동태 조사' 등의 쓰임새를 보입니다.

19. 염탐하기 위해 보낸 첩자 : 内偵する(探る)ために送りこんだ密偵

1권에서도 '내사'를 内偵로 번역하는 예가 나왔는데, 이 内偵라는 말은 상대방을 몰래 정탐하는 걸 뜻하는 한자어죠. 그리고 일상의 대화에서는 위처럼 「探る」라고 하는 게 일반적입니다. 또한 일본 국어사전에 諜者(첩자), 間者(간자), 間諜(간첩)이라는 한자어가 실려 있긴 한데 오늘날에는 거의 안 쓰이고 '스파이'나 '첩보원'이라고 하는 게 일반적이라고 합니다.

20. 아무 소식 : 何の音沙汰

21. 적에게 발각된 : 敵に発覚した

22. 부상당해서 골절됐는데 : 負傷して骨折してるのに

'부상당하다'라는 말도 일본은 '스루'를 쓰죠. 또한 골절도 '스루'를 쓰고요. 다만, '골절'의 경우는 재귀동사로서 「～を骨折する」라고도 합니다. 또한 '테이루'라고 표현하죠. 지금도 골절돼 있는 상태라는 뜻이니까요.

23. 병원비 없단 말만 줄창 하면서 : 病院代がないの一点張りで

이「一点張り」라는 표현은 블로그에서 소개한 적이 있죠. 고집을 부리면서 같은 말만 계속하는 걸 뜻하죠. 다른 예를 들어 보자면 형사 드라마 같은 데서 범인을 취조하는 신에서, 아무리 다그쳐도「俺はやってないの一点張りです」라는 식으로 종종 말하죠.

24. 오가피가 만병통치약 : ウコギが万能薬

25. 오가피차 : ウコギ茶

26. 꿈과 현실을 넘나드는 : 夢と現実を行き来する

이 경우의 '넘나들다'는 위와 같이 번역해야 자연스럽습니다.

27. 다양한 연기 변신을 시도했던 : 多様な役柄に挑戦してきた

일본은 '연기 변신'이라는 식으로 말하지 않는다고 합니다. 그러므로 의역을 해 줘야겠는데 제 능력으로는 위와 같은 번역밖에 떠오르지가 않네요.

28. 살짝 허당기 있는 : ちょっと抜けた(間の抜けた)

> **読み方**
>
> 伝授(でんじゅ)・鞭撻(べんたつ)・殿中(でんちゅう)・茶道(さどう)・安産(あんざん)・安眠(あんみん)
> 通牒(つうちょう)・一躍(いちやく)・縁談(えんだん)・臨月(りんげつ)・食物繊維(しょくもつせんい)
> 動静(どうせい)・密偵(みってい)・万能薬(ばんのうやく)・間(ま)の抜けた

「宿食はどう解決するつもり?」 하니까 재일교포 후배가…

[1]私の小さな[2]で一緒に[3]しながら[　4　]ほんとに[　5　]です。

저 친구는 제 조그만 셋방에서 함께 숙식하면서 동고동락했던, 정말로 막역한 사이입니다.

[　6　]息子のことを考えると[　　7　　]

집 나간 아들놈을 생각하면 숙식은 어떻게 해결하고 있는지

どこか[　8　]はないか、それが一番心配ですわ。

어디 아픈 데는 없는지, 그게 제일 걱정이죠.

[9]、[10]募集。O名。[　11　]。

중국집 정직원 구함. O명. 숙식 제공 가능.

랜덤 예제

警察が[　1　]という情報を耳にした[　2　]は、検察が自分を

경찰이 내사에 들어갔다는 정보를 들은 검찰 출신의 OO 국회의원은 검찰이 자신을

裏切ったと[　3　]関連[4]を全部[　5　]したそうです。

배신했다고 노발대발하며 관련 문건들을 모두 문서 파쇄기에 넣어서 파쇄했다고 합니다.

120年ぶりの[　6　]で[7]全体の[　8　]という[　9　]。

120년 만의 재앙적인 폭설로 시가지 전체의 기능이 마비됐다는 보고를 받았습니다.

海外でさえ[10]だと[　11　]作品に、

외국에서조차 감동의 대작이라고 극찬을 받고 있는 작품에 대해

[　12　]をした[13]らに対して[14]を明らかにした。

악질적인 댓글을 단 네티즌들에 대한 고소 방침을 밝혔다.

かの有名なカンナム[　15　]に編入するため〇〇高校に[　16　]したが

그 유명한 강남 **8학군**에 편입하기 위해 〇〇고교로 **전학**했지만

イジメを受けて[　　　　17　　　　]。

왕따를 당해서 **등교를 거부**하고 있다.

[　18　]発生している殺人事件が[　　19　　]であることから、

연이어 발생하고 있는 살인 사건이 **같은 수법**이라는 점에서

警察は[　　　　　20　　　　　]、捜査を[　　21　　]そうです。

경찰은 **동일범일 가능성도 시야에 넣고** 수사를 **진행**하고 있다고 합니다.

[　　　22　　　]、[　　　23　　　]奨励し、[　　　24　　　]など

동서고금을 막론하고 **미풍양속은 준수**하기를 장려하고, **고성방가, 무전취식, 노상방뇨** 등

[　　　　25　　　　]は排斥するものだ。

남에게 피해를 주는 나쁜 짓은 배척하는 법이다.

[　26　]が[　27　]の[　　28　　]中、

선거 판세가 박빙의 접전 양상을 보이는 가운데

〇〇大統領候補は1週間の[　　　29　　　]に突入した。

〇〇 대통령 후보는 일주일간의 **유세 투어**에 돌입했다.

芭蕉は全国[　　　30　　　]ので、[　31　]に[　32　]が残っている。

바쇼는 전국 **각지를 돌아다녔기** 때문에 **각처**에 **바쇼의 시**가 남아 있다.

[　　　33　　　]、今まで防御一辺倒だった〇〇が積極的な[　　34　　]。

전세가 역전되자 지금껏 방어 일변도였던 〇〇가 적극적인 **공세를 펼칩니다.**

あの子、[　　35　　]。[　　36　　]、[　　37　　]持っているのかな。

쟤 영어 실력이 출중하네. 미국에서 자란 것도 아닌데 특출한 언어 감각을 갖고 있나?

대학교 때 방학이 돼서 일본으로 귀국했던 재일교포 후배가 방학이 끝날 무렵 서울로 가기 전에 부산에 며칠 들를 생각이라길래 제가 「宿食はどう解決するつもり?」라고 하니까 잠시 침묵이 흐르더니 「しゅくしょくって何?」라고 묻더군요. 일본도 '숙식'이라는 한자어가 있긴 있는데, '음식물이 소화되지 않고 위장에 있는 것. 또는 그 음식물'이라는 전문 용어입니다. 그런 탓에 이 한자어를 아는 일본인은 거의 없는 것 같습니다. 그걸 몰랐던 제가 宿食이라는 두 한자의 읽는 법대로 말했으니 후배가 알아먹을 리가 없었던 거죠. 그리고 저 말에서 틀린 게 또 하나 있는데, 그건 모범 답안 설명을 이미 봤다면 아시겠죠?

모범 답안

1. 저 친구는 : 彼は

앞에서도 언급했듯이 일본은 이렇게도 씁니다. 그리고 일본은 친구(友達)라는 말의 쓰임새 폭이 한국보다 많이 좁습니다. 같은 반 아이들도 웬만하면 '친구'라고 부르지 않을 정도라니까요.

2. 셋방 : アパート

3. 숙식 : 寝食

일본은 '숙식'이라는 한자어를 안 쓰니 이렇게 번역해 줘야겠죠.

4. 동고동락했던 : 苦楽を共にしていた

동고동락이라는 한자어도 안 쓰니 이렇게 번역할 수 있겠습니다.

5. 막역한 사이 : 昵懇の仲·懇意の仲

'막역'을 일본어 사전에서 찾아보면 그대로 莫逆라고 나와 있는데, 이 한자어는 일본에서 거의 쓰이지 않습니다. 언어를 '일본어' 나라를 '일본'으로 압축해서 검색하면 딱 4건 나옵니다. 반대로 '한국'으로 해서 검색하니 270건이 나오는군요. 그리고 위의 둘은 어려운 한자어라서 일상의 대화에서 쓸 일은 거의 없다고 하던데, 비즈니스 신 등에서는 의외로 종종 쓰는 말입니다. 저도 영상번역을 하면서 여러 차례 접했기 때문에 앞서 언급한 '일본어 표현' 파일에 메모해 둔 것이거든요. 그리고 「～にしている」의 형태로도 씁니다.

> 日 한국에서도 쉬운 한자어에 속하진 않지만 일상생활 속에서도 '막역하다'라는 표현을 자주 씁니다.

6. 집 나간 : 失踪した·家出した

7. 숙식은 어떻게 해결하고 있는지 : 寝食はどうしているのか

일본은 이 경우에 '해결'이라는 한자어를 쓰면 부자연스럽다고 합니다. 블로그에도 썼지만, 예를 들어 '엄마가 없는 동안 식사 문제는 햄버거로 해결하자'라는 식으로 쓰면 자연스럽지만「寝食を解決する」라는 표현은 어색하다는 말이죠.

8. 아픈 데 : 悪いところ

일본은「悪いところ」를 나쁜 점이라는 뜻으로도 쓰지만, 아픈 곳이라는 뜻으로도 씁니다.

9. 중국집 : 中華料理屋

10. 정직원 : 正社員

일본은 식당 같은 곳 종업원도 '사원'이라고 합니다.

11. 숙식 제공 가능 : 住み込み可能

「住み込み」는 고용주 집 등에 들어가서 사는 걸 뜻하죠. 구인 광고를 보면 종종 등장하는 말입니다.

랜덤 예제 모범 답안

1. 내사에 들어갔다 : 内偵に入った

일본은 '내사'라는 한자어 안 쓴다고 했죠.

2. 검찰 출신의 OO 국회의원 : 元検察のOO代議士

일본은 중의원 국회의원을 代議士라고 한다는 거 복습 의미에서.

3. 노발대발하며 : かんかんに怒りながら

4. 문건 : 資料

앞에서는 '문서'라고 했는데 경우에 따라 이렇듯 '자료'라고 번역할 수도 있겠죠.

5. 문서 파쇄기에 넣어서 파쇄 : シュレッダーにかけて破棄(細断)

일본은 우리가 말하는 문서 파쇄기, 문서 세단기를 이렇듯 외래어를 그대로 사용하는 게 일반적입니다. 그리고 破砕라는 한자어를 전문 영역에서 쓰긴 하지만 '종이' 같은 걸 '파쇄'한다고 하면 어색하다고 합니다. 그러니 위와 같이 '파기'나 '세단'으로 번역해 줄 수 있겠습니다.

6. 재앙적인 폭설 : **壊滅的な豪雪**

일본은 '재앙'이라는 한자어를 쓰지 않으니 위와 같이 의역해 줘야겠죠. 또한 '폭설'이라는 말도 하지 않으니 위와 같이 해 줘야겠고요. 참고로「豪雪」와「大雪」는 비슷한 뜻으로 쓰이지만 굳이 구분하자면「豪雪」쪽이 더 많고 심한 눈이라는 뉘앙스라고 합니다.

7. 시가지 : **市街**

일본은 이렇게 '시가'라고도 합니다.

8. 기능이 마비됐다 : **機能が麻痺した**

'마비'라는 한자어도 '스루'를 씁니다.

9. 보고를 받았습니다 : **報告を受けてます**

이런 문맥에서의 '테이루'의 뜻을 정확히 파악해야겠죠.

10. 감동의 대작 : **感動巨編**

11. 극찬을 받고 있는 : **絶賛されている**

그리고 구어로는 잘 안 쓰지만「激賞」라는 한자어도 있다는 점.

12. 악질적인 댓글 : **悪質なコメント**

이 경우도 일본은 '악질적'이 아니라 위와 같이 말하는 게 일반적입니다.

13. 네티즌 : **ネットユーザー**

14. 고소 방침 : **告訴する方針**

이걸「告訴の方針」이라고 해도 뜻은 통하겠지만 일본은 이렇듯 동사로 표현하는 게 일반적입니다.

15. 8학군 : **8 学区**

일본은 우리가 말하는 학군을 이처럼 '학구'라고 합니다.

16. 전학 : **転校**

17. 등교를 거부하고 있다 : **不登校になっている**

> **日** 　한국은 '불등교'라는 말을 쓰지 않습니다. 사전에도 없고요. 물론 뭘 말하려는지는 알아들을 테지만요.

18. 연이어 : 相次いで

19. 같은 수법 : 同様の手口

이 同様라는 일본 한자어는 '같은'이라는 뜻으로도 '거의 같은'이라는 뜻으로도 쓰이는 말입니다.

20. 동일범일 가능성도 시야에 넣고 : 同一犯人の可能性も視野に

일본도 '동일범'이라고도 하지만 이렇게도 말합니다. 그리고 '넣고'를 빼고 「視野に」만으로 끝내는 경우도 많습니다.

> **日** 한국은 '시야에'만으로 끝내면 어색합니다.

21. 진행하고 있다 : 進めている

이 '진행하다'라는 동사도 그대로 「進行する」라고 하면 어색한 경우가 있는데 '수사'의 경우는 '진행'이라는 한자어보다는 위와 같이 말하는 게 일반적입니다.

22. 동서고금을 막론하고 : 古今東西を問わず

우리와 반대로 일본은 '고금동서'라고 합니다.

23. 미풍양속은 준수하기를 : 公序良俗は遵守することを

24. 고성방가, 무전취식, 노상방뇨 : 放歌高吟、無銭飲食、立ち小便

25. 남에게 피해를 주는 나쁜 짓 : 人に迷惑をかける悪事

26. 선거 판세 : 選挙の情勢

일본은 '판세'라는 한자어를 안 쓰고 보통은 形勢로 번역하지만 선거의 경우는 이처럼 '정세'라고 하는 걸 많이 봅니다.

27. 박빙의 접전 : 互角·接戦

일본은 '박빙'이라는 한자어는 말 그대로 살얼음이란 뜻으로만 씁니다. 따라서 이처럼 互角이나 伯仲로 번역할 수 있겠습니다. 그리고 일본은 이중 표현에 엄격하죠. 그래서 감수자님께 「互角の接戦」도 이중 표현이라고 볼 수 있지 않으냐고 물으니 맞다면서 둘 중 하나만 택하는 게 낫다고 답해 줬습니다. 다만 일본인들도 이렇게 쓴 사례가 적지 않게 검색은 됩니다.

28. 양상을 보이는 : 様相を呈している

29. 유세 투어 : 遊説行脚

앞에서 언급한 바 있지만 일본은 '행각'이라는 한자어를 이렇게 씁니다. 선거철이 되면 신문 보도 등에서 간혹 접하죠. 그런데 철저를 기하기 위해 이에 대해 질문했더니 한 일본인이 '유세' 자체에 돌아다닌다는 뜻이 포함돼 있으므로 중복 표현이라서 옳지 않다는 의견을 주더군요. 확실히 일본은 중복 표현에 엄격한 것 같습니다. 하지만 이렇게 따지면 '유세 투어'도 중복 표현이죠. 아무튼 저도 신문 등에서 몇 차례 본 기억이 있고, 실제로 선거철이 되면 일본인들도 쓴다는 건 분명합니다. 감수 때 특히 유심히 봐 주기를 바라는 것들은 노란색 하이라이트로 표시해서 보냈는데 이것도 그중 하나입니다. 그런데 감수자님은 이걸 건드리지 않았습니다.

30. 각지를 돌아다녔기 : 各地を行脚した

일본은 이렇듯 동사로도 씁니다.

31. 각처 : 各所

일본은 장소를 뜻하는 처(處/処)라는 한자어를 쓰지 않으니까 모처도 某所, 거처도 居所, 연락처도 連絡先, 거래처도 取引先라고 다르게 표현하죠.

> 日 한국 국어사전에 '각소', '거소'가 실려 있는데 안 쓴다고 보시면 됩니다.

32. 바쇼의 시 : 芭蕉の句

일본은 그대로 詩라고 하지 않고 이처럼 句라고 합니다. 하이쿠(俳句)의 句인 것이죠.

> 日 한국에는 일본 특유의 하이쿠라는 장르가 없으므로 '시'라고 번역하시기를 권합니다. '바쇼의 구'라고 하면 알아듣는 사람 없을 겁니다.

33. 전세가 역전되자 : 形勢が逆転すると

일본은 '전세'란 말을 안 쓰고 이처럼 '형세'라고 합니다. 그리고 이 경우도 '스루'죠.

34. 공세를 펼칩니다 : 攻撃を繰り広げます

일본은 이 경우에 '공세'가 아니라 '공격'이라고 하는 게 일반적입니다. 이 문장을 제시하고 '공세'라고 한 게 자연스러우냐고 물으니까 '공격'이라고 하는 게 자연스럽다고 하더군요.

35. 영어 실력 출중하네 : 英語力突出してるな

이 역시 막판에 집어넣었습니다. 놀란 분들 많으시죠? '돌출'이라는 한자어의 쓰임새 폭도 일본 쪽이 더 넓다는 말이죠. 한국과 달리 일본은 걸출하다, 출중하다, 특출하다 등의 뜻으로도 씁니다. 예를 들면 「突出した才能」,「突出した業績(실적)」라는 식으로도 말하고, 의료비, 방위비 등의 비용이 「突出する」라고도 합니다. 비용이 급등, 폭등했다거나 현저히 높다(비싸다)는 뉘앙스로 쓰는 것이죠. 그리고 「ガス突出事故」라는 말도 하는데 이 경우 우리는 '돌출'이 아니라 '분출'이라고 해야 자연스럽죠.

36. 미국에서 자란 것도 아닌데 : アメリカ育ちでもないのに

일본은 이렇듯「～生まれ」,「～育ち」라는 표현을 자주 하는데 전자의 경우는 '~태생(출생)'이라고 번역해 줄 수 있지만 후자는 방법이 없죠.

37. 특출한 언어 감각 : 突出した言語感覚

방금 말했듯이 이런 문맥에서는 걸출, 특출, 출중, 탁월 등으로 문맥에 맞게 적절히 번역해 주면 되겠죠. 명경 사전 뜻풀이와 예문을 참고하시길.

❶ つき出ること。「地中海に━する半島」

❷ つき破って出ること。「ガス━事故」

❸ 他とくらべて、きわだっていること。「老人医療費が━する」「━した業績をあげる」

> ### 読み方
>
> 編入(へんにゅう)・奨励(しょうれい)・排斥(はいせき)・一辺倒(いっぺんとう)・寝食(しんしょく)
> 苦楽(くらく)・細断(さいだん)・破砕(はさい)・壊滅(かいめつ)・学区(がっく)・遵守(じゅんしゅ)
> 古今東西(ここんとうざい)・互角(ごかく)・伯仲(はくちゅう)・突出(とっしゅつ)

일본은 납치(拉致)라는 한자어를 거의 안 쓴다

韓国映画の「人質」は、[　1　]の実話を[　2　]作品である。
한국 영화 '인질'은 톱스타 납치 사건 실화를 영화로 만든 작품이다.

OO 警視総監は、拉致問題は時間的制約のある[　3　]ということを
OO [　　　4　　　] 시간적 제약이 있는 인도적 문제라는 사실을

認識させるため、今後も[　5　]に[　6　]だと述べた。
인식시키기 위해 앞으로도 젊은 세대 계몽 활동에 적극 나설 생각이라고 말했다.

横田さんらは岸田総理に対して、残された時間が少ないと訴え、
[　7　]키시다 총리에게 남은 시간이 얼마 없다고 호소하며,

[　　8　　]早期の首脳会談の[　9　]。
납치 문제 해결을 위한 조기 정상회담 실현을 촉구했습니다. 〈TV 아사히〉

[　10　]されてから、[　11　]生還した妻は、
납치됐다가 구사일생으로 살아 돌아온 아내는

男性に対して異常なまでに[　12　]を持つようになった。
남자들에 대해 [　13　] 적개심을 갖게 됐다.

랜덤 예제

[1]として働きながら、[　2　]をして[3]が
보험설계사로 일하며 먹을 것도 제대로 못 먹는 생활을 해서 부은 적금이

満期になって[　4　]、交通事故を起こして[5]しまい
만기가 돼서 기뻐했던 것도 잠시, 교통사고를 일으켜서 합의금으로 주는 바람에

せっかくの[6]が[7]となった。
[8] 목돈이 도로아미타불이 됐다.

この病棟は[9]のための病棟ですよ。あそこに見える[　10　]

이 병동은 **임신부들을 위한** 병동이에요. 저기 보이는 **연결통로를 건너가면**

[　　11　　]が設けてあります。

산모들을 위한 산후조리원이 설치돼 있어요.

OOは、[12]働いていた時、機内でOO監督の[　13　]、

OO는 **스튜어디스로** 일했을 때 기내에서 OO 감독의 **눈에 들어서 여배우가** 됐는데,

最初はひどい[14]で[15]を受けたが、[16]の末

처음에는 지독한 **발 연기로 여론의 뭇매**를 맞았지만, **처절한 노력** 끝에

今はハリウッドからも[　17　]になった。

지금은 할리우드에서도 **서로 데려가려 하는 명배우**가 됐다.

販路を[18]するために[19]努力を傾注しているが[　20　]が増え

판로를 **다변화하기** 위해 **다각도로** 노력을 경주하고 있지만, **시장 신규 참여 기업**이 늘어나서

競争が[21]この業界は[22]になっている状態である。

경쟁이 **날로 거세짐으로써** 이 업계는 **사상 초유의 격전지**가 된 상태다.

当社の[23]は8時30分で、[24]は9時、[25]は 午後6時です。

저희 회사 **출근 시간**은 8시 30분이고 **업무 시작 시간**은 9시, **업무 종료 시간**은 오후 6시예요.

OOなら今日[26]。取引先に[27]取引先から[28]予定です。

OO 씨는 오늘 **출근 안 했어요.** 거래처로 **바로 출근해서** 거래처에서 **바로 퇴근할** 예정입니다.

「傷をなめあう」という[29]には、[30]、問題の

'상처를 서로 핥아 주다'라는 **표현**에는 **괴로운 처지의 사람끼리** 문제의

抜本的解決に取り組むことなく、[　　31　　]意味があります。

[　　32　　], 서로 달래 주기만 하는 걸 **비꼰다**는 의미가 있습니다.

다른 분들도 저와 같은 생각을 한 사람이 많겠지만, 저는 일본어를 공부하기 전까지 유괴라는 말은 어린이를 납치했을 때 쓰는 말인 줄로 알았습니다. 근데 일본어를 공부하면서 일본은 '유괴'를 어른들을 납치했을 경우에도 쓰는 걸 보고 국어사전을 찾아보고서야 한국도 '유괴'의 뜻풀이가 '사람을 속여서 꾀어냄'이라고 돼 있는 걸 알았습니다. 다시 말해 한국 역시 어른을 납치하는 것도 '유괴'라고 해도 틀린 게 아니란 말이죠.

하지만 실제로 한국에선 뉴스나 신문 등에서도 어린이를 납치했을 때나 '유괴, 유괴범'이라고 하지 납치라고는 하지 않고, 어른을 납치하는 걸 '유괴'라고 하는 걸 개인적으로는 보거나 들은 적이 없습니다. 사전을 찾아보고 나서야 유괴의 '유'가 誘라는 걸 알았지만 그 전에는 막연히 어릴 幼라고 생각했기 때문이죠. 아마도 저처럼 생각한 분들도 꽤 많을 겁니다. 그래서 제가 소속된 번역가 카페 두 군데서 설문조사를 해 봤습니다. 어른에게도 '유괴'라고 하는 걸 듣거나 본 적이 있는지를요. 카페 성격상 인원이 적다 보니 많은 분들이 답변하지 않았지만, 두 군데 모두 듣고 본 적도 없고 쓴 적도 없다는 대답이 압도적으로 높았습니다.

1권에서도 살짝 언급했지만, 우리와 달리 일본은 '납치'라는 말을 거의 쓰지 않죠. 비행기 하이재킹 사건 뉴스나, 북한이 납치해 간 일본인들 관련 뉴스 등에서나 볼 수 있는, 쓰임새가 무척 적은 한자어죠. 그리고 일본의 '유괴'는 감언이설이나 솔깃한 말로 꼬드겨서 데려가는 걸 말하고, 일본어 '납치'는 폭력, 협박 등의 수단을 써서 본인의 의사에 반해서 강제적으로 끌고가는 걸 뜻한다는데, 실제로는 수단이 어땠냐에 상관없이 거의 다 '유괴'라고 하는 실정입니다.

모범 답안

1. 톱스타 납치 사건 : トップスター誘拐事件

중국의 톱스타 유덕화 납치 사건을 영화화한 <세이빙 미스터 유>를 리메이크한 한국 영화 <인질>을 일본에서 소개하는 글을 발췌한 건데, 이렇듯 일본의 경우 사전의 뜻풀이는 무시하고 거의 다 '유괴'라고 합니다.

2. 영화로 만든 : 映画にした

한국어 '만들다'도 그대로 직역하면 코패니즈가 되는 경우가 많죠. 이 경우 역시 마찬가지입니다. "映画に作った作品"으로 검색하면 단 하나도 나오지 않습니다. 또한 일본인들에게 질문한 결과도 같았습니다. 다만 「映画を作る」라는 식으로는 말하죠.

3. 인도적 문제 : 人道問題

일본도 '적'을 붙이기도 하지만 이처럼 안 붙이고 말하는 경우가 많습니다.

4. 警視総監は、拉致問題は : 치안 총감은 납치 문제는

다시 말하지만 일본은 '납치'라는 한자어를 극히 제한적으로 씁니다. 비행기 납치나 북한의 일본인 납치 사건 등에서나 등장하는 한자어입니다. 이것도 북한의 일본인 납치 문제에 관한 기사에서 발췌한 예문입니다.

5. 젊은 세대 계몽(계도) 활동 : 若い世代の啓発活動

보셨듯이 '계발'이라는 한자어의 뜻과 쓰임새도 미묘하게 다릅니다. 한국 사람이라면 '자기 계발'이 맞는지 '자기 개발'이 맞는지 헷갈렸던 기억이 있는 분들이 많겠죠. 제가 중고등학교 때는 '계발'이 옳다고 배웠는데 언제부터인가 둘 다 맞는 말이라고 바뀐 모양입니다. 다만 뉘앙스가 다르다는 것이죠. '자기 개발'은 자신의 재능, 능력 등을 발전하게 한다는 뉘앙스. '자기 계발'은 자신의 재능, 소질 등을 일깨우는 것, 각성시키는 것이라는 뉘앙스라는 겁니다. 그리고 한국은 '계발'이라는 한자어의 쓰임새 폭이 좁은 데 반해 일본은 한국에 비해서 더 넓습니다. 이 예문과 같은 경우는 (한국어)계몽, 계도(啓導)라는 뉘앙스로 쓰인 것이죠.

> **日** 방금 말했듯 한국은 자기 계발, 소질을 계발하다 등의 쓰임새로만 주로 쓰고 이 예문처럼 '젊은 세대 계발 활동'이라는 식으로는 쓰지 않습니다.

6. 적극 나설 생각 : 積極的に取り組む所存

일본은 한국처럼 '적극'만 써서 표현하면 어색하다고 합니다. 그리고 '나서다'는 위와 같이 번역하면 되겠습니다.

7. 横田さんらは : 요코타 씨 등은

일본은 한국어로 '~들'의 뜻인 「たち」를 한국과 다른 용법으로도 사용하죠. 예를 들어 「田中たちは、まだ来てない?」라고 하는 경우 대화의 당사자들이 다 알고 있는 田中를 비롯한 다른 사람들은 안 왔냐고 묻는 겁니다. 이걸 '타나카들은'이라고 하면 한국어로서는 어색하죠. 이 예제의 경우는 위와 같이 번역해 줄 수 있겠습니다.

8. 납치 문제 해결을 위한 : 拉致問題の解決に向けた

일본은 우리가 '위한'이라고 할 장면에서 이렇듯 「に向けた」라고도 합니다.

> **日** 이걸 거꾸로 번역할 때 직역식으로 '해결을 향한 조기 정상회담 실현'이라고 하면 살짝 부자연스럽고 '위한'이라고 하는 게 일반적입니다.

9. 실현을 촉구했습니다 : 実現を求めました

「求める」도 번역하기 까다로운 경우가 있는데 이렇듯 '촉구(요구)하다'라는 뜻으로도 씁니다.

10. 납치 : 誘拐

일본은 이렇듯 어른들도 납치라고 하지 않고 유괴라고 합니다. 한국어 납치는 해설에서 설명한 예를 제외하고는 거의 誘拐라고 하면 된다는 것이죠.

11. 구사일생으로 : 九死に一生を得て

일본은 사자성어를 이렇게 풀어서 표현하는 것들이 많죠.

12. 적개심 : 敵対心·敵愾心

일본도 '적개심'이라는 한자어가 있고 또한 쓰기도 하는데 웬만한 경우가 아니면 이처럼 '적대심'이라고 말하는 게 일반적입니다.

> **日** 한국에선 반대로 '적대심'이란 표현의 사용 빈도가 상대적으로 낮습니다. 그리고 '적대'의 경우는 '적대감'이라고 하는 경우가 더 많습니다.

13. 異常なまでに : 비정상적일 정도로

제 블로그에서 공개한 자료를 보신 분들은 맞히셨겠죠? 일본은 非正常이라는 한자어를 거의 쓰지 않는다고 합니다. 다시 말해 正常의 반대말로서는 이처럼 異常라는 한자어를 씁니다.

랜덤 예제 모범 답안

1. 보험설계사 : 保険外交員

2. 먹을 것도 제대로 못 먹는 생활 : 食うや食わずの生活

이건 관용 표현이니 통째로 외우는 수밖에 없죠. 먹을 것도 제대로 못 먹을 만큼 궁핍한 생활을 한다는 뜻으로 종종 쓰는 표현입니다.

3. 부은 적금 : 払い込んだ積立金

일본어 「払い込む」는 납부한다, 납입한다는 뜻으로 쓰이죠.

4. 기뻐했던 것도 잠시 : 喜んでいたのも束の間

이 표현 몰랐던 분은 이참에 외워 두시기를.

5. 합의금으로 주는 : 示談金として支払って

이 경우의 '주는'도 위와 같이 번역하는 게 자연스럽습니다.

6. 목돈 : まとまったお金

7. 도로아미타불 : なくなり、元の木阿弥

우리가 말하는 '도로아미타불'을 위와 같이 말하는데, 우리와 쓰임새 차이가 조금 있습니다. 일본의 경우는 반드시 나빴던 상태가 일단 좋아졌다가 다시 나빠지는 문맥에서만 사용한다고 합니다. 그리고 이 예문을 여러 일본인에게 보여서 자연스러운지 물었을 때 자연스럽다는 답변을 들었는데 감수자님은 이걸 「お金がなくなり、元の木阿弥となった」라고 고쳐 주셨으니 참고하시길. 일본어 참 어렵습니다.

8. せっかくの : 힘들게 모은

이 「せっかく」도 덮어놓고 '모처럼'이라고 번역하면 부자연스러운 경우가 많죠. 혹시 블로그 글 안 읽은 분은 큐알코드로 확인하세요. 그리고 이미 읽은 분들도 '모처럼'이라고 번역하면 어색한 사례를 수집한 글을 포스팅했으니 들어가서 읽어 보시기를.

「せっかく＝모처럼」ではありません。

9. 임신부 : 妊婦

10. 연결 통로를 건너가면 : 連絡通路を渡っていくと

11. 산모들을 위한 산후조리원 : 産婦のための産後ケアーセンター

우리는 '산모'라고 하지만 일본은 '산부'라고 합니다. 그리고 일본은 이 경우도 '들'을 붙이지 않는 게 자연스럽습니다.

12. 스튜어디스로 : 客室乗務員として

일본도 옛날에는 「スチュワーデス」라는 용어를 썼지만 성별을 구분하는 단어라는 이유로 차별 용어로 간주돼서 지금은 위와 같이 말하거나 영어를 그대로 받아서 「キャビン・アテンダント」라고 합니다.

13. 눈에 들어서 여배우가 됐는데 : 目に留まって女優になったが

'눈에 들다'라는 표현을 위와 같이 해 주면 됩니다. 그리고 「お眼鏡にかなう」라고도 하는 데 이걸 「お目にかなう」라고 하는 일본인들이 늘고 있다는군요. 하지만 엄밀히 말하면 오용입니다. 다만 그런 사람들이 점점 늘어나서 일본 문화청이 여론조사를 해 본 결과 원래대로 쓴다는 사람이 45.1%, 오용인 표현을 쓴다는 사람이 39.5%가 나왔다고 합니다

14. 발 연기 : 棒演技

15. 여론의 뭇매 : 世論のバッシング

16. 처절한 노력 : 壮絶な努力·凄まじい努力

일본은 '처절'이라는 한자어를 쓰지 않으니 이처럼 의역해 줘야겠죠.

17. 서로 데려가려 하는 명배우 : 引く手あまたの名優

「あまた」는 한자로「数多」죠. 즉 끄는 손, 다시 말해 데려가려는 사람이 많다는 뜻이죠. 아울러서「引っ張りだこ」라는 표현도 외워 두시길.「だこ」는 날리는 연을 뜻하는「凧(たこ)」가 탁음화된 것인데, 인기가 많아서 그 연을 서로 끌려고 한다는 뜻인 것이죠. 그리고 이 두 표현은 쓰임새 차이가 있는데 전자는 사람에게만 쓰지만 후자는 물건에도 쓴다는 겁니다.

18. 다변화 : 多様化·多角化

일본은 '다변화'란 말이 없으니 이렇게 번역해 주면 되겠습니다.

19. 다각도로 : 多角的に

일본은 '다각도'라고 하지 않고 '다각적'이라고 합니다.

20. 시장 신규 참여 기업 : 市場への参入企業

21. 날로 거세짐으로써 : 日増しに激しくなっていて

22. 사상 초유의 격전지 : 未曽有の激戦区

> 日　이 '사상 초유'라는 말과 '사상 최초'라는 말은 살짝 뉘앙스가 다릅니다. 전자는 '사상 처음 있는'이라는 뜻으로 약간 부정적인 뉘앙스, 또는 놀라움이 담긴 뉘앙스로 쓰일 경우가 많습니다. 그러므로 예컨대 사상 최초의 신기록 달성, 사상 최초의 우승, 사상 최초의 결승 진출 등의 표현을 '사상 초유'로 바꾸면 어색하거나 다른 뉘앙스가 됩니다. 그러니 위와 같이 '미증유'라는 표현이 적절할 듯합니다.

23. 출근 시간 : 出社時間

24. 업무 시작 시간 : 始業時間

일본은 이렇듯 '시업 시간'이라는 용어를 씁니다.

25. 업무 종료 시간 : 終業時間

26. 출근 안 했어요 : 出社しておりません

27. 바로 출근해서 : 直行して

2권에서 바로 퇴근하는 건 直帰라고 한다고 했는데 그 반대인 거래처로 바로 출근하는 걸 이렇듯 '직행'이라고 합니다. 直行直帰라는 사자성어 형태로도 씁니다. 그리고 이 경우는 出社라는 표현을 못 하죠. 왜냐하면 자기 会社에 출근한 게 아니니까요. 일본어 出勤과 出社에는 이러한 쓰임새 차이도 있습니다.

28. 바로 퇴근할 : 直帰する

29. 표현 : 言い回し

일본은 '표현'이라는 한자어를 한국에 비하면 적게 쓰는 편입니다.

30. 괴로운 처지의 사람끼리 : つらい境遇の人同士で

31. 서로 달래 주기만 하는 걸 비꼰다 : 甘やかしあうことを揶揄する

이「甘える」,「甘やかす」도 만만한 단어가 아니죠. 이 문맥에서 저는 위와 같은 번역을 택했습니다. 그리고 2권에서 다뤘듯이 일본어 '야유'는 한국과 다른 뜻으로 쓰입니다.

32. 抜本的解決に取り組むことなく : 근본적 해결에 힘쓰지 않고

> **日** 한국은 '발본적'이 사전에 없는데 일본의 영향인지 쓰는 사람도 있는 모양입니다. 하지만 흔한 표현은 아니므로 일상의 대화에서는 '근본적'이라고 하시기를 권합니다.

読み方

訴(うった)え・生還(せいかん)・病棟(びょうとう)・傾注(けいちゅう)・警視総監(けいしそうかん)
拉致(らち)・啓発(けいはつ)・所存(しょぞん)・九死(きゅうし)に一生(いっしょう)・束(つか)の間(ま)
敵愾心(てきがいしん)・積立金(つみたてきん)・元の木阿弥(もくあみ)・妊婦(にんぷ)・産婦(さんぷ)
目に留(と)まって・棒(ぼう)演技・日増(ひま)しに・未曽有(みぞう)・直行(ちょっこう)・揶揄(やゆ)
抜本(ばっぽん)的

쓰임새 폭이 훨~씬 넓은 일본 한자어 解法(해방)

喰種たちを解放しに来た。

구울들을 [　1　] 왔다 〈도쿄 구울〉

夜が明けるとこのガキを解放するけど···

날이 밝으면 이 꼬마를 [　2　]··· 〈명탐정 코난〉

人質が解放されています。

인질이 [　3　] 있습니다. 〈언페어〉

[4]を要求した[5]は人質を解放し[　6　]したが

몸값을 요구하던 **납치범**은 [　7　] **자살을 감행**했지만,

病院に[　8　]されて[　9　]そうだ。

병원에 **응급 이송**돼서 **목숨은 건졌**다고 한다.

爆食3姉妹が実力を解放![　10　]で[　11　]。[　12　]

폭식 3자매가 [　13　]! 엄청난 속도로 접시를 비워 갑니다. 드디어 다 비웁니다!

あの[　14　]は、暴政により[　15　]を

그 **의적 3인방**은 폭정으로 인해 **도탄에서 허덕이던 농민들**을

暴政から解放させるため[　16　]した。

폭정에서 [17]시키기 위해 **농민 봉기를 주동**했다.

昨日、あれだけの力を解放したのを忘れたの?

어제 그 만큼의 힘을 [　18　] 잊었어? 〈신 사쿠라 대전〉

[　1　]は[　2　]に対して定期的に[　3　]を実施することにより

저희 교도소에서는 재소자들에 대해 정기적으로 건강검진을 실시함으로써

[　4　]たちの健康と福祉の増進に[　5　]。

죄수들의 건강과 복지 증진에 힘쓰고 있습니다.

[　6　]に公証を受けに行ったが、[　7　]じゃなくて

법무사에게 공증을 받으러 갔는데 인감이 아니라

[　8　]を持って行ったので[　9　]したの。

막도장을 들고 가서 다음에 다시 가기로 했어.

市民団体は、国情院による民間人への[　10　]に関する

시민단체는 국정원의 민간인 불법 사찰 사건

捜査資料の[　11　]をした。

수사 자료의 정보공개요청을 했다.

5年ぶりのドラマ復帰で華麗な復活を夢見ていた○○は[　12　]

5년 만의 드라마 복귀로 화려한 부활을 꿈꾸던 ○○는 악질적인 댓글로 인해

ドラマから[　13　]させられると[　14　]して[　15　]した。

드라마에서 하차당하게 되자 자신의 처지를 비관해서 음독자살했다.

[　16　]。そんなに[　17　]こっちにも考えがあるぞ。[　18　]。

적반하장도 유분수지. 그렇게 고자세로 나오면 나도 생각이 있어. 두고 보라고.

エヴァンゲリオン３号機は[　19　]破棄。[　20　]を第13使徒と識別する。

에반게리온 3호기는 현 시각부로 파기. 목표물을 제13사도로 [　21　].

일본 한자어 '해방'도 그 쓰임새가 한국과 사뭇 다릅니다. 한국어 '해방'은 폭정·폭압·학정·압제·식민지 지배 등에서 '풀려나서 자유의 몸'이 되는 걸 의미하죠. 아울러 정신적, 신체적 고통에서 해방되는 것. 예컨대 만성 두통에서 해방되다, 육아의 고통에서 해방되다 등으로 쓰지만 일본에서는 도쿄 구울, 명탐정 코난, 언페어에 나온 예처럼 잡혀 있는 사람을 '풀어 주는 것', 또는 납치했던 사람을 스스로 '풀어 주는 것'도 解放라고 표현합니다. 그 외에도 실력을 解放, 힘을 解放와 같이 한국과는 쓰임새가 묘하게 다른 경우가 꽤 많습니다. 이렇게 미묘하게 다른 쓰임새가 된 이유는 풀어 놓는다, 풀어 준다, 발휘한다 등의 뜻인「ときはなつ」라는 동사 때문이 아닌가 합니다. 일본은 실력, 힘 등을「ときはなつ」라고 하는데 이것의 한자 표기가 바로「解き放つ」죠. 아무튼 그러므로 일본어 解放를 한국어로 번역할 때는 무턱대고 '해방'이라고 번역하지 않도록 주의해야겠죠.

모범 답안

1. 解放しに : 풀어 주러

> 日　적 등에게 잡혀 있는 사람을 풀어 주는 걸 한국에선 '해방'이라는 표현을 하지 않습니다. 그러니 이런 맥락에서는 이렇게 번역하시기를 권합니다.

2. 解放するけど : 풀어 주겠지만

3. 解放されて : 풀려나고, 석방되고

> 日　한국도 '석방'이라는 말의 원래 뜻은 법에 의해 구속된 사람을 풀어 주는 걸 의미하지만 이렇듯 범죄자가 붙잡아 뒀던 인질을 풀어 주는 것에도 '석방'이라는 말을 쓰는 게 현실입니다.

4. 몸값 : 身代金

5. 납치범 : 誘拐犯

일본은 '납치'라는 말을 쓰는 경우가 극히 제한돼 있다는 점. 비행기 하이재킹이나 북한이 납치해 간 일본인들 뉴스 같은 데서나 간혹 볼 수 있을 정도라는 점.

6. 자살을 감행 : 自害를 敢行

한국에서의 자해는 스스로 자신의 몸에 상처를 내는 것이란 의미지만 일본의 자해는 자신의 몸을 해쳐서 스스로 죽는 걸 뜻합니다.

7. 人質を解放し : 인질을 풀어 주고

8. 응급 이송 : 救急搬送

9. 목숨은 건졌다 : 一命は取り留めた

몰랐던 분은 이 표현도 통째로 외워 버리세요.

10. 엄청난 속도 : 凄まじいスピード

이미 1권에서도 살짝 언급했듯이 일본은 이런 문맥에서 '속도'라는 한자어를 잘 쓰지 않는다고 합니다.

11. 접시를 비워 갑니다 : お皿を平らげていきます

접시를 비운다는 표현을 일본은 이렇게 합니다.

12. 드디어 다 비웁니다! : いよいよ完食!

> 日　한국에서는 完食이나 実食 같은 한자어를 쓰지 않으므로 쉽게 풀어서 번역해 줘야 합니다. "완식이군요", "실식에 들어갔습니다"라고 하면 무슨 말인지 못 알아듣습니다.

13. 実力を解放! : 실력을 본격 발휘!

일본은 '해방'이라는 한자어를 이런 식으로도 쓰지만 한국은 안 그렇죠. 그러니 이런 맥락에서는 이렇게 의역해 줘야겠죠.

14. 의적 3인방 : 義賊3人衆

15. 도탄에서 허덕이던 농민 : 塗炭の苦しみに喘いでいた百姓

앞서 나왔던 '나락'도 마찬가지지만 일본은 '도탄'을 단독으로 쓰지 않고 이처럼 「苦しみ」와 짝지어서 쓰는 게 일반적입니다. 또 그 뉘앙스나 쓰임새도 살짝 다른 부분도 있는데 이 맥락에서는 위처럼 번역해 줄 수 있겠습니다. 다만 어려운 한자어라서 모르는 일본인들도 많은 모양인데, 뉴스 등에서도 쓰고 있는 예가 검색됩니다.

> 日　한국에서도 '도탄'이라는 한자어는 어려운 말에 속하지만 일본에 비하면 자주 접할 수 있고 또 구사하는 일반인도 많습니다.

16. 농민 봉기를 주동 : 百姓一揆を主導·首謀

일본은 데모 같은 걸 主動한다고 하지 않고 위와 같이 말합니다.

17. 解放：해방

> 日　한국에선 이런 경우에 '해방'이라고 합니다.

18. 解放したのを：방출한 걸

클라라라는 등장인물은 인류를 위협하는 적인 '강마'와 인간을 결합시켜 만든 강마인간입니다. 근데 어떤 이유 때문에 강마로 변하는 과정에서 어마어마한 힘을 방출합니다. 그런데 다음 날 주인공 사쿠라가 위기에 처한 걸 알고 구해 주러 가기 위해 다시 강마로 변하려는데 변해지지가 않자 「どうして?」라고 말하죠. 그러자 옆에 있던 등장인물이 친 대사가 바로 이겁니다. 우리는 이런 때 '해방'이라는 말을 하지 않죠.

랜덤 예제 모범 답안

1. 저희 교도소：当刑務所

2. 재소자：受刑者

일본은 '재소자'라는 표현을 하지 않고 이처럼 '수형자'라고 합니다.

3. 건강검진：健康診断

4. 죄수：囚人

5. 힘쓰고 있습니다：努めています

이 「つとめる」라는 단어도 「勤める」, 「務める」, 「努める」 등 다양한 한자로 표기하고, 따라서 문맥에 따라 다양하게 번역해야 하는 비교적 까다로운 단어죠. 이렇듯 힘쓰다, 애쓰다는 뜻으로도 쓰이는데 이때는 努라고 표기합니다.

6. 법무사：司法書士

> 日　한국에서도 옛날에는 '사법서사'라고 했지만 바뀐 지 오래됐습니다.

7. 인감：実印

8. 막도장：認め印

9. 다음에 다시 가기로 : 出直すことに

이 표현도 몰랐던 분은 외워 두셔서 잘 활용하시기 바랍니다. 일단 돌아갔다가 다시 가는 것, 다시 오는 것을 이렇게 말합니다. 그리고 처음부터 다시 시작하는 것, 일본어로「やり直す」와 같은 뜻으로도 쓰입니다.

10. 불법 사찰 사건 : 違法な監視事件

11. 정보공개요청 : 情報開示請求

법률적인 정식 용어로서 우리는 '공개 요청'이라고 하는데 일본은 '개시청구'라고 합니다. '개시'의 한자어에도 유의.

> **日** 국어사전에 開示라는 한자어가 있긴 있지만 사어라고 보시면 됩니다.

12. 악질적인 댓글로 인해 : 悪質なコメントによって

앞서도 나왔듯 일본은 '악질'에 '적'을 붙이지 않습니다. 그리고 인터넷 등의 댓글을 이처럼 코멘트라고 표현합니다.

13. 하차 : 降板

14. 자신의 처지를 비관 : 自分の境遇を悲観

일본은 우리의 '처지'라는 말을 이렇게 '경우'라고 합니다. 그리고 상기시키는 차원에서 언급하고 넘어가자면 '신병을 비관하다'를 일본에선「病を苦にする」라고 한다는 점.

15. 음독자살 : 服毒自殺

16. 적반하장도 유분수지 : 図々しいにも程がある

17. 고자세로 나오면 : 高飛車に出ると

고자세, 고압적으로 구는 걸 이렇게 표현합니다. 또한 블로그에서도 언급했듯이 한국의 일본어 사전을 보면 달랑 '고압적, 고자세'라고 뜻풀이가 돼 있는데, 특히 여자 등이 콧대 높게 구는 것, 제멋대로 구는 것도 이렇게 표현합니다.

18. 두고 보라고 : 今に見てろよ

한국어 '두고 보다'도 문맥에 따라 다양하게 번역해야 하는 꽤 까다로운 표현에 속하는데, 이런 뉘앙스로 쓰인 '두고 보다'는 위와 같이 말합니다. 그리고「覚えておけ」라고도 합니다. 몰랐던 분은 통째로 외우시길.

19. 현 시각부로 : 現時刻をもって

이 「もって」는 한자로 쓰면 「以て」가 된다는 점.

20. 목표물 : 目標

우리는 '타깃'이라는 뜻으로 '목표물'이라고 해야 자연스럽지만 일본은 이처럼 '목표'만으로 타깃을 뜻하는 말로 씁니다.

> 日 　한국에서는 타깃의 뜻으로 '목표'라고 하면 어색합니다.

21. 識別する : 간주한다

블로그 글에서 번역은 의역이 필수일 수밖에 없지만 창조에 가까운 과도한 의역은 지양해야 한다는 말을 하면서, 하지만 창작에 가까운 의역이 불가피한 경우도 있다는 취지의 말을 하며 비근한 예를 들었었죠. 이 경우도 그런 케이스입니다. 사도를 식별하기 위해 1사도, 2사도, 3사도… 이런 식으로 번호를 붙이는데, 사도에게 점거당한 3호기를 이 시각을 기해서 사도로 간주하고 13이라는 번호를 붙여서 13사도라고 부른다는 뜻인 것이죠. 그런데 이걸 그대로 '제13 사도로 식별한다'고 하면 한국 사람으로서는 무슨 말인지 알쏭달쏭하죠. 그래서 일본 사이트에다 두 번에 걸쳐서 이걸 그대로 직역하면 한국어로서는 어색하게 되는데 여기서 쓰인 「識別する」를 「みなす」라고 해석해도 되겠냐고 질문했더니 두 번 다 그렇다는 답변을 들었습니다.

読み方

爆食(ばくしょく)·暴政(ぼうせい)·身代金(みのしろきん)·敢行(かんこう)· 凄(すさ)まじい
一命(いちめい)は取り留(と)めた·お皿を平(たい)らげて·義賊(ぎぞく)·塗炭(とたん)
喘(あえ)いでいた· 首謀(しゅぼう)· 書士(しょし)·認(みと)め印(いん)·出直(でなお)す
開示(かいじ)·高飛車(たかびしゃ)

"그야말로 화룡점정이네요" 하면 일본인은 갸웃? 한다

そうでしたか。そりゃ画竜点睛をかいたようなもんですね。

그랬어요? 그건 [1   ]과 같죠.

[2   ]、うどんを食べないと、[3   ]。

회식 마무리로서 우동을 먹지 않으면 화룡점정을 안 찍는 것과 같지.

[4]の最後に○○が出てきて[5   ]、それこそ[6   ]。

콘서트 마지막에 ○○가 나와 **대미를 장식한 건** 그야말로 화룡점정이었어.

랜덤 예제

[1   ]で[2   ]殺人事件は、

미궁에 빠진 상태로 미제 사건이 될 뻔했던 살인사건은

[3]目撃者が現れたことによって[4   ]という[5   ]、

막판에 목격자가 나타남으로써 범인 윤곽이 드러났다는 뉴스가 뜨자,

[6   ]犯人が[7]をした。

양심의 가책에 시달리던 범인이 **자수**를 했다.

田中先生、さっきは本当に心外でしたよ。全体朝礼の時間に[8]

타나카 선생님, 아까는 [9   ]. 전체 조례 시간에 **전교생 앞에서**

[10   ]なってみなさいよ。

그런 말 듣는 내 입장이 돼 보세요.

あいつは[11   ]、むやみに[12   ]。

저 자식은 **엄청 다혈질이니까** 함부로 **성질 안 건드리는 게 좋아.**

[13   ]、[14   ]。

괜히 건드렸다간 본전도 못 찾아.

[15   ]腎臓が[16]と言われて関連する[17   ]。

한의사한테 진맥을 받았더니 신장이 허하다며 관련된 혈에 뜸을 놔 주었다.

護送車から脱走した後、[18   ]脱走犯が

호송 차량에서 탈주한 뒤 도주 행각을 벌이던 탈주범이

プサンで逮捕され、ソウルの[19   ]された。

부산에서 체포돼서 서울의 관할 경찰서로 압송됐다.

[20   ]開発事業への参入問題で、会社は[21]に分かれている。

친환경 에너지 개발 사업 [22   ]로 회사는 찬반양론으로 나뉘어 있다.

[23   ]した[24]OOさんが、享年90歳で[25   ]

한 시대를 풍미했던 명배우 OO 씨가 향년 90세로 별세하셨다고,

OOさんの[26]から[27   ]。

OO 씨의 따님한테서 조전(弔電)이 왔습니다.

軍事独裁という[28   ]あげく、夫は[29]し

군사독재라는 암울한 시대에 농락당한 끝에, 남편은 분신자살하고

一人息子は[30]し、彼女は実に[31]である。

외동아들은 음독자살하고, 그녀는 정말 기구한 팔자다.

[32]の発覚以来、[33]をしていると知られていた[34]A氏が

혼외정사 발각 이후 은신처에서 은거 생활을 하는 걸로 알려졌던 여배우 A씨가

[35]で発見されましたが、[36]どうかはまだ[37   ]。

익사체로 발견됐는데 사인이 익사인지 아닌지 아직은 확실치가 않다고 합니다.

[38   ]は[39   ]で、[40   ]を雇うのも難しく[41   ]。

공공 어린이집 입학은 하늘의 별 따기고 아이 돌보미 쓰기도 어렵고, 진퇴양난이에요.

어떠신가요? 이건 뭐지? 싶은 분도 계시죠? 기본적으로 '화룡점정'이라는 사자성어의 뜻은 한국과 일본이 똑같습니다. 근데 왜 이런 식의 퀴즈를 냈냐 하면, 이 사자성어의 뜻이 아닌 쓰임새가 한국과 일본은 다르다는 걸 아는 사람은 그리 많지 않기 때문입니다. 이게 무슨 말인가 하면, 한국은 긍정적인 뜻으로도 '화룡점정'이라는 사자성어를 쓰지만 일본은 주로 부정적인 뉘앙스의 표현을 할 때 이 '화룡점정'이라는 한자어를 쓴다는 사실입니다. 다시 말해 우리는 어떤 행위나 사실, 작품 등이 마지막 터치를 가하면서 더욱 완벽해졌을 때, 더욱 빛날 때 찬사의 의미로 '화룡점정'이란 사자성어를 활용하지만, 이와 반대로 일본의 경우는 마지막 터치가 부족해서 뭔가 아쉽다, 안타깝다, 마음에 안 든다는 표현을 할 때 '화룡점정'을 활용한다는 말입니다. 그러니 이 글의 타이틀처럼 일본인에게 "그야말로 화룡점정이군요"라고 말하면 일본인은 자기가 한 게 마음에 안 든다는 말인가 하고 생각할 수도 있다는 점이죠. 그러니 상호 간에 오해를 불러일으키지 않기 위해서라도 양국에서의 '화룡점정'의 쓰임새를 알고 있어야 하겠죠. 참, '룡'의 발음이 「りゅう」가 아니라 「りょう」라는 점. 즉, 「がりょうてんせい」라는 것에 주의를.

그리고 애초에 일본은 '화룡점정'이라는 말을 웬만한 일에는 쓰지 않고, 아주 무게감 있는 비유로서만 사용한다고 합니다. 특히 위의 예제로서 들었던 우동으로 회식을 마무리하는 정도에 '화룡점정'이라는 말을 쓰지는 않는다고 합니다. 화룡점정이라는 사자성어에 대한 양국민들의 인식과 감각이 그만큼 차이가 난다는 거죠. 그러니 위의 예문은 이해를 돕기 위해 활용한 것이라고 생각하시고 일본어 '화룡점정'을 위와 같은 경우에는 쓰지 않도록 주의해야겠죠.

1. 画竜点睛をかいた : 화룡점정을 빠뜨린 것

여기서 「かいた」를 「描いた」라고 생각한 분 많으시죠? 그래서 일부러 한자로 쓰지 않고 히라가나로 써 놓은 겁니다. 한자로 썼다면 퀴즈의 의미가 없어지니까 제가 살짝 일본어 '知恵(지혜)=잔머리'를 굴린 거죠.

2. 회식 마무리로서 : 飲み会の締めとして

1권에서 살짝 언급했다시피 일본에서도 '회식'이라는 한자어를 쓰지만 일본어 '회식'은 한국과 뉘앙스가 다릅니다. 한국의 회식에는 술이 빠지는 자리는 거의 없지만 일본의 '회식'은 한자어 뜻 그대로 '모여서 식사한다'는 뜻입니다. 물론 술을 곁들일 수도 있겠죠. 그리고 우리는 주로 회사나 가게 등의 구성원들이 모여서 술 마시고 음식을 먹으며 즐기는 걸 '회식'이라고 하지만(친구들 술자리를 회식이라고는 안 하죠?) 일본어 '회식'에는 거래처 등과의 좀 딱딱한? 공식적인? 모임이라는 뉘앙스가 있고, 또 한국처럼 '회식'이라는 말을 쓸 일이 일상생활 속에서는 한국에 비해 그리 많지는 않다는군요. 그리고 「締める」도 말뜻의 스펙트럼이 엄청 넓은 단어인데 마무리한다, 매듭짓는다 등의 뜻으로도 쓰입니다.

3. 화룡점정을 안 찍는 것과 같지 : もったいないじゃん·終われないよ

직역을 한다면「画竜点睛を欠いたようなもんだぜ」정도가 되겠지만, 해설에서 언급했듯이 일본은 이렇게 가벼운 의미로 '화룡점정'을 쓰지 않으므로 일상적으로 쓰는 쉬운 표현으로 번역해 주는 게 낫지 않을까 합니다. 그리고 후자의 경우「終わる」를 타동사로 쓴 예죠.

> **日** 화룡점정이란 말에 이미 점(용의 눈)을 찍는다(그려 넣는다)는 뜻이 포함돼 있기 때문에 '화룡점정을 찍다'라고 하면 어법에 맞지 않죠. 그런데 한국 사람들은 관용적으로 이런 식으로 말하곤 합니다.

4. 콘서트 : ライブ

5. 대미를 장식한 건 : 大トリを飾ったのは

6. 화룡점정이었어 : 完璧な締めだったよ

위에서 살펴봤듯이 일본인에게 '화룡점정이었어'라고 하면 갸웃? 하겠죠.

랜덤 예제 모범 답안

1. 미궁에 빠진 상태 : 未解決のまま

이것과 아래 2번 퀴즈의 번역을 직역식으로「迷宮入り状態で未解決事件になりかけていた」라고 했는데 감수자님이 이렇게 고쳐 주셨습니다. 다만 이대로도 자연스럽다는 일본인의 의견도 있었으니 참고하세요.

2. 미제 사건이 될 뻔했던 : 迷宮入りしていた

3. 막판에 : 土壇場で

1권에 나온 거 복습하는 의미로.

4. 범인 윤곽이 드러났다 : 犯人像が浮かび上がってきた

일본은 이런 문맥에서 '윤곽'이라는 단어를 쓰지 않습니다. 이렇게 '범인상'이라는 표현을 씁니다.

> **日** 한국은 '범인상'이라는 말이 사전에 없습니다. 하지만 앞에서도 여러 번 얘기했듯이 일본이 쓰는 용어를 그대로 가져다 쓰는 경우가 있으므로 전문 영역에서는 쓰고 있을 가능성이 있습니다. 하지만 일반인들의 경우 예컨대 '전형적인 범인상'이라는 식으로는 말하는데, 이 경우의 '범인상'은 일본과 달리 '범인 같은 인상', 바꿔 말해 '범죄자처럼 생긴 얼굴'이라는 뜻입니다. 이때의 '상'의 한자는 인상(人相)이라고 할 때의 相입니다.

5. 뉴스가 뜨자 : ニュースが流れると

이때 '뜨다'는 이렇게 번역하는 수밖에 없겠죠.

6. 양심의 가책에 시달리던 : 良心の呵責に苦しんでいた

한국어 '시달리다'도 여러 일본어 표현으로 번역해야 하는 까다로운 단어인데, 이 경우의 '시달리다'는 이렇게 번역할 수 있겠죠.

7. 자수 : 出頭

8. 전교생 앞에서 : 全校生徒の前で

9. 本当に心外でしたよ : 정말 섭섭했어요

저도 일본이 '심외'라는 한자어를 쓰는 걸 보고 사전을 찾아보고서야 한국의 국어사전에도 실려 있는 걸 알았을 정도인데, 뜻은 '생각지도 않음. 또는 그런 일'이라고 나와 있습니다. 그런데 오늘날의 한국인 중에 이 한자어를 쓰는 사람 없겠죠? 반면 일본의 경우 이 말을 종종 씁니다. 저도 번역하면서 여러 번 접했는데 사전의 기본적 뜻풀이는 한국과 비슷하지만 일본은 여기서 의미가 확장돼서 다른 뜻으로도 씁니다. 그런데 적어도 제가 접했던 번역 중에서는 전부 다 2번 뜻풀이로 쓰인 예들이었습니다. 다이지센과 명경 사전의 뜻풀이를 소개합니다.

思いがけない仕打ちや予想に反した悪い結果などに対して、腹立たしく感じたり残念に思ったりすること。また、そのさま

思いもよらないこと、また、予期に反することが起こって、裏切られたような気持ちになること。

화가 나거나 유감스럽게 생각하는 것. 배반당한 기분, 뒤통수 맞은 기분이 되는 것이라는 뜻인 것이죠.

10. 그런 말 듣는 내 입장이 : あんなこと言われる私の身にも

일본은 이때도 피동태로 쓰죠. 그리고 「私の身にもなってください」는 관용적인 표현이니 통째로 외우세요.

> 日° 한국은 이때 '내 몸도 돼 보세요'라는 식으로 말하진 않습니다.

11. 엄청 다혈질이니까 : 血の気が多すぎるから

일본어 多血質는 한국과 뜻이 다릅니다. 히포크라테스가 분류한 인간의 기질 4가지 중에 하나란 뜻입니다. 사전의 뜻풀이도 '낙천적이고 활발하지만 마음이 변하기 쉬운 것'이라고 돼 있으니 한국과 전혀 다른 뜻이죠. 그리고 무엇보다도 '다혈질'이라는 한자어를 일상생활에서 쓸 일이 거의 없답니다. 그런데도 그대로 多血質라고 해 놓은 게 많습니다.

12. 성질 안 건드리는 게 좋아 : 怒らせない方がいい

'성질을 건드리다'는 말을 직역하면 코패니즈가 됩니다. 제 능력으로는 위와 같은 의역밖에 떠오르지 않네요.

13. 괜히 건드렸다간 : いたずらに怒らせると

이건 어느 정도 고수분이면 다 아시겠지만 제 책의 독자층이 제각각이니 퀴즈로 내 봤습니다. 이 「いたずら」는 장난이란 뜻의 「悪戯」가 아닙니다. 따라서 히라가나로 씁니다.

14. 본전도 못 찾아 : 元も子もない

이 「元」는 본전이라는 뜻, 「子」는 이자라는 뜻이죠. 그러니 한국어로는 '본전도 못 찾는다'에 해당하는 표현이지만 이래서는 어색한 경우도 분명 있습니다. 그런 때는 아무 소용이 없다, 만사 물거품이다, 아무 의미도 없다 등으로 문맥에 맞게 적절히 의역해 줘야 하는 비교적 까다로운 표현이죠.

15. 한의사한테 진맥을 받았더니 : 漢方医に脈診を受けたら

일본은 한의사를 '한방의'라고 합니다. 그리고 우리는 '진맥'이라고 하지만 일본은 이처럼 '맥진'이라고 합니다.

> **日** 한국에도 '맥진'이 사전에 올라 있는 걸 찾아보고야 알았습니다. 하지만 한국에선 '진맥'이라고 하는 게 일반적입니다.

16. 허하다 : 虚弱だ

일본은 '허하다'는 식으로 말하지 않으니 이처럼 의역해 줘야겠죠.

17. 혈에 뜸을 놔 주었다 : ツボにお灸を据えてもらった

뜸을 놓는다는 표현을 이와 같이 합니다. 이 역시 피동형으로 말하죠.

18. 도주 행각을 벌이던 : 逃亡していた

도피 행각은 「逃避行」라는 일본어가 있어서 그나마 다행인데 이건 어쩔 방법이 없겠습니다. 그리고 도주 '행각'이란 말은 단순한 도주라기보다는 여기저기 막 도주해 다닌다는 뉘앙스죠. 그래서 그 어감을 살리려고 「逃亡しまくっていた」라고 했더니 감수자님께서 위와 같이 고쳐 주셨습니다.

19. 관할 경찰서로 압송 : 所轄警察署へ護送

일본에도 「押送」이라는 한자어가 사전에는 있지만 지금은 거의 쓰이지 않습니다. 여러 일본인들에게 질문해 본 결과도 마찬가지였습니다. 그러니 위와 같이 번역해 주는 게 좋겠죠. '호송'은 보호해서 데려간다는 뜻도 있지만 법률 용어로서 범죄자 등을 데려간다는 뜻도 있습니다. 명경 사전의 뜻풀이 「囚人·犯罪容疑者などに付き添い、監視しながら他の場所に送り届けること」를 참고하시길.

> **日** 한국도 법률 용어로서는 일본과 마찬가지로 씁니다.

20. 친환경 에너지 : エコエネルギー

일본은 親環境이라는 식의 표현을 하지 않습니다. 예컨대 친환경 농산물이라는 표현도 「環境に優しい農産物」라는 식으로 말합니다.

21. 찬반양론 : 賛否両論

22. 参入問題 : 진출 문제

이 경우의 参入는 새로운 사업, 시장에 '진출'이라고 번역해 줄 수도 있겠습니다.

23. 한 시대를 풍미 : 一世を風靡

일본은 이렇듯 '일세'라는 한자어를 씁니다.

24. 명배우 : 名優

25. 별세하셨다고 : 逝去されたと

26. 따님 : ご息女(さま)

'사마'를 붙이면 이중표현이지만 안 붙이면 존대가 아닌 것 같다는 일본인도 많다고 합니다.

27. 조전이 왔습니다 : 訃報が届いています

조전(弔電)은 원래 부음을 알리는 '전보(電報)'인데 지금 한국에 전보가 남아 있지 않죠? 하지만 지금도 여전히, 예컨대 어느 나라 정치인이 죽으면 대통령 등이 '조전을 보냈다'라고 하죠. 다시 말해 오늘날 '조전'이라는 말은 부음이라는 말로 통용되는 거죠. 그러니 일본어로 번역할 때는 위와 같이 해 주는 게 좋겠습니다. 옛날 배경의 영화나 소설이어서 실제 弔電을 친 거라면 물론 얘기는 달라지겠지만요.

28. 암울한 시대에 농락당한 : 暗鬱な時代に翻弄された

이런 문맥에서는 '농락'이라고 번역해도 자연스러울 거 같습니다.

29. 분신자살 : 焼身自殺

30. 음독자살 : 服毒自殺

31. 기구한 팔자 : 数奇な運命

'기구하다'라는 표현은 위와 같이 하면 됩니다. 그리고 일본은 '팔자'라는 표현이 없으니 위처럼 의역해 줘야겠죠.

32. 혼외정사 : 婚外交涉

33. 은신처에서 은거 생활 : 隠れ家で潜伏生活

은신처를 「潜伏先」라고도 한다는 거 기억하시죠?

34. 여배우 : 女優

35. 익사체 : 水死体

앞에서 나온 거죠. 뒤에다가 익사 여부는 확인되지 않았다는 말을 덧붙인 이유가 바로 이것입니다.

> 日 한국에서는 '수사체'라는 한자어를 쓰지 않으니 익사든 아니든 '익사체'라고 할 수밖에 없겠죠.

36. 사인이 익사인지 : 死因が溺死か

일본도 이런 경우, 다시 말해 물에 빠져서 죽은 것일 때는 '익사'라고 합니다. 그리고 익사를 「溺れ死(に)」라고도 하는데 몰랐던 분은 외워 두시길.

37. 확실치가 않다고 합니다 : 定かではないそうです

이런 문맥에서는 確実가 아니라 흔히 이렇게 표현하니까 몰랐던 분은 외워 두시길.

38. 공공 어린이집 입학 : 認可保育所への入所

앞에서 나온 거죠. 그리고 일본은 이 경우 입학이란 말을 쓰지 않습니다. 유치원 입학도 일본은 入園(입원)이라고 하듯이 이 역시도 '입소'라고 합니다.

> 日 검색을 해 보니 어린이집의 경우는 한국도 '입소'라는 표현도 쓰긴 쓰는 것 같습니다.

39. 하늘의 별 따기 : 夢のまた夢

40. 아이 돌보미 : 子守

일본은 이와 비슷한 용어로서 외래어인 「ベビーシッター」라는 말도 쓰는데, 반드시 아주 어린 '베이비'가 아니더라도 유아를 돌보는 사람도 이렇게 말합니다.

41. 진퇴양난이에요 : にっちもさっちも行かないです

이 퀴즈는 「進退窮まる」를 복습하기 위해 낸 것인데, 감수자님께서 틀린 건 아니지만 이 문맥에서는 좀 '오오게사' 같다더군요. 따라서 위와 같이 번역해 줄 수 있겠습니다. 이걸 한자로 표기하면 「二進も三進も」이지만 히라가나로 표기하는 게 일반적입니다. 그리고 원래 발음은 「にしん」, 「さんしん」인데 음이 변한 것으로서 주산 용어에서 온 표현입니다. 그러니까 「二進も三進もいかない」라는 말은 2로 나눠도 3으로 나눠도 딱 떨어지지 않는 것을 뜻하는 말이었는데, 여기서 의미가 확장돼서 이러지도 저러지도 못하는 것이라는 의미로 쓰이는 것이죠.

読み方

朝礼(ちょうれい)・独裁(どくさい)・画竜点睛(がりょうてんせい)・迷宮(めいきゅう)入(い)り
呵責(かしゃく)・心外(しんがい)・血の気(け)・元も子(こ)もない・脈診(みゃくしん)
虚弱(きょじゃく)・お灸(きゅう)を据(す)えて・一世(いっせい)を風靡(ふうび)・訃報(ふほう)
暗鬱(あんうつ)・翻弄(ほんろう)・数奇(すうき)・水死体(すいしたい)・溺死(できし)・溺(おぼ)れ死(じ)に・定(さだ)か

"정말로 선남선녀시군요" 하면 일본인은?

[1]が導入されて以来、余暇を楽しむために[2]

주5일제가 도입된 이래 여가를 즐기기 위해 **다정한 커플룩 차림으로**

[3]を訪れる[4]カップルが増えています。

우리 **놀이공원**을 찾아오는 선남선녀 커플이 늘어났습니다.

[5]が[6]を埋め尽くし、

한껏 멋을 부린 선남선녀들이 **콘서트장**을 가득 메워서

[7]もいるほどで、[8]なかった。

서서 보는 사람들도 있을 정도로 **발 디딜 틈조차** 없었다.

広場には数多くの善男善女が集まり[9]の茶毘式を見守っています。

광장에는 수많은 [10]이 모여서 **주지를 맡았던 큰스님**의 다비식을 지켜보고 있습니다.

랜덤 예제

A : あの日も[1]の事務室に行っただろう?

A : 그날도 **고리대금업자** 사무실에 갔지?

B : [2]。

B : **안 갔어요**.

A : [3]!このまま生きるのは[4]殺しただろう?

A : **아직도 잡아떼**? 이대로 사는 건 **생지옥이란 생각에** 죽였지?

B : [5]。

B : **안 죽였어요**.

[6]の中で[7]と、[8]で撮った写真に[9]。

피살자 유류품 중 **신권 만 원권**과 **즉석사진**으로 찍은 사진에 **피가 묻어 있었다**.

世間を騒がせた[　10　]が[　11　]で逮捕され、

세상을 떠들썩하게 했던 **연쇄 강간마**가 **불심 검문**에서 체포됐고,

[　12　]のために[　13　]に入ったと[　14　]された。

증거 보강을 위해 **DNA 분석**에 들어갔다고 **대서특필**됐다.

今日の勝利で○○チームは連勝記録を[　15　]

오늘의 승리로 ○○팀은 연승 기록을 **갈아치웠지만**

○○○の[　16　]は[　17　]でしたね。[　18　　]。

○○○의 **역주행 드리블**은 옥에 티였네요. **다음엔 꼭 오명을 설욕해야겠죠?**

二人は昔から[　19　]だったが、[　20　]関係が[　21　]

두 사람은 옛날부터 **막역한 사이**였는데 **돈이 얽혀서** 관계가 **꼬일 대로 꼬여서**

[　22　]不可能になってしまった。

이젠 **관계 회복은** 불가능하게 되고 말았다.

[23]になると思われていた携帯電話は[　24　]、[25]

결정타가 되리라 봤던 휴대폰은 화장실 **변기에 빠져** 있었고, 양복에 묻어 있던

火薬も種類が違うことが[　26　]、[27]に留まってしまった。

화약도 종류가 다르다는 게 **판명되는** 바람에 **불구속 기소**에 그치고 말았다.

[　28　]時代に、昔の[　　29　　]で勝負するという

스마트폰이 판을 치는 시대에 옛 **향수를 자극하는 일회용 카메라**로 승부하겠다는

[　30　]で、[31]を攻略して大成功を収めた[　32　]。

파격적인 발상으로 **틈새시장**을 공략해 대성공을 거둔 **입지전적인 인물**.

奴らを[　33　]、[34]し、[35]把握しなければいけない。

놈들을 **철저히 깨부수기** 위해선 **호승심**을 **자제**하고 **상황**을 **냉철**하게 파악해야 해.

일본어 善男善女의 뜻은 '불법에 귀의한 남녀'라는 뜻, 그리고 여기서 의미가 조금 확장돼서 사찰의 축제나 행사 때 모여든 사람들을 뜻하기도 합니다. 한국과는 전혀 다른 뜻인 거죠. 그러니 일본인에게 일본말로 "두 분 참 선남선녀시네요"라고 하면 일본 사람들은 갸우뚱할 수밖에 없겠죠. 그리고 일본어 '선남선녀'라는 말 자체를 일상생활 속에서 쓸 일이 거의 없고, 뉴스나 글 같은 데서나 쓰일 법한 말입니다. 아무튼 그런데도 인터넷 검색을 해 보면 한국어 선남선녀를 그대로 善男善女라고 번역해 놓은 것들이 부지기수입니다. 물론 한국어 선남선녀의 뜻을 사전에서 찾아보면 3번 뜻풀이로서 일본과 같은 의미가 있긴 합니다. 하지만 실제로 한국에서 '선남선녀'를 그런 뜻으로 쓰는 사람은 없겠죠?

日 한국어 선남선녀의 뜻풀이를 보면 '성품이 착한 남자와 여자'란 뜻인데 여기서 뜻이 확장돼서 '곱게 단장을 한 남자와 여자'를 일컫는 말입니다. 그런데 요즘은 그 뜻이 조금 더 변해서 '멋지고 예쁜 남자와 여자'라는 뉘앙스로 쓰는 경우가 많습니다. 예컨대 연예인 커플을 묘사할 때 '선남선녀 커플'이라는 식으로 말이죠.

모범 답안

1. 주5일제 : 週休2日制

일본은 우리의 '주5일제'를 '주휴2일제'라고 표현합니다.

2. 다정한 커플룩 차림으로 : 仲良くペアルックを着て

일본은 이렇듯 '페어룩'이라고 합니다. 그리고 '다정하다'도 일본어로 번역할 때 참 까다로운 한국어죠. 보통 「優しい」라고 번역하면 해결되는 경우도 있지만 이런 문맥에선 어울리지 않죠. 그래서 처음에는 「親しげなペアルック姿で」라고 번역해서 일본인에게 첨삭을 부탁했더니, '틀린 건 아닌데' 자기라면 이렇게 하겠다고 하면서 제시한 게 「ペアルックで仲良く」였습니다. 감수자님도 비슷한 의견이신지 위와 같은 번역을 제시하셨습니다. 또한 이분은 「余暇を楽しむ」라고 하면 다소 '오오게사' 느낌이 든다면서 자기라면 「休日を楽しむ」라고 하겠다고 하더군요. 다만 감수자님은 이 부분을 건드리지 않았으니 참고하시길.

3. 우리 놀이공원 : 当遊園地

1권에서 '저희 백화점'도 나왔지만 여기서도 当를 써서 표현하죠. 그리고 우리는 놀이공원이라고 하지만 일본은 유원지라고 합니다.

日 한국에서도 유원지라는 말을 지금도 쓰지만 좀 포괄적인 개념으로 쓰입니다.

4. 선남선녀 : 素敵な男女

한국과 일본이 뜻이 다르므로, 특히 한국에서도 '선남선녀'의 원래 뜻과는 다르게 쓰이는 게 현실이므로 의역해 줄 수밖에 없겠죠. 저는 이와 같이 번역해 봤는데 더 좋은 번역을 아시는 분 계시면 가르쳐 주세요.

5. 한껏 멋을 부린 선남선녀들 : 精一杯おしゃれをした素敵な男女

6. 콘서트장 : ライブ会場

7. 서서 보는 사람들 : 立ち見の人

이 표현도 통째로 외우시기 바랍니다.

8. 발 디딜 틈조차 : 足の踏み場すら

이걸 「足を踏む隙間すら」라고 하면 코패니즈죠.

9. 주지를 맡았던 큰스님 : 住職を務めていた大和尚

일본은 '주지'를 '주직'이라고 합니다. 그리고 스님은 和尚, 큰스님은 大和尚라고 합니다.

10. 善男善女 : 불교도들

따라서 이 경우는 이렇게 번역해 줘야 하겠죠.

[랜덤 예제 모범 답안]

1. 고리대금업자 : 高利貸し

일본에선 '업자'를 빼고 이것만으로도 업자를 지칭하는 말로도 쓰인다고 한 거 기억나시죠?

2. 안 갔어요 : 行ってません

3. 아직도 잡아떼? : まだ白を切るのか!

딱 잡아떼는 것, 시치미 떼는 걸 이렇게 말합니다.

4. 생지옥이란 생각에 : 生き地獄だと思って

5. 안 죽였어요 : 殺してません

6. **피살자 유류품 : 被害者の遺留品**

일본은 '피살'이라는 한자어 자체를 안 쓴다고 한 거 기억하시죠?

7. **신권 만 원권 : 新札の一万円札**

8. **즉석 사진 : スピード写真**

일본에선「即席写真」이라고 하지 않습니다.

9. **피가 묻어 있었다 : 血が付着していた**

10. **연쇄 강간마 : 連続暴行魔**

11. **불심 검문 : 職務質問**

12. **증거 보강 : 証拠固め**

일본에선「証拠の補強」라는 식으로 말하지 않습니다.

13. **DNA 분석 : DNA解析**

14. **대서특필 : 大々的に報道**

15. **갈아치웠지만 : 塗り替えましたが**

16. **역주행 드리블 : 逆走ドリブル**

일본은 우리와 달리 그냥 '역주'라고 합니다.

17. **옥에 티 : 玉に瑕**

18. **다음엔 꼭 오명을 설욕해야겠죠 : 今度こそ汚名を返上しないとね**

일본어 '코소'는 문맥에 따라 다양하게 번역해 줘야 하는 까다로운 일본어라는 건 2권에서 소개한 큐알코드로 읽어 보셨으면 아시겠죠. 참고로 weblio유의어 사전은 이「今度こそ」의 유의어로서「次は必ず」를 제시하고 있습니다.

19. **막역한 사이 : 昵懇の間柄・懇意な間柄**

20. 돈이 얽혀서 : お金絡みで

번역하기 까다로운 일본어「絡む」, 1권에서 다뤘었죠.「お金が絡んで」라고도 하지만 위와 같이도 말하니까 외워 두시길.

21. 꼬일 대로 꼬여서 : 拗れに拗れて・縺れに縺れて

전자를「ねじれ」로 읽으면 다른 뜻이 된다는 점.

22. 이젠 관계 회복은 : もはや関係の修復は

일본은 이 경우에 '수선'이라고도 한다는 점 복습 차원에서 언급하고 넘어갑니다.

23. 결정타 : 決め手・決定打

일본에서도 決定打라고 하지만 전자를 쓰는 경우가 많죠.

24. 화장실 변기에 빠져 있었고 : トイレに水没しており

일본은 '토이레'만으로 화장실의 변기를 뜻하는 말로도 씁니다. 그리고 우린 '수몰'을 이렇게 가벼운 뜻으로는 쓰지 않지만 일본은 이때도 '수몰'이라고 합니다.

25. 양복에 묻어 있던 : スーツに付着していた

26. 판명되는 바람에 : 判明したせいで

27. 불구속 기소 : 在宅起訴

28. 스마트폰이 판을 치는 : スマートフォンが幅を利かせている

'판을 치다'라는 표현이 여러 번 나왔지만 이렇듯 문맥에 따라서 다른 일본어 표현으로 번역해야 하는 까다로운 한국어죠.

29. 향수를 자극하는 일회용 카메라 : 郷愁をそそるレンズ付きフィルム

「そそる」는 돋우다, 자아내다, 불러일으키다 등의 뜻을 지닌 단어인데 이것의 유의어로서 刺激를 제시하고 있습니다. 그리고 뭐 이런 쉬운 것까지 퀴즈로 내나? 싶었던 분 많으시죠? 하지만「使い捨てカメラ」는 정식 용어가 아니라 일반인들이 지어낸 용어입니다. 업계에서는 위와 같이 표현한다고 합니다. 절대「使い捨てカメラ」라는 표현은 안 쓴다네요. 하긴 업계 입장에선 '쓰고 버리는 카메라'라는 표현은 마뜩잖겠죠? 그리고 원래는「カメラ」가 뒤에 붙는데 이것만으로도 '카메라'를 뜻하는 말로 씁니다.

30. 파격적인 발상 : 型破りな発想

일본은 '발상'에 '파격'이라는 말을 쓰지 않는다는 점 복습하고 갑니다.

31. 틈새 시장 : ニッチ市場

32. 입지전적 인물 : 立志伝中の人物

33. 철저히 깨부수기 위해선 : 徹底的にやっつけるためには

「やっつける」는 기본적으로 해치운다는 뜻인데, 청소 같은 걸 대충 해치운다는 뜻으로도 쓰고, 싸움 등에서 상대를 깨부순다, 해치운다는 뜻으로도 쓰입니다.

34. 호승심을 자제 : 負けん気を自制

호승심은 好勝心이죠. 사자성어 '호승지심'이 줄어든 말로서 지기 싫어하는 마음을 뜻하는 것인데 이것도 요즘은 별로 안 쓰는 모양이네요. 다른 말로는 '승부욕'이라고 할 수 있겠죠. 그런데 일본은 '호승심'이라는 한자어를 안 쓰니까 勝負欲라고 하면 될까요? 대답은 NO입니다. 일본은 '승부욕'이란 한자어도 안 씁니다. 따라서 위와 같이 번역하면 되겠습니다. 참고로, '승부욕이 강하다'를 일본어로 하면 위의 단어를 써서 「負けん気が強い」나 「負けず嫌いだ」라고 하면 되죠. 근데 이 두 표현은 쓰임새의 차이가 있다고 합니다. 전자는 지는 걸 싫어하긴 하는데 열심히 노력을 해서 그에 걸맞은 실력을 갖추고 있는 경우고, 후자는 실력이 갖춰졌든 아니든 무조건 지는 걸 극도로 싫어하는 경우라고 하는데, 일본인들도 구분 없이 쓰기도 하는 모양입니다. 여기서 잠깐, 이 「負けず嫌い」에서 「ず」는 부정의 뜻, 그러니까 「負けない」라는 말이니 '지지 않는 것을 싫어한다'는 뜻이 되잖아요. 그런데 왜 이걸 '지는 걸 싫어한다'는 뜻으로 쓰고 있을까요? 아마 이미 아는 분도 계시겠지만 이건 「負け嫌い」와 지지 않겠다는 정신을 뜻하는 「負けじ魂」를 혼동해서 만들어진 말입니다.

35. 상황을 냉철하게 : 事態を冷静に

이처럼 冷静라고 번역하는 게 의사소통이 매끄럽겠죠. 그리고 이런 문맥에서 쓰인 일본어 '사태'는 (돌아가는)상황이라는 뜻으로 쓰였다는 점.

読み方

茶毘式(だびしき)・精一杯(せいいっぱい)・住職(じゅうしょく)・大和尚(おおおしょう)
善男善女(ぜんなんぜんにょ)・高利貸(こうりが)し・生き地獄(じごく)・遺留品(いりゅうひん)
証拠固(がた)め・逆走(ぎゃくそう)・玉に瑕(きず)・お金絡(がら)みで・拗(こじ)れ・縺(もつ)れ
水没(すいぼつ)・郷愁(きょうしゅう)・負(ま)けん気(き)・負けず嫌(ぎら)い

[1]、スポーツも万能ですし、芸術にも[2]

머리도 명석하고, 스포츠도 만능이고, 예술에도 뛰어나고,

[3]は真に[4]ですね。

자제분은 정말 팔방미인이네요.

[5]が勢ぞろいだったのに、あんたの息子はあの中でさえ[6]。

다재다능한 팔방미인들 다 모였는데 너네 아들은 그중에서조차 타의 추종을 불허하더라.

[7]って言葉はこんな時に使うものね。

군계일학이란 말은 이런 때 쓰는 거겠지?

皆が私を[8]だと[9]、いつもメモ帳を

다들 저를 팔방미인이라고 치켜세우지만 늘 메모수첩을

[10]持ち歩きながら、[11]メモを取る習慣の[12]。

몸에서 떼지 않고 갖고 다니며 꼼꼼히 메모하는 습관의 결실입니다.

랜덤 예제

[1]のプロペラが[2]せいで[3]墜落しましたが

헬기 프로펠러가 나무와 부딪치는 바람에 중심을 잃고 추락했는데

幸いにも[4]は[5]そうです。

다행히도 조종사는 목숨을 건졌다고 합니다.

[6]の低濃度の汚染物質も海に[7]の多様な

바닷물 속의 저농도의 오염 물질도 바다에 서식하는 어류들의 다양한

[8]を経て高濃度に濃縮され[9]危険性がある。

먹이사슬을 거치면서 고농도로 농축되어 인체로 흡수될 위험성이 있다.

[　10　]は元来の趣旨とは[　11　]射幸心の助長、[　12　]など
암호화폐는 원래 취지와는 정반대로 사행심 조장, 투기 광풍 등

社会に[　13　]をもたらしている。
사회에 극심한 부작용을 초래하고 있다.

[　14　]だから[　15　]。医者にも[　16　]をしっかり食べて
병 나은 직후니 안정을 취해야지. 의사도 보양식을 잘 챙겨 먹고

[　17　]言われたでしょう。
쉬면서 안정을 취하라고 했잖아.

[　18　]アイドルグループが[　19　]という
인기 고공 행진 중이던 아이돌 그룹이 사고를 쳤다는

[　20　]を聞いた[　21　]の社長は[　22　]。
소식을 들은 소속사 사장은 핏대를 세우고 펄펄 뛰며 화를 냈다.

前回の[　23　]では負けて[　24　]、[　25　]だから
저번 재대결에서는 패해서 고배를 마셨지만 삼판이승이니만큼

今度こそは絶対に勝利を勝ち取ってみせるぞ。
이번엔 반드시 [　26　].

[　27　]が[　28　]と胎児に及ぼす影響に関する研究結果が出て
간접흡연이 임신부와 태아에 미치는 영향에 관한 연구 결과가 나와서

[　29　]たちの[　30　]。
흡연자들의 입지가 더욱 좁아졌다.

これから[　31　]を発表します。便宜上[　32　]。
지금부터 국가대표 상비군 명단을 발표합니다. 편의상 존칭은 생략합니다.

[　33　]は[　34　]。
호명된 사람은 단상으로 올라와 주세요.

한국의 팔방미인은 여러 방면에 두루 뛰어난 사람을 뜻하는 말이지만 일본의 八方美人은 모든 사람에게 잘 보이기 위해 아첨하거나 비위를 맞추는 약삭빠른 사람이라는 뜻, 또는 줏대가 없고 소심해서 사람들에게 잘 휘둘리는 사람을 뜻하는 말로 쓰입니다. 일본의 八方美人도 본래의 뜻은 '어디를 봐도 결점이 없는 미인'이라는 뜻이었는데 의미가 변해서 부정적인 뜻으로 쓰이게 됐다고 합니다. 그러니 일본인에게 별 생각 없이 칭찬하는 의미로 "팔방미인이시네요"라고 말하면 당연히 기분 나빠하겠죠.

모범 답안

1. 머리도 명석하고 : 頭も切れるし

2. 뛰어나고 : 長けてますし

「優れる」가 가장 잘 알려지고 일반적인 표현이겠지만 이 표현도 몰랐던 분들은 외워 두시길.

3. 자제분 : ご子息様

4. 팔방미인 : 多彩な才能の持ち主

한국어 '팔방미인'에 어울리는 표현으로 이런 번역밖에 떠오르지 않네요. 참고로 다재다능한 연예인, 다시 말해 영화, 음악, MC, 운동 등 뭐든 능란하게 구사하는 다재다능한 연예인을 「マルチタレント」라고 부릅니다.

5. 다재다능한 팔방미인들 : 多芸多才で何でもできる逸材

여기선 '다재다능'과 '팔방미인'이 동시에 나왔네요. 그래서 위와 같이 번역해 봤습니다. 다만, 多芸多才라는 말은 일상생활에서 쓸 일은 별로 없다니까 회화체로는 그냥 多才라고만 하는 게 나을 듯합니다. 그리고 逸材는 뛰어난 인재, 재능이라는 뜻으로 자주 쓰이는 말입니다.

6. 타의 추종을 불허하더라 : 他の追随を許さなっかたね

7. 군계일학 : 鶏群の一鶴

8. 팔방미인 : 多彩な才能の持ち主

9. 치켜세우지만 : 煽ててくれますが

「煽てる」는 치켜세운다는 뜻으로도 쓰지만 부추긴다, 선동한다는 뜻으로도 쓰이죠.

10. 몸에서 떼지 않고 : 肌身離さず

11. 꼼꼼히 : 几帳面に

꼼꼼하다는 표현을 긍정적인 의미로 사용할 경우 이렇게 표현하면 됩니다.

12. 결실입니다 : 賜物です

이것도 번역하기 까다로운 단어에 속하죠. 결실, 덕분 등등 상황에 따라 융통성 있게 번역해 줘야 하는 단어입니다.

랜덤 예제 모범 답안

1. 헬기 : ヘリ

2. 나무와 부딪치는 : 木と接触した

이 '접촉'이라는 한자어도 쓰임새의 폭이 일본이 훨씬 넓습니다. 우리는 이런 경우에 '접촉'이라고 하진 않죠. 제가 처음으로 '접촉'이라는 한자어의 쓰임새도 다르다는 걸 안 건 일본 문화를 개방한 초창기에 한국에 수입돼서 크게 히트를 쳤던 영화 <쉘위댄스>에서였습니다. 거기서 「これだけのカップルが踊っているのに接触しない方が難しい」라고 하더군요. 이 역시 우리는 '접촉'이라고 하지 않죠. 물론 뜻은 통하겠지만요. 또 <에반게리온>에서는 「敵のシールド第一装甲版に接触!」라고도 합니다. 실드가 장갑판에 접촉? 우리는 이러지 않죠. 그리고 응급 구조대가 사고 현장에 도착해서 환자들을 치료하면서 상황실과 통화하는 장면으로 기억하는데 「患者とも接触できて治療を開始しています」라고 합니다. 또 급하게 메모만 해 둬서 어떤 작품인지는 모르겠지만 「ミサイルが接触する間際」라는 식으로도 말합니다.

> **日** 따라서 이렇게 쓰인 일본어 '접촉'은 문맥에 따라 부딪치다(부딪히다), 스치다, 닿다 등으로 번역하시기를 권합니다. 방금 말한 '환자와도 접촉'의 경우는 '찾아서'나 '만나서'라고 해야겠네요.

3. 중심을 잃고 : バランスを失って

4. 조종사 : パイロット

일본은 이렇듯 외래어로 말하는 게 일반적입니다.

5. 목숨을 건졌다 : 一命を取り留めた

6. 바닷물 속 : 海水中

7. 서식하는 어류들 : 生息する魚類

일본은 '어류' 자체를 복수로 보기 때문에 '들'을 붙이지 않는 게 일반적입니다.

8. 먹이사슬 : 食物連鎖

일본은 이렇듯 '식물연쇄'라고 합니다. '연쇄 살인' 등에서도 보았듯이 '연쇄'라는 한자어도 쓰임새가 다르다는 말이죠.

9. 인체로 흡수될 : 人体に取り込まれる

골치 아픈 복합동사 「取り込む」도 다양한 뉘앙스로 쓰이는데 아주 자주 접하는 표현 중 하나가 예컨대 영업사원이 가정집 등에 찾아가서, 바쁘실 텐데 얘기 좀 들어 달라는 식으로 말할 때 「お取込み中すみませんが」라고 하고, 또 바쁘다는 핑계로 거절하거나 할 때도 「今取り込んでいるので」라는 식으로 말하죠. 원래 이런 의미로 쓰는 「取り込む」는 예기치 않은 일이 발생해서 경황이 없다, 정신이 하나도 없다는 뜻으로 썼던 말인데 현대에 와서는 그냥 좀 바쁘다는 뜻에 가깝게 쓰이게 됐다고 합니다. 그리고 「人をうまく取り込んで」라고 할 때의 「取り込む」는 구워삶다, 구슬리다 등의 뉘앙스로 쓰는 「篭絡する」, 「丸め込む」와 비슷한 뜻이죠.

10. 암호화폐 : 暗号通貨

11. 정반대로 : 裏腹に

이 「裏腹」는 등과 배, 또는 속가 겉이라는 뜻으로서 정반대, 모순됨이라는 뜻으로 쓰이는 말이죠. 그리고 등과 배는 사실상 붙어 있으니 「背中合わせ」, 「隣り合わせ」라는 뜻으로도 쓰입니다. 예를 들어 「死と裏腹の危険な仕事」라는 식으로 쓰입니다. 죽음과 이웃한 위험한 직업이라는 말이죠.

12. 투기 광풍 : 投機の嵐

일본은 '광풍'이라는 한자어를 써서 표현하지 않으니 이처럼 의역해 줄 수밖에 없겠죠. 다만, 이건 주식 등 경제 관련 기사에서 실제로 쓰이는 표현인데 일반인들한테는 생소하게 들리나 봅니다. 제 능력으로는 다른 표현이 안 떠오르네요.

13. 극심한 부작용 : 甚だしい副作用

일본은 '극심'이라는 한자어를 안 쓰니 이런 식으로 의역해야겠죠. 그리고 이와 비슷한 의미인 激甚(격심)은 '주로' 재해나 피해가 심각한 경우에 쓴다는 점도 복습 차원에서 언급합니다.

14. 병 나은 직후 : 病み上がり

15. 안정을 취해야지 : 安静にしてなきゃ

16. 보양식 : スタミナ食・滋養食

17. 쉬면서 안정을 취하라고 : 安静に休むようにと

이것도 「安静に休む」의 형태로 통째로 외우세요.

18. 인기 고공 행진 중이던 : 高い人気を保っていた

이 '고공 행진'도 한국 특유의 표현이죠. 직역하면 의사소통이 원활히 이뤄지지 않습니다. 그리고 이걸 「人気高止まり」라고 번역한 걸 본 적이 있는데, 「高止まり」라는 말은 주로 물가, 금리, 시세 등 경제 쪽 용어로 쓰이는 말로서 연예인이나 아이돌 등 사람들의 '인기'에는 쓰지 않는다고 합니다.

19. 사고를 쳤다 : トラブルを起した

한국어 '사고를 치다'라는 표현은 문맥에 따라 「しでかす」나 「やらかす」라고 번역할 수 있는데 이런 문맥에서는 어울리지 않죠.

20. 소식 : 知らせ

21. 소속사 : 芸能事務所

22. 핏대를 세우고 펄펄 뛰며 화를 냈다 : 青筋を立ててかんかんに怒った

핏대를 세우는 걸 일본에선 위와 같이 말합니다. '푸른 핏줄'이라는 뜻이죠.

23. 재대결 : 再戦

24. 고배를 마셨지만 : 苦杯を舐めたが

25. 삼판이승 : 三番勝負

26. 勝利を勝ち取ってみせるぞ : 승리를 쟁취해 주겠어

> 日　이 경우의 「～てみせる」를 '해 보이겠어'라고 하면 한국어로서는 다소 어색합니다.

27. 간접 흡연 : 受動喫煙

우리는 '간접'이라고 하지만 일본은 이렇듯 '수동'이라고 합니다. 스스로 능동적으로 피우는 게 아니라, 남에 의해서 수동적, 피동적으로 피우는 결과가 된다는 뜻인 것이죠.

28. 임신부 : 妊婦

한국에도 임부, 산부라는 단어가 있지만 일상의 대화에서는 거의 쓰이지 않고, 일본어 妊婦는 임신부(妊娠婦), 産婦는 산모(産母)라고 하는 게 일반적입니다. 그리고 이 둘을 합쳐서 임산부(妊産婦)라고 합니다.

29. 흡연자 : 喫煙者

30. 입지가 더욱 좁아졌다 : 肩身がさらに狭くなった

「肩身」는 어깨와 몸이란 말로서 비유적으로 세상 사람들에 대한 면목, 체면이라는 뜻으로 쓰이는데 이 경우는 떳떳하지 못하게 됐다, 그래서 입지가 좁아졌다, 설 자리가 줄어 들었다, 입장이 더 난처하게 됐다는 뉘앙스죠. 아마도 저만 그랬던 건 아니라고 보는데, 옛날에 일본어를 한창 공부할 때 교재에 뜻풀이가 돼 있는 걸 보고 「肩身が狭い」라는 말을 '입지가 좁아지다'라는 뉘앙스로만 알고 있었는데, 사실 이건 원래의 뜻에서 파생된 쓰임새입니다. 원래의 의미는 남부끄럽다, 동네 창피하다, 고개를 못 들겠다, 면목이 없다 등등의 뉘앙스로 쓰이는 말입니다.

31. 국가대표 상비군 명단 : 強化選手のリスト

이 둘이 완벽히 일치하는 개념은 아니지만, 계속 강조했듯 영상번역에선 딱 듣고 알아먹을 수 있는 표현으로 번역해 주는 게 좋죠.

32. 존칭은 생략합니다 : 敬称は省略します

33. 호명된 사람 : 名前を呼ばれた(呼名された)人

일본도 '호명'이라는 한자어를 쓰긴 하지만 일상생활에선 거의 안 쓴다고 합니다.

34. 단상으로 올라와 주세요 : 登壇してください。

読み方

万能 (ばんのう) · 墜落 (ついらく) · 濃縮 (のうしゅく) · 射幸心 (しゃこうしん)
便宜上 (べんぎじょう) · 長 (た) けてます · 多彩 (たさい) · 逸材 (いつざい) · 煽 (おだて) て
几帳面 (きちょうめん) · 賜物 (たまもの) · 間際 (まぎわ) · 食物連鎖 (しょくもつれんさ)
甚 (はなは) だしい · 青筋 (あおすじ) · 三番 (さんばん) 勝負

일본어 질타(叱咤)는 꾸짖는다는 뜻이 아니다?

[1   ]この男は、「[2   ]」と三成を叱咤した。

추격대가 닥쳐오자 이 사내는 '도망가십시오'라며 [3   ]. 〈세키가하라 대전투〉

互いに叱咤し、支え合うことを忘れるな。

서로 [4   ] 지탱해 주는 걸 잊지 마. 〈은혼〉

やってはならないミスを犯し、厳しい叱咤を受けてからの彼女は

해선 안 될 실수를 저질러서 엄한 [5   ] 그녀는

[6   ]やる気を見せて[7   ]。

몰라볼 정도로 의욕을 보이며 일에 임하게 됐다.

[8   ]ゲームに[9   ]僕を、母さんが厳しく叱咤した。

입시 공부를 팽개치고 게임에 빠져 지내는 나를 엄마가 [10   ].

※ 失恋の痛みで、[11   ]、生きる[12   ]私を、

실연의 아픔 때문에 아무것도 손에 안 잡혀서 삶의 의욕을 완전히 잃은 나를

母さんが叱咤激励してくれた。

엄마가 [13   ].

[14   ]作った料理を自信満々に出したら、

있는 솜씨를 다 발휘해서 요리를 만들어서 자신만만하게 내놨더니

母さんは美味しいけど[15   ]いろいろと叱咤激励してくれた。

엄마는 맛은 있지만 아직 멀었다며 여러모로 [16   ].

あの時、先生の叱咤激励のおかげで[17   ]に入学できました。

그때 선생님의 [18   ] 덕분에 명문대에 입학할 수 있었습니다.

この壁画を見ていると、三国時代の花郎たちの

이 벽화를 보고 있노라면 삼국시대 화랑들의

[1   ]が今も[2   ]気がする。

진취적 기상이 지금도 살아 꿈틀거리는 듯한 느낌이 든다.

[3   ]、あれほど[4   ]この地域の自然が、

화마가 휩쓸고 가고 나니 그렇게나 웅장했던 이 지역의 자연이

[5   ]しまったんですね。

살풍경하게 변하고 말았군요.

負傷して[6   ]○○○選手の代表チーム合流が事実上

부상당해서 국가대표팀에서 이탈돼 있던 ○○○ 선수의 대표팀 합류가 사실상

[7   ]です。[8   ]にいる[9   ]。

무산됐다는 소식입니다. 대표팀 훈련장에 있는 취재 기자 연결합니다.

[10]に設けた[11   ]彼は、[12   ]を

모처에 마련한 은신처에 피신해 있던 그는 범인이 밝혀졌다는 소식을

知人から聞いて警察署に[13   ]。

지인한테서 듣고 경찰서에 자수했다.

この映画で[14   ]○○は、韓国社会において[15   ]の現実を

이 영화에서 여기자로 분한 ○○는 한국 사회의 정경 유착 현실을

辛辣に告発する報道を敢行するが、[16   ]されてしまう。

신랄하게 고발하는 보도를 감행하지만, 그 때문에 아들이 납치되고 만다.

このように[17]追い出されるのは不本意だったので今[18   ]。

이렇게 어이없게 쫓겨나는 건 [19   ] 지금 엄청 허탈한 상태다.

어찌어찌 하다가 <세키가하라 대전투>라는 영화를 감수하게 됐는데, 이 영화에서 '질타'라는 한자어도 우리나라와 다르게 쓰인다는 걸 알게 됐습니다. 첫 번째 예제가 바로 거기서 나오는 내레이션입니다. 일본 역사상 가장 유명한 전투 중 하나인 세키가하라 전투에서 토쿠가와 이에야스가 이끄는 동군에게 참패를 당한 서군의 수장 이시다 미츠나리가 달아나서 한 민가에 숨어 있는데 추격대가 쫓아오니까 미츠나리를 숨겨 줬던 사람이 어서 도망가라고 '질타'를 했다는 것이죠. 그런데 그 남자의 대사는 큰소리로 꾸짖거나 하는 것도 아니고 화를 낸 것도 아니고 차분한 톤으로 말을 한 거였는데 '질타'라는 한자어를 쓰더군요. 그래서 조사를 해 본 겁니다. 우선 한국의 국어사전은 아주 심플하게 '큰소리로 꾸짖음'이라고 돼 있습니다. 그럼 일본의 국어사전을 보실까요? 거의 모든 사전의 뜻풀이는 비슷한데 코지엔만 다릅니다.

怒気をあらわして大声でしかること。しかりつけること。
노기를 드러내면서 큰소리로 꾸짖는 것. 마구 꾸짖는 것.

그런데 이외의 사전들에는 다른 뜻풀이가 하나 더 있는데 다이지린 사전만 보도록 하죠.

１大声で叱ること。「時に人を―することあるのみ/浮城物語（竜渓）」
２大声で励ますこと。

보시듯이 큰소리로 북돋우는 것, 격려하는 것이라는 뜻이 추가돼 있습니다. 이쯤 되면 감이 잡히시죠? 그리고 이 '질타'는 다른 한자어와 함께 마치 사자성어처럼 쓰이는 예가 많은데 그게 바로 「叱咤激励(질타격려)」입니다. 이 사자성어의 코지엔 뜻풀이를 보면 「大声で叱るように励まし、気持を奮い立たせること」, 그러니까 '큰소리로 꾸짖듯이 격려하며 기분(투지/사기)을 북돋우는 것'이란 뜻인 것이죠. 이건 제 개인적인 추측인데 일본도 '질타'라는 한자어의 자의만으로 해석하면 한국과 똑같이 '큰소리로 꾸짖는 것'이라는 뜻이었는데 '질타격려'라는 형태로 쓰이기 시작하면서 '질타'라는 한자어의 뜻 역시 '격려하는 것'이라는 뉘앙스가 내포되게 된 것이 아닌가 싶습니다. 아무튼 일본의 '질타'라는 한자어는 우리와 다르게 단순히 꾸짖는 것만이 아니라 격려하고 사기, 투지 등을 북돋우는 것이라는 뉘앙스로 쓰이는 경우가 많다는 것이죠. 근데 이 한자어가 제가 번역한 <은혼>이라는 애니에서 또 나왔는데 그게 바로 두 번째 예제입니다. 서로 叱咤하고 지탱해 주는 걸 잊지 마? 우리는 이런 경우에 '질타'라는 말을 하지 않죠. 그러니 영화나 드라마, 애니 등을 볼 때 이 '질타'라는 한자어가 나오면 어떤 뜻으로 쓰인 건지 면밀히 살펴볼 필요가 있다는 결론인 것이죠.

모범 답안

1. 추격대가 닥쳐오자 : 追っ手が迫ると
일본은 '추격대'가 아니라 위와 같이 말하는 게 일반적입니다.

2. 도망가십시오 : お逃げあそばせ

「〜あそばせ」는「する」의 존경어로서「お逃げください(なさい)」와 비슷한 말이죠. 오늘날은 주로 여성이 쓴다고 하는데 옛날에는 이처럼 남자도 사용한 모양입니다.

3. 三成を叱咤した : 미츠나리에게 힘을 북돋워 줬다

해설에서 설명했듯이 이런 문맥에서는 이렇게 번역해야겠죠.

4. 叱咤し : 북돋워 주고

5. 叱咤を受けてからの : 질타를 받은 뒤

이런 문맥에서는 그대로 '질타'라고 해도 되겠죠.

6. 몰라볼 정도로 : 見違えるように

7. 일에 임하게 됐다 : 仕事に取り組むようになった

8. 입시 공부를 팽개치고 : 受験勉強を投げ出して

일본은 '수험 공부'라고 하는 게 일반적이죠.

9. 빠져 지내는 : 明け暮れている

10. 厳しく叱咤した : 엄하게 꾸짖었다

11. 아무것도 손에 안 잡혀서 : 何も手につかず

12. 의욕을 완전히 잃은 : 意欲を完全に失っている

여기서도 '테이루'죠. 거꾸로 번역한다면 '잃은 상태'라는 뉘앙스죠.

13. 叱咤激励してくれた : 꾸짖으며 격려를 해 줬다

14. 있는 솜씨를 다 발휘해서 : 腕によりをかけて

「より」의 한자 표기는 「縒り」인데 흔한 한자가 아니라서 히라가나로 쓰는 게 일반적입니다. 이 「縒りをかける」라는 말은 실이나 끈 같은 걸 여러 가닥으로 얽는 걸 뜻합니다. 하나의 실이나 끈은 약하지만 여러 개를 얽어 놓으면 엄청 강해지죠. 그러니까 자신의 힘이나 능력을 최대한으로 발휘한다는 뉘앙스가 되는 것이죠. 이 말은 주로 이렇듯 '솜씨'와 짝을 지어서 사용하는 게 일반적입니다. 그리고 헤어졌다가 다시 연인 관계로 돌아오는 걸 「よりを戻す」라고 하죠. 이때의 「より」도 바로 이 「縒り」입니다. 뒤얽혀 버린 연인 사이, 엇나가 버린 연인 사이를 원래대로 되돌린다는 뜻인 것이죠.

15. 아직 멀었다며 : まだまだと言って

16. 叱咤激励した : 꾸짖으며 격려해 줬다

17. 명문대 : 名門大学

18. 叱咤激励 : 질타와 격려

랜덤 예제 모범 답안

1. 진취적 기상 : 進取の気性

2. 살아 꿈틀거리는 듯한 : 息づいているような

이걸 그대로 「生きて蠢くような」라고 직역하면 코패니즈가 됩니다. 감수자님한테 물어본 결과도 '의미가 통하지 않는다'였습니다.

3. 화마가 휩쓸고 가고 나니 : 火災に見舞われた後

일본은 '화마'라는 한자어를 쓰지 않고, 또한 이 경우의 '휩쓸고 가다'라는 표현은 직역이 불가능하니 이렇게 의역할 수밖에 없겠습니다.

4. 웅장했던 : 雄大だった

블로그에서도 다뤘듯이 일본은 '웅장'이라는 한자어를 거의 안 쓰니 이렇게 의역해 줘야겠죠.

5. 살풍경하게 변하고 : 殺伐としたものに変わって

6. 국가대표팀에서 이탈돼 있던 : 韓国代表チームから離脱していた

이탈'되다'도 일본은 '스루'라고 합니다.

7. 무산됐다는 소식 : 消滅したというニュース

일본은 희한하게도 이 경우에 '소멸'이라는 한자어를 씁니다. 우리 입장에서는 '합류(가) 소멸'이라고 하면 이상하지만, 합류 가능성이 소멸됐다는 말로 이해하면 되겠습니다. 2권에서 소개한 '농후'에 관한 블로그 글에서 일본은 「移籍が濃厚だ」라는 식으로도 말한다고 했는데 이 역시 이적 가능성이 농후하다는 뜻인 것처럼요. 그리고 '소멸'도 '스루'라고 합니다.

8. 대표팀 훈련장 : 代表チームの練習場

이 역시 일본은 '연습장'이라고 하는 게 일반적입니다.

9. 취재 기자 연결합니다 : 取材記者と繋ぎます

일본은 여기서 '연결'이라는 한자어를 쓰면 부자연스럽습니다.

10. 모처 : 某所

11. 은신처에 피신해 있던 : 隠れ家に逃げ隠れていた

일본은 '피신'이라는 한자어를 쓰지 않으니 보통은 「避難」이라고 번역하죠. 하지만 범인, 용의자 등이 '피신'하는 경우에 '피난'이라고 하면 어색합니다. 감수자님 의견도 같았습니다.

12. 범인이 밝혀졌다는 소식 : ホシが割れたという知らせ

13. 자수했다 : 出頭した

14. 여기자로 분한 : 女性記者に扮した

일본은 '여성 기자'라고 하는 게 일반적입니다.

15. 정경 유착 : 政財界の癒着

일본은 '정경'이 아니라 이처럼 '정재계'라고 합니다.

16. 그 때문에 아들이 납치 : そのせいで息子が誘拐

17. 어이없게 : 呆気なく

18. 엄청 허탈한 상태 : 放心状態

막판 욱여넣기로 이번엔 두 개의 한자어 不本意와 虚脱를 집어넣어서 예문을 짰습니다. 이 虚脱라는 한자어의 뉘앙스도 한국과 비슷한 부분도 있는데 미묘하게 다른 경우도 있습니다. 그리고 쓰임새도 한국에 비해 훨씬 적은 편인데, 특히 일상생활에서 쓰는 일은 거의 없고 소설 같은 데서나 볼 법한 말이라고 합니다. 또한 의학계에서 몸 상태를 말할 때 씁니다. 감수자님께 이 경우에 放心状態와 虚脱状態 중에 어떤 게 적절한가 물었더니 전자를 제시하셨습니다. 또한 어학 Q&A 사이트에 이 예문을 제시하면서 질문해 봤는데 역시나 虚脱는 구어체로 쓸 일은 거의 없다며 放心状態라고 하면 문맥상으로도 자연스럽다는 답변이었습니다. 그러면서 「呆然としている」라는 표현도 제시해 줬으니 참고하시기 바랍니다.

19. 不本意だったので : 뜻밖이었기 때문에, 상상도 못 했기 때문에

이것도 참 감을 잡기 힘든 일본 한자어죠. 한국에는 '불본의'라는 단어를 쓰지 않으니 '본의가 아니다' 형태, 다시 말해 한국에서 관용적으로 쓰는 '본의 아니게'나 '본의는 아니지만'의 형태로 번역하면 자연스러운 경우도 있지만 그렇지 않은 경우도 많습니다. 바로 이 예문의 경우가 그렇죠. '쫓겨나는 건 본의가 아니었기 때문에'라고 하면 부자연스럽죠. 코지엔 사전입니다.

本意でないこと。望むところでないこと。「─ながら従う」「─な成績」

예문을 보시면 아시겠지만 이 역시 '본의가 아니지만 따르다', '본의가 아닌 성적'이라고 하면 어색하죠. 번역하기 대단히 까다로운 예를 하나만 들어 보겠습니다.

ライブの後、「感動した」という声をたくさん頂きましたが、自分としては不本意でした。
라이브 공연 뒤 '감동했다'는 말씀을 많이들 해 주셨지만 저로서는 ????????.

여기서 쓰인 「不本意でした」를 어떻게 번역해야 할까요? 뭐가 不本意였다는 말일까요? 팬들은 감동했다는 말을 했지만 자신은 자신의 공연이 「望むところではなかった」는 뜻으로 한 말입니다. 큐알코드로 읽어 보시죠.

「不本意」는 '본의 아님'? NO!

"자녀분이 좀 연약하네요" 하면 일본인 반응은?

花を見つめて泣くとはな。[　1　]。てめえみたいな軟弱やろうには。

꽃을 바라보며 울다니. **딱 어울리네**. 네놈 같은 [　2　]한테는. 〈갓슈벨〉

あの程度の[　3　]、[　4　]ような軟弱な奴はこの会社には要らない。

그 정도 **질타를 들었다고** 울먹거리는 그런 [　5　]은 이 회사에는 필요 없어.

[　6　]国民は、中国の[　7　]軟弱外交をした外相を

분개한 국민들이 중국이 **시키는 대로 하는** [　8　]를 한 외무 장관을

更迭すべきだと、[　9　]。

경질해야 한다고 **목소리를 높이고 있다.**

そんな軟弱な精神では、[　10　]で勝てるはずがない。

그런 [　11　]으로는 **생지옥 같은 입시 전쟁**에서 이길 수 있을 리 없어.

こんな軟弱な地盤に家を建てるとは、[　12　]。

이런 [　13　]에 집을 짓겠다니 **제정신이 아니구나.**

랜덤 예제

いわゆる[　1　]と呼ばれる[　2　]の中でも、[　3　]たちは

이른바 **취업 절벽**이라 불리는 **역대급 취업난** 속에서도 **취준생들은**

[　4　]ために、[　5　]余念がない。

바늘 구멍 같은 취업문을 뚫기 위해 **각종 스펙 쌓기에** 여념이 없다.

数十年後には、[　6　]により、[　7　]が予想される。

몇십 년 뒤에는 **극심한 저출산 고령화로 인해 인구 절벽 상태**가 예상된다.

そんな[　8　]、あらゆる不正と[　　9　　]が[　　　　10　　　　]。

그런 **만행을 일삼고** 온갖 부정과 **비리를** 저질러 왔음이 **명명백백하게 드러났잖아요**.

これを[　　11　　]!野党が知る前に先手を打って

이걸 **어떻게 덮고 넘어갑니까**! 야당에서 알기 전에 선수를 쳐서

[　12　]のはもちろんのこと、政界からも[　13　]。

탈당시키는 건 물론이고 아예 정계에서도 **퇴출해야 해요**.

[14]ではなく、[　　　15　　　]、怒った民心の離反を

탈당이 아니라 **출당(黜黨) 수준의 징계여야만** 성난 민심의 이반을

防ぐことができると思います。こういう決断は[　16　]。

막을 수가 있다고 봅니다. 이런 결단은 **빨라야만 해요**.

両野党が[　17　]、〇〇道を今回の大統領選の

두 야당이 **합당해야만** 〇〇도를 이번 대선의

最大の[　　18　　]と言って[　　19　　]。

최대 **격전지로 만들 수 있다**며 **대승적 결단을 촉구했다**.

道理や人情という美しい心を忘れ、[　　20　　]

[21]와 인정이라는 아름다운 마음을 잊고 **눈앞의 이익만을 좇아서**

[　　22　　]昨今の[　　23　　]。

도리를 저버리는 작금의 **세태가 한탄스럽다**.

コロナの影響で[24]が、今も[　25　]だが、[　26　]

코로나로 인해 **영화 개봉이** 지금도 **많이 미뤄진 상태**인데, **아무리 지나도**

コロナが[　27　]が見えないので、監督と[　28　]。

코로나가 **종식될 기미가** 보이지 않자 감독과 **제작자는 전전긍긍하고 있다**.

이 '연약'이라는 한자어도 한일 간에 쓰임새 차이가 있습니다. 한국 국어사전에는 '무르고 약하다'라고 나와 있는데 한국어 '연약하다'에는 부정적 뉘앙스는 별로 없죠. 부정적 뉘앙스로 쓰는 경우는 '너무도 연약하다'처럼 '너무도' 같은 부사를 넣어서 쓰죠. 그런데 일본은 어떨까요? 한국과의 쓰임새 차이를 확실히 느낄 수 있는 학연 사전의 뜻풀이를 보시죠.

やわらかで、しっかりしていないこと。また、か弱いこと。「軟弱なからだ」
確固たる信念がなくて、弱腰であること。「軟弱な外交」

참고로 「やわらか·やわらかい」도 그냥 '부드럽다'가 아니라 말랑말랑하다, 무르다, (몸 등이)유연하다 등 문맥에 따라 유연하게 번역해야 하는 단어죠. 여기서는 '무르다'는 뜻에 가깝죠. 중요한 건 두 번째 뜻풀이입니다. 짙은 색을 입힌 부분이 키포인트입니다. 나약함, 저자세, 소극적, 문맥에 따라서는 강단(줏대, 고집) 없음 등으로 번역되는 단어죠. 이렇듯 일본 한자어 軟弱는 부정적 뉘앙스로도 쓴다는 사실입니다. 예문도 '軟弱한 외교'라고 돼 있는데 우린 외교에 '연약하다'는 말을 쓰지 않죠.

> **日** 한국 한자어 '연약'은 오히려 동정하는 마음을 담아서 쓰는 경우도 있습니다. 아래와 같은 예문처럼 말이죠.

그렇게 연약한 어린애한테 그런 강한 훈련을 시키면 어떡하냐고!
연약한 여자한테 손찌검을 하는 놈이랑은 일찌감치 헤어지는 게 나아.

1. 딱 어울리네 : お似合いだぜ

「似合う」라고도 하지만 일본은 이와 같이 말하기도 합니다.

2. 軟弱やろう : 나약한 놈

> **日** 해설에서 설명했듯이 깔보는 뉘앙스로 쓴 일본어 '연약'은 '나약'이라고 하시기를 권합니다.

3. 질타를 들었다고 : 叱咤されたからって

이걸 그대로 「叱咤を聞いて」라고 하면 뜻은 통하겠지만 위와 같이 말하는 게 일반적입니다.

> **日** 이 경우는 그대로 '질타'라고 해도 자연스럽습니다.

4. 울먹거리는 : べそをかく

울상을 짓다, 울먹거리다 등의 표현이니 몰랐던 분은 외워 두세요. 그리고 거의 울상이 되는 것, 반쯤 울상이 되는 걸 「半べそをかく」라고 표현합니다. 금방이라도 울 것 같은 것, 거의 울 것 같은 것을 「半泣きになる」라고 합니다.

5. 軟弱な奴 : 나약한 놈

> 日　이 역시도 '나약'이라고 하시기를 권합니다.

6. 분개한 : 憤った

2권에서 언급했듯이 '분개하다'라는 말은 이렇게 번역해 줄 수 있겠죠.

7. 시키는 대로 하는 : 言いなりになる

상대방이 하라는 대로 다 하는 걸 이와 같이 표현합니다.

8. 軟弱外交 : 굴종 외교, 굴욕 외교, 저자세 외교

이건 위와 같이 번역해야겠죠. 그리고 일본은 「弱腰外交」라고도 하는데 사전의 뜻풀에서도 「弱腰」라고 했듯이 이 역시 비슷한 뜻입니다.

9. 목소리를 높이고 있다 : 声を上げている

10. 생지옥 같은 입시 전쟁 : 生き地獄のような受験戦争

일본은 '입시 전쟁'이 아니라 '수험 전쟁'이라고 합니다.

11. 軟弱な精神 : 나약한 정신

12. 제정신이 아니구나 : 正気の沙汰じゃないね

이 표현도 통째로 외우시기 바랍니다. 우리가 '제정신으로 하는 소리야?'라는 표현을 일본은 「正気で言っているのか」라고 하죠.

13. 軟弱な地盤 : 연약한 지반

> 日　이 경우에는 그대로 '연약'이라고 해도 자연스럽습니다.

랜덤 예제 모범 답안

1. 취업 절벽 : 就職氷河期

2. 역대급 취업난 : 史上最悪とも言える就職難

이제 '역대급'이라는 용어는 되돌릴 수 없는 지경에 이르렀을 정도로 거의 온 국민이 쓰고 있으니 예문으로 또 집어 넣었는데 이걸 일본어로 번역할 때는 위와 같이 해 줘야겠죠. 그런데 1권에서 '역대급 제작비'를「歴代最大級」라고 번역했었죠. 그런데 감수자님은 그건 그대로 뒀는데 이건 '급'을 빼고 위와 같이 고쳐 주셨습니다. 그래서 교차 검증(?)을 위해 일본 사이트에 질문을 올렸더니 역시나 일반적인 표현은 아니라는 반응이었고, 한 일본인은「最大級」라고는 종종 하는데「さいあくきゅう」는 발음이 어려워서 말로 하면 제대로 전달이 안 될 수도 있다고 하더 군요. 하지만 검색해 보면「最悪級」라고 해 놓은 게 엄청 많이 검색됩니다. 뉴스에서도 쓰인 사례가 많이 보이고요. 글로 적어 놓으면 무슨 말인지 쉽게 알기 때문일까요? 그리고 일본은 '취업난'이 아니라 '취직난'이라고 하는 게 일반적입니다.

3. 취준생 : 就活生

4. 바늘 구멍 같은 취업문을 뚫기 : 就職の狭き門をくぐる

이 역시 직역이 불가능하니 저는「非常に狭い就職の門をくぐる」라고 의역했는데 감수자님이 이걸 위와 같이 고쳐 주셨습니다.

5. 각종 스펙 쌓기에 : 色々なスペックを高めるのに

우리는 '쌓는다'라고 하지만 일본은 이렇듯 '높인다'라고 하는 게 일반적입니다.

6. 극심한 저출산 고령화 : 深刻な少子高齢化

7. 인구 절벽 상태 : 極端な人口減少

8. 만행을 일삼고 : 蛮行に明け暮れ

'일삼다'라는 한국어 표현은 문맥에 따라 이렇게 번역할 수도 있겠습니다.

9. 비리를 저질러 왔음 : 汚職を犯してきたこと

앞에 '부정'이 없다면 不正라고 하면 되겠지만 이 경우는 이렇게 해 줄 수 있겠죠.

10. 명명백백하게 드러났잖아요 : 白日の下に晒されたんじゃないですか

일본은 '명명백백'이라는 사자성어를 싣고 있는 사전은 원래 인터넷 사전이었던 것 외에는 코지엔 사전 하나밖에 없을 정도로 쓰임새가 적습니다. 또한 문어에서만 쓰이고 구어에서 쓸 일은 별로 없다고 합니다. 하지만 쓰는 건 분명하고 또한 이 단어를 아는 사람도 많기 때문에 직역해도 되겠지만 복습 차원에서 위와 같은 의역을 제시했습니다. 「晒す」는 햇빛에 쬐거나 비바람을 맞히는 것을 뜻하죠. 그러니까 「晒される」는 노출되다, 겉으로 드러나다는 뜻인 것이죠. 「危険(危機)に晒される」나 「脅威に晒される」 등의 형태로도 자주 쓰죠.

11. 어떻게 덮고 넘어갑니까! : どうやって覆い隠すんですか!

말 그대로 덮어서 숨긴다, 안 보이게 한다는 말이죠. 비유적으로 부정이나 악행 등을 은폐한다는 뜻으로도 쓰이는 말입니다. 1권에서 다뤘던 「蓋をしてやりすごす」 역시 복습 차원에서 언급하고 넘어갑니다.

12. 탈당시키는 : 離党させる

13. 퇴출해야 해요 : 追放すべきです

14. 탈당 : 離党

15. 출당 수준의 징계여야만 : 除名レベルの懲戒処分であってこそ

일본은 '징계'란 한자어를 단독으로 쓰는 예는 별로 없다는 점. 또한 「～しなければならない」라는 이중 부정 표현은 일본어 잔재라고 쓰지 말라고 하는 사람들이 있죠. 그래서 이건 '~해야 한다'라는 식으로 번역되곤 하죠. 그런데 개인적으로 이중 부정 표현으로 해 주면 어감이 더 사는 경우도 분명 있다고 봅니다. 그리고 반대로 일본인들은 '~해야 한다'를 위의 이중 부정 표현으로 번역하는 경우가 많죠. 한국 사람들 중에도 그렇게 하는 분들도 많고요. 근데 이 경우는 위와 같이 「こそ」를 써 주면 가능합니다.

16. 빨라야만 해요 : 早いに越したことはないですよ

「～に越したことはない」는 한국에는 없는 문형이죠. 앞에 동사나 형용사의 원형 또는 명사 등이 오는데, 직역에 가깝게 번역하자면 '~(것)보다 더 나은(좋은) 건 없다' 정도가 되겠는데 문맥에 따라서는 이렇게 직역투로 하면 어색한, 또는 좀 유치한 한국어가 될 경우가 많죠. 이 경우도 '결단은 빠른 것보다 나은 건 없다고 생각한다'고 하면 조금 어색하지 않나요? 따라서 매끄럽게 의역할 필요가 있는 문형이라고 생각합니다. 차라리 '결단은 빠를수록 좋다'가 더 매끄러울 거 같습니다. 그리고 문맥에 따라서는 '~게 최고다' 형태로 번역해 줄 수도 있겠는데 이 역시 이 예문에서는 '결단은 빠른 게 최고라고 생각합니다'라고 번역하는 건 '개인적으로는' 좀 별로라고 생각합니다. 예를 들어 어떤 일이 생길지 모르니까 「用心するに越したことはない」라고 하는 경우는 '조심하는 게 최고지'라고 해도 자연스러울 것 같습니다만…

17. 합당해야만 : 合併してこそ

18. 격전지로 만들 수 있다 : 激戦区にすることができる

앞서도 말했지만 '만들다'는 한국어도 그대로 「作る」라고 하면 어색한 경우가 무지 많죠.

19. 대승적 결단을 촉구했다 : 大局的な決断を促した

20. 눈앞의 이익만을 좇아서 : 目先の利益ばかりに走り

21. 道理 : 도리

22. 도리를 저버리는 : 道理に背く

23. 세태가 한탄스럽다 : 世相が嘆かわしい

일본은 '세태'라는 한자어가 아니고 이처럼 '세상'이라는 한자어를 씁니다.

24. 영화 개봉 : 映画公開

25. 많이 미뤄진 상태 : かなり延期されている状態

26. 아무리 지나도 : いつまで経っても

어느 일본어 학습 관련 카페에서 이걸 「いくら過ぎても」라고 해 놓은 작문이 자연스러우냐고 묻는 사람이 있었는데, 이건 코패니즈죠. 기한, 날짜 등이 지났을 때나 이렇게 표현할 수 있습니다. 예를 들면 「賞味期限をいくら過ぎても腐らない」와 같이 말이죠.

27. 종식될 기미 : 終息する兆し

28. 제작자는 전전긍긍하고 있다 : プロデューサーは腐心している

일본은 영화 등의 제작자를 한자어가 아니라 이처럼 '프로듀서'라고 하는 게 일반적입니다.

読み方

先手(せんて)・軟弱(なんじゃく)・正気(しょうき)の沙汰(さた)・地盤(じばん)・蛮行(ばんこう)
覆(おお)い隠(かく)す・背(そむ)く・世相(せそう)が嘆(なげ)かわしい・終息(しゅうそく)

'야비한 음악'? 음악이 어떻게 야비할 수 있지?

彼は「洗練」という言葉とは[1]、野卑なところがあるが[2]だ。

그는 '세련'이란 말과는 **거리가 멀고** [3]이 있지만 **뼛속까지 우직한** 남자다.

麓の[4]の中から、[5]男たちの野卑な笑い声が漏れてきた。

산기슭의 **산막** 안에서 **험상궂은** 사내들의 [6]가 새어 나왔다.

彼女は清楚で[7]一度キレると

저 여자는 청초하고 **사랑스러워 보이지만** 한번 꼭지가 돌면

[8]野卑な[9]。

눈에 뵈는 것이 없어져서 [10] 욕지거리를 퍼부어 댄다.

昼間行った高級で[11]カフェに比べると、

낮에 갔던 고급스럽고 **품격이 느껴지는** 카페에 비하면

[12]は野卑そのものだった。

아파트의 내 방은 [13].

[14]低いものの[15]は決して野卑ではない。

신분은 비록 낮지만 **행동거지는** 결코 [16].

彼は貧乏で、服装はいつもぼろぼろだったが

그는 가난하고 옷차림은 늘 [17]

[18]で、印象は野卑ではなかった。

인품은 성실하고 인상은 [19].

[20   ]には、[21   ]たちの野卑な笑い声が[22   ]。

늦은 밤 변두리의 술집에는 거친 사내들의 [23   ] 웃음소리가 난무하고 있었다.

あいつは[24   ]やつだから、

그 녀석은 의리를 지키는 놈이라서

[25   ][26   ]はしないと思う。

친구 뒤통수를 치는 야비한 짓은 하지 않을 거야.

私を[27   ]のあいつの[28   ]が[29   ]。

나를 겁탈한 뒤의 그놈의 야비한 웃음소리가 귓전에서 맴돈다.

相続を[30   ]どんな[31   ]でも使わなければなりません。

상속을 포기하게 만들려면 어떤 야비한 수법이라도 써야 합니다.

"[32   ]。[33   ]"〇〇議員、SNSで同じ党のXX議員を[34]

"정치를 야비하게 한다. 벌 받을 것" 〇〇 의원 SNS에서 같은 당 XX 의원 저격

랜덤 예제

[1]は公正性、[2   ]が命だが、

사정 기관은 공정성, 형평성, 공신력이 생명인데

昨今の検察の[3   ]を、決して[4]してはいけない。

작금의 검찰의 이중잣대를 결코 좌시해선 안 될 것이다.

相当の[5]だけど[6   ]、[7]してしまった。

상당한 주당인데 그날 따라 술기운이 빨리 돌았는지 대취하고 말았다.

옛날에 NHK 뉴스에서 '쿠소야로'라는 욕을 한 국회의원더러 '야비'한 발언이라고 비난한 사람의 말을 자막으로 띄운 걸 봤습니다. 욕을 했다고 '야비한 발언'? 우리는 '야비'라는 한자어를 이렇게 쓰지 않죠. 예컨대 자신을 위해서라면, 자신의 이익을 위해서라면 비열하고 저열하고 얍삽한 짓도 서슴지 않는 사람, 교활하게 이용해 먹고 뒤통수치거나 하는 사람을 '야비한 인간'이라는 식으로 말하죠? 이렇듯 '야비'라는 한자어도 한일의 뜻과 쓰임새가 다릅니다. 그런데 한국의 국어사전을 볼까요? '야비하다'의 뜻입니다.

성질이나 행동이 야하고 천하다.
야비한 수작.
야비한 말투.
야비하게 웃다.

응? 싶은 분 많으시죠? 저도 그랬습니다. 예문에 대입시켜 보면 야하고 천한 수작, 야하고 천한 말투, 야하고 천하게 웃다? 이 자체로도 이상하지만 '야하다'는 말도 이럴 때 쓰지 않죠. 근데 '야하다'도 아마도 제가 태어나기 전의 옛날에는 지금과 다른 뜻으로도 썼던 모양입니다. 지면을 아껴야 하니 궁금하신 분은 찾아 보시기 바랍니다.

이번에는 일본의 국어사전을 봅시다.

下品で洗練された感じのないこと。田舎びていること。また，そうした人やさま。
천하고(상스럽고) 다듬어진 느낌이 없는 것. 촌스러운 것. 또는 그런 사람과 모양.
「ーな言葉を吐く(직역:야비한 말을 뱉다)」「ーな音楽(직역:야비한 음악)」

또 다른 사전에는 어떻게 나와 있는지 보시죠.

言動が下品でいやしいこと。また、そのさま。「ーな言葉遣い」
언동이 천박하고(상스럽고) 저속한 것. 또한 그러한 모양. '야비'한 말투)

한국어 야비와는 사뭇 다른 것 같죠? 특히 '야비한 음악'에서 확실히 차이가 나죠. 한국에선 음악에 대해서 '야비하다'는 표현을 하지 않잖아요. 다시 말해 일본어 '야비'는 한국어 '야비'와 뉘앙스가 다르다는 걸 여기서 알 수 있는 것이죠. 실제로 인터넷 검색을 해 보니 대부분이 '저속하다, 천하다, 품위가 없다'라는 뉘앙스로 쓰이고 있었습니다. 그러니 일본 한자어 '야비'를 번역할 때는 저속하다, 저급하다, 상스럽다, 천박하다, 비천하다, 속되다, 품위가 없다, 품격이 없다 등 문맥에 따라 적절한 걸 선택해 줘야겠죠. 참고로, 일본어 野卑는 일상의 대화에서는 거의 쓰이지 않고 소설 등에서 문어로 쓰이는 말입니다. 저도 그랬지만 일본 원서를 많이 보신 분은 몇 번쯤 접하지 않았을까 생각됩니다.

> 日 그러니 한국어 '야비'를 일본어로 번역할 때는 卑劣, 卑怯, 경우에 따라서는 狡猾 등으로 번역하시기를 권합니다.

1. 거리가 멀고 : 程遠く

이것도 「距離が遠く」라고 하면 코패니즈가 되죠.

2. 뼛속까지 우직한 남자 : 筋金入りの実直男

우리는 우직하다고 하는데 일본은 이처럼 '실직'이란 한자어를 씁니다. 그리고 일본도 愚直라는 한자어를 쓰는데 사전의 뜻풀이를 보면 상당히 부정적 뉘앙스입니다. 명경 사전은 아래와 같이 풀이하고 있는데 다른 사전들도 어슷비슷합니다.

あまりに正直すぎて、融通がきかないこと。ばか正直

그런데 실제로는 일본도 긍정적 뉘앙스로도 쓰는 모양입니다. 반면에 実直는 긍정적인 뉘앙스로 씁니다. 이 愚直의 쓰임새를 설명하는 사이트에서 말하기를 '지나치게 극단적인 実直가 愚直'라고 하더군요. 다만 그 사이트에서도 긍정적 뉘앙스로도 설명하고 있습니다.

> 日　한국 국어사전은 '우직하다'를 '어리석고 고지식하다'라는 뜻풀이를 하고 있습니다. 하지만 이 뜻풀이는 무시하셔도 됩니다. 한국에서는 거의 긍정적인 뉘앙스로 씁니다. 그리고 뜻풀이는 이렇게 해 놨지만 예문을 보면 긍정적인 뉘앙스의 예문들만 있고 부정적 뉘앙스의 예문은 없습니다. 부정적 뉘앙스로 쓰는 경우는 '너무'나 '지나치게' 등의 부사를 넣어 주는 경우입니다. 예를 들어 '저 친구는 지나치게 우직해서 융통성이 없어' 등과 같이 말이죠.

3. 野卑なところ : 투박한 면

여기서는 저속, 천박, 상스러운 등이 아니라 '투박한'이라고 하는 게 적절하다고 생각됩니다. '투박하다'의 2번 뜻풀이로 '말이나 행동 따위가 거칠고 세련되지 못하다'를 제시하고 있으니까요.

4. 산막 : 山小屋

산에 간단하게 지은 오두막을 이렇게 말합니다.

5. 험상궂은 : いかつい

험상궂게 생긴 것, 우락부락하게 생긴 걸 이렇게 표현합니다.

6. 野卑な笑い声 : 천박한 웃음소리

이 문맥에서는 '천박한'을 골라 봤습니다만 더 적절한 표현이 있다면 그렇게 하면 되겠죠.

7. 사랑스러워 보이지만 : 可憐に見えるけど

8. 눈에 뵈는 것이 없어져서 : 見境がつかなくなって

흥분하거나 해서 분별력이 없어지는 걸 위와 같이 표현합니다. 이「見境」와 비슷한 말로「見分け」가 있는데「見境」는 부정형으로 주로 쓰고,「見分け」는「見分けがつく」처럼 긍정문으로 주로 쓴다고 합니다.

9. 욕지거리를 퍼부어 댄다 : 悪態をつきまくる

막 욕을 하며 악다구니를 퍼붓는 걸 이와 같이 표현합니다.

10. 野卑な : 상스러운

여기선 '상스러운'이 가장 적절할 듯합니다.

11. 품격이 느껴지는 : 品が感じられる

일본도 '품격'이라는 한자어를 쓰지만 오히려 이렇듯 그냥 '품'이라고만 하는 경우가 많습니다.

> **日** 이렇게 쓰이는 일본어 品은 문맥에 따라 품격, 기품, 품위 등으로 다양하게 번역해야 합니다.

12. 아파트의 내 방 : マンションの自分の部屋

13. 野卑そのものだった : 저급(저품격) 그 자체였다

참고로 이 문장도 일본 사이트에 예문으로 제시된 걸 가져와서 살짝 고친 것인데, 감수자님이 部屋에 野卑라는 한자어를 쓰는 건 어색한 거 같다고 했으니 참고하세요.

14. 신분은 비록 : 身分こそ

이 '비록'이라는 단어를 사전에 잘못 설명해 놓은 바람에 이 단어의 뉘앙스 파악이 힘든 일본인이 많은 모양이더군요. 이 경우에는 이처럼「こそ」라고 해 주면 됩니다. 이것도 번역하기 상당히 까다로운 단어인데, 지면을 절약하기 위해 제 블로그에 옮겨 둡니다.

이런 문맥에서 쓰인「～こそ」는 어떻게 번역할까?

15. 행동거지 : 立ち居振る舞い

16. **野卑ではない : 천박하지 않다**

17. **ぼろぼろだったが : 누추했지만**
여기선 '너덜너덜하다'보다는 이렇게 번역해 주는 게 낫지 않을까 생각됩니다.

18. **인품은 성실 : 人柄は誠実**
일본도 '인품'이라는 한자어가 있지만 사전에만 있을 뿐일 정도로 거의 안 쓰입니다.

19. **野卑ではなかった : 천박하지 않았다**

20. **늦은 밤 변두리의 술집 : 深夜、場末の酒場**
우리가 말하는 '변두리'를 일본은 場末라고 합니다. 직역식으로 풀이하면 '장소의 끝'이라는 뜻이죠.

21. **거친 사내 : 荒くれもの**
거친 남자, 난폭한 남자를 이렇게 말합니다.

22. **난무하고 있었다 : 飛び交っていた**

23. **野卑な : 저속한**

24. **의리를 지키는 : 仁義を守る**

25. **친구 뒤통수를 치는 : 友達を裏切るような**
번역을 많이 하신 분은 느끼셨겠지만 이「裏切る」도 배신이나 배반으로 번역하면 어색한 경우가 있습니다.

26. **야비한 짓 : 卑劣な真似**

27. **겁탈한 뒤 : 乱暴した後**

28. **야비한 웃음 소리 : 卑劣な笑い声**

29. **귓전에서 맴돈다 : 耳元でこだまする**
「こだま」는 메아리를 뜻하죠. 한자는「木霊」인데 히라가나로 표기하는 걸 많이 봤습니다.

30. 포기하게 만들려면 : 辞退させるためには

상속 등을 포기하는 것도 일본은 '사퇴'라는 한자어를 씁니다.

31. 야비한 수법 : 卑劣な手口

32. 정치를 야비하게 한다 : 政治を狡猾にする

> **日** 여기선 '교활'을 선택해 봤는데 '비열'이라고 해도 된다고 생각합니다.

33. 벌 받을 것 : 罰が当たる

몰랐던 분은 罰의 읽는 법에 유의하세요. 「ばつ」라고 읽는 경우는 일반적인 '벌'일 경우고 「ばち」라고 읽는 경우는 '천벌'이라는 뉘앙스입니다.

34. 저격 : 攻撃

일본은 '저격'을 비유적으로 쓰지 않습니다.

▌ 랜덤 예제 모범 답안 ▐

1. 사정 기관 : 過ちを正す機関

일본도 「査定」라는 한자어를 쓰지만 이런 식으로 쓰지는 않습니다. 그러니 이처럼 풀어서 번역해 줘야겠죠. 1권에서 일본의 일반인들은 미술품 등의 경우 '감정'과 '사정'을 혼동하는 사람들이 있다고 했죠. 일본은 '사정'을 그런 식으로 씁니다. 손해사정인이라는 용어의 '사정'이 바로 이것인데 일본의 전문 용어를 그대로 가져다 쓰는 케이스의 하나라고 볼 수 있겠죠. '손해보험'도 마찬가지고요.

2. 형평성, 공신력 : 公平性、信頼性

일본도 '공신력'이라는 한자어를 쓰지만 한국과 달리 법률 용어로만 씁니다. 뜻과 쓰임새 또한 한국과 전혀 다릅니다. 그러니 위와 같이 의역해 줘야겠죠.

3. 이중잣대 : ダブルスタンダード

일본은 이처럼 '더블 스탠더드'라는 외래어를 씁니다. 검색해 보면 이걸 '이중 규범'이라고 해 놓은 게 있는데 일본인에게 물어보니 처음 보는 말이라는 답변이 있을 정도였습니다.

4. 좌시 : 傍観·座視

일본도 座視라는 한자어가 있지만 쓰임새가 그리 많지는 않다고 합니다. 감수자님께 이 두 한자어 중 뭘 쓰는 게 낫겠냐고 물은 결과 '방관'을 선택하시더군요.

5. 주당：辛党

한국의 일본어 사전을 찾아보면 이걸 그대로「酒党」라고 해 놨는데 일본은 이런 한자어를 쓰지 않습니다. 일본은 원래 술을 즐기고 술이 센 사람을 辛党라고 합니다. 아니, 이젠 '했습니다'라고 해야 할까요? 요즘 젊은이들은 주당 이란 뜻이 아니라 매운 걸 잘 먹는 사람이라는 뜻으로 주로 쓴다고 합니다. 아무튼 예전에는 술을 잘 마시는 사람은 단 걸 즐기지 않고 맵고 짠 걸 좋아해서 이런 뜻으로 쓰이게 됐다고 하는데 반대말은「甘党」입니다. 제가 일본어 를 공부했을 때 술 잘 마시는 사람은「上戸」, 못 마시는 사람은「下戸」라고 한다고 배웠는데, 요즘은 이 말은 잘 안 쓴다는 말을 들었습니다. 그리고「いける口」도 술 잘 마시는 사람이라는 뜻으로 쓰입니다. 그리고 술꾼, 주당 을 사람 이름에 빗댄 말로써 飲兵衛와 飲み助도 있는데 전자는 지금도 흔히 쓰이지만 후자는 모른다, 처음 봤다는 일본인이 많았습니다. 자세한 건 아래 글을 참고하세요.

주당, 술꾼은 일본어로 辛党·上戸? - 언어는 시대에 따라 변하는 것

6. 그날 따라 술기운이 빨리 돌았는지：あの日に限って酒が早く回ったのか

'그날 따라'는 위와 같이 번역해 주면 되겠습니다. 그리고 우리는 '술기운'이라고 하는데 일본은 이처럼 그냥 '술'이 라고 합니다. 또한「速く」가 아니라「早く」라는 점에도 유의하시길.

| 日 | 반대로「あの日に限って」표현을 직역식으로 하면 '그날에 한해서'가 되겠는데 뜻은 통하지만 자연 스러운 표현은 아니라고 봅니다. 혹시 '그날 따라'라는 표현을 몰랐던 분은 외워서 활용해 보시기 바랍 니다. |

7. 대취：酩酊

読み方

麓(ふもと)・漏(も)れて・清楚(せいそ)・実直(じっちょく)・愚直(ぐちょく)・野卑(やひ) 山小屋(やまごや)・見境(みさかい)・悪態(あくたい)・立(た)ち居(い)振(ふ)る舞(ま)い・場末(ばすえ) 酒場(さかば)・荒(あら)くれもの・狡猾(こうかつ)・罰(ばち)・座視(ざし)・辛党(からとう) 甘党(あまとう)・上戸(じょうご)・下戸(げこ)・飲兵衛(のんべえ)・飲み助(すけ)

한국은 거의 쓰지 않는 한자어 拮抗(길항)

何故だ。何故お前が俺と拮抗する力を… 一人では荷も負えぬ[1]が…

어째서지? 어째서 네가 [　　2　　]… 혼자서는 짐도 못 지는 **나약한 존재**가…

[3]捨てることもできん連中に…

자신을 버리지도 못하는 것들에게… 〈은혼〉

「お眼鏡にかなう」を使う人が45.1パーセント、「お目にかなう」を使う人が39.5パーセントと、かなり拮抗している。

「お眼鏡にかなう」를 쓴다는 사람이 45.1%, 「お目にかなう」를 쓴다는 사람이 39.5%로 [　　　4　　　].

[　　　5　　　]をめぐって日韓間の[6]が拮抗している。

위협 사격이냐 **레이더 조준**이냐를 놓고 한일 간 **기 싸움**이 [　　7　　].

彼らは[　　8　　]、皇室に拮抗する[　　9　　]。

그들은 **금은보화**를 잔뜩 쌓아 놓고 [　　10　　] 영화를 한껏 누렸다.

A市は、[　11　]をめぐる[　12　]が拮抗する中、[　　13　　]。

A시는 **사드 배치**를 둘러싼 **시민의 찬반**이 [　　14　　] **주민 투표**를 단행했다.

[15]は、[16]が拮抗する中で、[　　17　　]を繰り広げている。

여야는 **선거 판도**가 [　　18　　] **총력을 다한 유세전**을 펼치고 있다.

あいつは、いつも俺に拮抗的な[　19　]、今度こそ[　　20　　]。

저 자식은 항상 나한테 [　　21　　] **태도를 보이니까** 이번엔 정말 **가만 안 두겠어.**

[　　1　　]すまないけど、そのように[　2　]話さないで

얘기 도중에 **끊어서** 미안한데, 그렇게 **장황하게** 얘기하지 말고

[　　3　　]言ってくれる?[　4　]ね。

요점만 **간략하게** 말해 줄래? **단순명료하게** 말이야.

あいつは、[　5　]する性癖があるから、あいつの話は[　　6　　]。

쟤는 매사에 **호언장담**하는 [　7　]이 있으니까 쟤 얘기는 **한 귀로 듣고 한 귀로 흘려 버려**.

結婚生活[　8　]、[　9　]が[　10　]、[　11　]そうだ。

결혼 생활 시작부터 **성적 취향**이 완전히 **달라서 갈등**을 빚고 있다고 한다.

最近、韓国の若者たちは[　　12　　]、出産人口も[　　13　　]、

요즘 한국의 젊은이들은 **결혼을 꺼리는 경향**이 있고 출산 인구도 **급감 추세**에 있어서

遠くない未来に[　14　]が予想される。

머지않은 미래에 **인구 절벽 상태**가 예상된다.

[　15　]である[　16　]に[　17　]息子がいなかったので、

가문의 적자인 **큰형님**에게 **가문을 이을** 아들이 없어서

私の[　18　]を[　19　]。

제 **셋째** 아들을 **양아들**로 보냈습니다.

[　　20　　]が誕生したと[　21　]小説を読んでみたら、

일생일대의 감동의 대작이 탄생했다고 **찬양받고 있는** 소설을 읽어 봤더니

俺の作品の世界観を[　22　]だという[　23　]。

[　　24　　]을 **표절한 것**이라는 **의심을 지울 수가 없었다**.

한국은 '길항'이라는 한자어를 길항 작용, 길항제(拮抗劑) 등 전문 용어로만 쓰기 때문에 일상생활 속에서 쓸 일은 거의 없죠. 하지만 일본은 이 단어를 무척 빈번히 씁니다. 그러니 한국어를 일본어로 번역할 일은 거의 없겠지만, 일본어를 한국어로 번역할 때는 자주 접할 것이므로 어떤 문맥에서 어떤 의미로 쓰였는지를 정확히 파악해야겠죠. 한국의 국어사전 설명은 아주 심플합니다. 예문조차 없습니다.

서로 버티어 대항함.

그럼 일본의 국어사전을 볼까요? 다이지센 사전입니다.

勢力などがほぼ同等のものどうしが、互いに張り合って優劣のないこと。「―する二大勢力」
세력 등이 거의 동등한 것끼리 서로 팽팽히 맞서서 우열이 없는 것.

한국은 거의 안 쓰지만 뜻풀이도 차이가 있죠? 한국은 버티며 대항하는 걸 말하는데 일본은 '우열이 없는 것'이라는 뜻으로 쓴다는 말이죠. 그러니 번역할 때 머리 좀 굴려야겠죠? 결론적으로 '길항'이라는 한자어의 쓰임새는 일본이 훨씬 넓고, 두 세력 따위가 서로 팽팽하다, 맞먹는다, 필적한다, 버금간다, 대등하다 등의 뉘앙스로 쓰이는 데 반해 한국은 '길항'이라는 한자어의 쓰임새가 극히 국한돼 있다시피 한, 바꿔 말해 일상생활에서 쓰일 일이 거의 없는 한자어라는 사실입니다.

| 日 | 말씀드렸다시피 한국에서는 일상생활에서의 쓰임새는 거의 없는데 글 좀 쓴다는 분들, 소위 논객이라 불리는 분들의 경우 '길항 작용'이라는 말을 비유적으로 쓰는 예는 더러 있습니다. |

1. 나약한 존재 : 脆弱な存在

일본도 '취약'이라는 한자어의 뜻풀이는 한국과 비슷하지만 이처럼 깔보는 뉘앙스로 쓰는 걸 자주 접했습니다. 제가 이 예문을 제시하면서, 여기서 쓰인 '취약'은 조금 깔보는 뉘앙스로 쓴 게 맞냐고 질문하니까 아래와 같은 답이 돌아왔습니다.

そうです。相手の弱さを強調し、見下すような意味で使われています。

'상대의 약점을 강조해서 얕잡아보는 뜻'으로 쓰인다는 것이죠. 그러니 일본어 '취약'을 번역할 때도 문맥을 잘 살펴서 번역해야 한다는 결론이죠.

| 日 | 한국에서는 '취약'을 이런 문맥에서 쓰면 어색합니다. 감염 취약 계층, 사회 취약 계층 보호 대책이 시급하다, 불에 취약하다, 추위에 취약하다, 취약한 (신체)부위 등, '연약'과 마찬가지로 이런 문맥에서와 같은 부정적 의미로 쓰는 일은 거의 없습니다. 그러니 일본어 '연약'과 '취약'이 이처럼 약간 깔보는 뉘앙스로 쓰였을 때는 '나약'으로 번역하시기를 권합니다. |

2. 俺と拮抗する力を : 나와 맞먹는 힘을

일본은 '길항'이라는 한자어를 이런 뉘앙스로도 쓴다는 것이죠.

3. 자신을 : 己を

4. かなり拮抗している : 상당히 대등한 상태다

여기서는 '대등한'이 적절할 듯합니다. 더 나은 번역이 있다면 그렇게 해 주면 되겠죠.

5. 위협 사격이냐 레이더 조준이냐 : 威嚇射撃か、レーダー照射か

6. 기 싸움 : にらみ合い

한국어 '기 싸움'은 직역할 방법이 없죠. 저는 위와 같은 번역을 제안합니다.

7. 拮抗している : 팽팽한 상태다

8. 금은보화를 잔뜩 쌓아 놓고 : 金銀財宝をたくさん貯め込んでおいて

9. 영화를 한껏 누렸다 : 栄華を極めた

일본어 「極める」도 문맥에 따라 번역하기 까다로운 경우가 많죠. 여기서는 '한껏 누렸다'는 번역을 선택해 봤습니다.

10. 皇室に拮抗する : 황실에 맞먹는(버금가는)

11. 사드 배치 : THAADの配備

12. 시민의 찬반 : 市民の賛否

일본은 '찬반'이 아니라 이렇게 말합니다. 참고로 1권에서 다뤘던 일본 한자어 安否도 이런 용법에 해당하는 겁니다. 즉, '안전 여부'라는 뉘앙스인 것이죠.

13. 주민투표를 단행했다 : 住民投票に踏み切った

일본어 복합어는 번역하기 까다로운 경우가 정말 많죠. 이건 문맥에 따라 '단행하다'라는 뉘앙스로도 씁니다.

14. 拮抗する中 : 팽팽한 가운데

15. 여야 : 与野党

16. 선거 판도 : 選挙の勢力図

일본도 「版図」라는 한자어가 있는데 읽는 법은 「はんず」가 아니라 「はんと」입니다. 그리고 한국과는 조금 다른 뉘앙스로 쓰이는 걸 발견한 적이 많습니다. 그리고 일본은 선거의 경우 이렇게 '세력도'라는 단어를 자주 쓰더군요.

17. 총력을 다한 유세전 : 総力を尽くした遊説合戦

한국의 선거 소식을 전하는 일본인의 기사에서 이렇듯 '유세합전'이라고 번역해 놓은 걸 몇 차례 발견했고 번역이 아니라도 이렇게 쓰인 걸 여러 번 발견했습니다.

18. 拮抗する中で : 팽팽한 가운데

19. 태도를 보이니까 : 態度を示すから

일본도 이 경우 「見せる」라고도 하지만 이렇게도 말합니다.

20. 가만 안 두겠어 : ただじゃ置かない

가만 안 둔다, 가만두지 않는다는 표현을 일본은 이렇게 하니까 몰랐던 분은 외워 두시기 바랍니다.

21. 拮抗的な : 대항적인

이 경우는 대항적, 적대적 등으로 번역 가능할 것 같습니다. 또 문맥에 따라서는 '맞먹으려는 태도'라고 해 줄 수도 있겠고요.

랜덤 예제 모범 답안

1. 얘기 도중에 끊어서 : 話の腰を折って

얘기를 끊는 걸 일본은 이처럼 '얘기 허리를 자르다'라고 합니다.

2. 장황하게 : 冗長に

3. 요점만 간략하게 : 要点だけ手短に

이 「手短に」는 얘기 등을 짧게, 간략하게 하라고 말할 때 흔히 쓰는 표현이죠.

4. 단순명료하게 : 単純明快に

5. 매사에 호언장담 : 何事にも大言壮語

2권에서 다룬 거 복습하는 의미로.

6. 한 귀로 듣고 한 귀로 흘려 버려 : 聞き流しちまえ

이걸 직역해도 의미는 통할 수 있지만 일반적인 표현은 아닙니다. 일본은 위와 같이 말하는 게 자연스럽습니다.

7. 性癖 : 성향, 버릇

따라서 원래의 의미로 쓰였을 때는 이렇게 번역해 줘야겠죠.

8. 시작부터 : 早々から

9. 성적 취향 : 性的嗜好·性癖

일본어 '성벽'은 원래 다른 뜻이지만 이런 의미로 쓰는 일본인들이 엄청나게 많으니 답안으로도 제시했습니다. 그리고 일본은 '취향'이라는 한자어의 쓰임새가 한국과 다르므로 이처럼 '기호'라는 한자어를 씁니다.

10. 완전히 달라서 : まるで違って

일본어「まるで」는 부정형과 같이 쓰일 때는 완전, 전혀 등의 뜻으로 쓰입니다.

11. 갈등을 빚고 있다 : 確執を生じている

여기서 쓰인 '빚다'를 그대로「かもす」라고 하면 부자연스럽습니다. 다시 말씀드리지만 사전에 나와 있는 뜻풀이는 한계가 많습니다.

12. 결혼을 꺼리는 경향이 있고 : 結婚を渋る傾向があり

「渋る」는 일 같은 게 순조롭게 진행되지 않는다는 의미로도 쓰고 이와 같이 꺼리다, 주저하다, 내키지 않아 하다 등의 뜻으로 쓰이는 말이죠.

13. 급감 추세에 있어서 : 急減する傾向にあるため

'경향'의 쓰임새 차이에 관해선 2권에서 다뤘죠. 그러니까 바로 위에서 나온「傾向がある」와「傾向にある」의 '경향'은 뉘앙스가 다르다는 점. 그리고 이 '추세'라는 한자어의 쓰임새도 미묘하게 다른데 다음 표제어로 자세히 살펴보겠습니다.

14. 인구 절벽 상태 : 人口の超激減状態

15. 가문의 적자 : 一族の嫡男

일본도 '가문'이라는 한자어가 사전에 있던데 우리처럼 흔히 쓰는 단어가 아닙니다.

16. 큰형님 : 長兄

일본은 '큰형님'이라는 뜻으로 이처럼 '장형'이라는 한자어를 씁니다.

17. 가문을 이을 : 家督を継ぐ

가문을 잇는다고 할 때의 '가문'을 일본에선 이처럼 '가독'이라고 합니다.

> 日　국어사전을 찾아보니 '가독'이 실려 있던데 사어라고 보시면 됩니다. 오늘날의 한국 사람한테 "가독을 이을 장남입니다"라고 하면 알아듣는 사람 없을 겁니다.

18. 셋째 아들 : 三男

일본은 셋째 아들(딸)부터는 이처럼 三男(女), 四男(女)… 등으로 표현합니다.

> 日　한국은 예컨대 '우리 집은 3남 2녀예요'라는 식으로 말할 때만 숫자를 씁니다.

19. 양아들로 보냈습니다 : 養子に出しました

여기서도 「送る」라고 하지 않고 이처럼 해야 자연스럽습니다. 그리고 「里子」라는 것도 있는데 이건 한국어 '양자/양아들'의 개념과는 다릅니다. 아이를 기를 형편이 못 되는 사람이 타인에게 양육을 맡기는 것으로서 친자 관계는 유지가 됩니다. 그리고 발음이 「こ」가 아니라 「ご」라는 점.

20. 일생일대의 감동의 대작 : 一世一代の感動巨編

21. 찬양받고 있는 : 称えられている

일본은 '찬양'이라는 한자어를 쓰지 않으니 위와 같이 번역해 줘야겠죠. 「褒め称える」라고도 합니다.

22. 표절한 것 : 盗用したもの

일본은 '표절'이라는 한자어를 안 쓰니 이렇게 해 줘야겠죠.

23. 의심을 지울 수가 없었다 : 疑いを拭えなかった

일본은 이렇듯 닦다, 씻다 등의 뜻인 「拭う」를 씁니다.

24. 俺の作品の世界観 : 내 작품의 설정

이 '세계관'이라는 말의 오용은 한국까지 퍼졌는데, 일본에서도 이런 뜻으로 쓰는 건 오용이라고 말하는 사람이 많습니다. 이 역시 '흑막'처럼 오용 사례가 널리 퍼져 버린 상태라고 보는데, 세월이 지나서 거의 모든 사람이 오용된 뜻으로 알고 쓰게 되는 날이 온다면 어쩔 수 없겠지만, 적어도 오용임을 알고 있는 사람들이 존재하는 한 번역가는 번역에 신중할 필요가 있겠죠.

皇室(こうしつ)・脆弱(ぜいじゃく)・拮抗(きっこう)・己(おのれ)・栄華(えいが)・勢力図(ず)
遊説(ゆうぜい)・冗長(じょうちょう)・手短(てみじか)に・渋(しぶ)る・嫡男(ちゃくなん)
長兄(ちょうけい)・里子(さとご)・称(たた)えられて・盗用(とうよう)・拭(ぬぐ)えなかった

한국은 추세(趨勢)라는 말을 이렇게 쓰지 않는데…

SNSの使用者が趨勢を占める今、[　　1　　]

SNS 사용자가 [　　2　　] 지금, **사용하지 않는 노년층**,

特に[　3　]の場合、社会から[　4　]を感じることが多い。

특히 **독거 노인들의 경우** 사회로부터 **단절감을** 느끼는 일이 많다.

[　5　]現象が頻発している上、世界的な趨勢に後押しされ

이상 기후 현상이 빈발하고 있는 데다, [　　6　　]

[　　7　　]政策を[　8　]させることにした。

친환경 에너지 정책을 앞당겨 실현시키기로 했다.

[　　9　　]でも、政府の機敏な対応と

코로나 사태 한복판에서도 정부의 기민한 대응과

[　　10　　]で、韓国の経済は[　　11　　]。

국민들의 일치단결된 호응으로 한국 경제는 상승일로를 걷는 추세에 있다.

この作品で彼女は、権力や時代の趨勢に[　12　]

이 작품에서 그녀는 권력과 [　　13　　]에 **아첨하지 않고**

[　　14　　]ヒロインを演じている。

의연한 삶을 살아가는 여주인공을 연기한다.

[　　15　　]によって国境を封鎖する国が急増している中

역대급 전염병의 창궐로 인해 국경을 봉쇄하는 나라가 급증하고 있는 가운데

観光業界の[　　16　　]という意見が趨勢を占めている。

관광업계의 **미래에 암운이 드리웠다는** [　　17　　].

終わりに、[1]、祖国を守るために[2]戦没者の[3]と、

끝으로 **다시 한 번** 조국을 지키기 위해 **장렬히 산화하신** 전몰자 **영령들께 영원한** 안식과,

ご遺族の皆様には[4]、[5]。

유족 여러분들께는 **많은 행복을 기원하면서 식사를** 갈음하겠습니다.

[6]から有害化学物質が検出されたことが[7]

고객 사은품에서 유해 화학 물질이 검출됐다는 **논란이 일자,**

会社側は製品を[8]すると発表した。

회사 측은 제품을 **전량 수거**하겠다고 발표했다.

[9]して私の[10]食堂で食べるのは無理なので、

음식값이 폭등해서 제 **박봉으로는** 식당에서 사 먹는 건 무리라서

コンビニ弁当で[11]。

편의점 도시락으로 **점심을 해결하고 있어요.**

物価に[12]。政府は、今年の[13]電気および

물가에 **비상이 걸렸다.** 정부가 올해 **하반기** 전기 및

[14]を検討するという[15]。

가스 요금 동결을 검토하겠다는 **방침을 분명히 밝혔다.**

庶民の[16]の価格が[17]〇〇ウォン。

서민들의 **대표 음식인 짜장면** 가격이 **지난 달 기준** 〇〇원.

[18]に庶民の[19]。

물가 고공 행진에 서민들의 **시름이 깊어지고 있다.**

제가 '추세'라는 한자어의 쓰임새도 다르구나 하고 느낀 건 바로 첫 번째 예제에 나오는 「趨勢を占める」라는 표현을 접하고부터입니다. 추세를 점한다? 차지한다? 한국어로서는 많이 어색하죠. 그래서 처음엔 아마도 오용이 아닐까 했습니다만 그래도 조사를 해 보자 싶어서 검색을 했더니 실제로 쓰고 있는 사례도 꽤 되고, 더욱이 이 표현에 대해 설명하고 있는 사이트도 있더군요. 다만 우리는 한자를 안 쓰니 별로 상관이 없지만, 일본은 한자를 쓰니까 가급적 어려운 한자어는 피하는 경향이 있죠. 그래서 방송국 등의 자막에는 「すう勢」라고 표기하는 경우도 있습니다. 그래서인지 이 '추세'라는 한자어를 자주 쓰느냐고 일본 사이트에 질문을 던졌더니 몇 명이 안 쓴다고 단정적으로 말하더군요. 하지만 한 사이트에서는 다른 사람이 답변을 달아서 「普通に使います」라고 하더군요. 그리고 답변해 준 일본인들 중에 앞서 말한 몇 명을 제외하고는 대부분이 쓴다고 했고요. 어휘력의 차이에 따라 모르는 사람도 있는 모양인데 흔히는 아니라도 쓰는 건 분명합니다.

다만 일본에서 '추세'라는 한자어는 주로 「時代の趨勢」, 「社会の趨勢」, 「戦争の趨勢」처럼 「○○の趨勢」라는 형태로 쓰는 경우가 많다고 합니다. 제가 「〜〜趨勢にある」라는 식으로 말하는지를 물으니 그런 표현은 생소하다는 사람이 있었고, 안 쓴다는 사람도 있더군요. 하지만 이 역시도 검색을 해 보면 쓰고 있는 사례가 많이 나옵니다. 논문이나 신문 기사 같은 데서도 발견이 되고요. 하지만 쉽지 않은 한자어임은 분명한 것 같으니 '추세에 있다'라는 한국어 표현은 「傾向にある」라는, 일상에서도 흔히 쓰고 접하는 표현으로 번역해 주는 게 낫지 않을까 싶습니다.

1. 사용하지 않는 노년층 : 使用していない高齢者層

여기서도 '테이나이'로 쓰죠. 그리고 일본도 '노년층'이라는 말을 쓰긴 하는데 뉴스나 신문 같은 데서는 피하는 경향이 있는 것 같습니다. 그리고 '고령층'의 나이를 65세 이상이라고 설명하고 있는 걸 발견했는데 일본 문화청이 조사해 봤더니 70세 이상이라고 응답한 사람들의 비율이 가장 많았다고 하니 참고하시길.

2. 趨勢を占める : 다수를 차지하는

해설에서 언급했듯이 처음 이 표현을 접했을 때는 오용이라고 생각했지만 실제로 쓰고 있다는 사실. 그리고 이 표현은 대세를 차지한다, 다수를 차지한다 등의 뉘앙스라는 점.

3. 독거 노인 : 一人暮らし高齢者

4. 단절감 : 疎外感

일본인에게 '단절감'이란 말을 일본도 자주 쓰느냐고 물으니 한마디로 「使いません」이라더군요. 그래서 검색한 결과를 보여주니까, 문어로는 쓰는지 모르겠는데 자신은 '단절된 듯한 느낌'이라는 표현은 해도 '단절감'이라는 하나의 단어로 쓰는 건 본 적이 없다고 하더군요. 또한 블로그에서 제가 소개한 사전은 물론 3개의 인터넷 사전에도 올라 있지 않습니다. 그러니 가급적이면 '소외감' 정도로 의역하는 게 낫지 않을까 싶습니다.

5. 이상 기후 : 異常気象

일본은 이처럼 '기상'이라고 합니다.

6. 世界的な趨勢に後押しされ : 세계적 추세에 힘입어

여기서는 그대로 '추세'라고 해도 되겠죠. 그리고 일본어 「後押し」도 문맥에 따라 유연하게 번역해 줘야 하는 표현인데 여기서는 '힘입어'라는 역어를 선택해 봤습니다. 문맥에 따라서는 '뒷받침'이라고 해 줄 수도 있겠고요.

7. 친환경 에너지 : エコエネルギー

8. 앞당겨 실현 : 繰り上げて実現

기간 같은 걸 앞당기는 걸 위와 같이 말합니다. 미루는 건 「繰り下げる」라고 하죠.

9. 코로나 사태 한복판 : コロナ禍の真っ只中

10. 국민들의 일치단결된 호응 : 国民の一致団結した協力

일본은 '호응'이라는 한자를 이런 맥락에서 쓰지 않습니다. 감수자님 의견도 마찬가지였습니다. 그리고 다른 한자어로는 「同調」를 제시해 줬습니다. 아무튼 그러니 위와 같이 의역해 줘야겠죠. 그리고 여기서도 '스루'라고 하죠.

11. 상승일로를 걷는 추세에 있다 : 上昇の一途を辿る傾向にある

일본은 이처럼 '상승의 일도'라고 표현합니다.

12. 아첨하지 않고 : 媚びずに

13. 時代の趨勢 : 시대의 추세

> 日 이 경우에는 그대로 '추세'라고 해도 자연스럽습니다.

14. 의연한 삶을 살아가는 : 毅然とした生き方をしている

이 '의연'이라는 한자어도 「毅然な」가 아니라 위와 같이 말한다는 점. 그리고 「生き方」도 문맥에 따라서는 '삶의 방식'이라고 하는 게 적절할 때도 있지만 그냥 위와 같이 번역하는 게 자연스럽습니다. 참고로 감수자님은 「毅然 と生きる」라고 고쳐 주셨는데 위와 같이 쓰는 걸 여러 번 봤고, 또 확인차 두 번에 걸쳐서 질문해 봤는데 모두 자연스럽다는 답변이었습니다. 감수자님은 저게 더 낫다고 생각해서 고치신 모양이니 참고하시기 바랍니다.

15. 역대급 전염병의 창궐 : 歴代最悪とも言われる感染症の蔓延

블로그에도 썼듯이 일본은 '전염병'이라는 말을 동물이나 가축의 경우에만 사용하기로 바뀌었다는 점. 그리고 '창 궐'이라는 한자어가 아니라 이처럼 '만연'이라고 하는 게 일반적이라는 점.

16. 미래에 암운이 드리웠다 : 未来に暗雲が立ち(垂れ)込めている

17. 意見が趨勢を占めている : 의견이 대세를 이루고 있다

이 문맥에서는 '다수를 차지한다'보다는 위와 같이 번역하는 게 더 자연스러울 것 같습니다.

랜덤 예제 모범 답안

1. 다시 한 번 : 今一度

'다시 한 번'이라는 말을 위와 같이도 말합니다. 일상생활에서보다는 비즈니스 장면 등 조금 딱딱한 뉘앙스로 쓰인 다고 하니 참고하시길.

2. 장렬히 산화하신 : 壮絶に散華された

어떤 대상이나 목적을 위해 목숨을 바친다는 뜻인 이 '산화'라는 한자어를 우리는 순국 선열 등의 국가 기념식 같은 데서 비교적 드물지 않게 접하는 말인데 오늘날의 일본에서는 거의 쓸 일이 없는 모양입니다. 일본인에게 물어봤더 니 1945년 이후에 전쟁을 못 하는 나라가 됐기 때문에 쓸 일도 접할 일도 없기 때문이라는 말을 하더군요. 그래서 요즘은 '꽃을 뿌리다'는 뜻의 불교 등의 용어로만 알고 있는 젊은이도 많은 모양입니다. 그래서인지 감수자님도 이 걸 「壮烈な戦死を遂げた」라고 고쳐 놨더군요. 하지만 전쟁 관련 뉴스 보도나 문서 등에서는 쓰인 사례가 많이 발견됩니다.

3. 영령들께 영원한 안식 : 御霊に永久の安らぎ

일본은 '영령'이라는 한자어가 아니라 위와 같이 말하는 게 일반적입니다.

> 日 　한국도 '영구'라는 한자어를 쓰지만 쓰임새 폭이 좁습니다. 이 경우는 '영원'이라고 하는 게 자연스럽 습니다.

4. 많은 행복을 기원하면서 : ご多幸を祈念し

일본어 '다행'은 이처럼 많은 행복, 큰 행복이라는 뜻입니다. 그리고 「祈念」은 복습이죠.

5. 식사를 갈음하겠습니다 : 式辞といたします

이 '갈음하다'의 사전적 뜻은 '다른 것으로 바꾸어 대신하다'입니다. 그리고 사전의 예문으로도 '여러분과 여러분 가정에 행운이 가득하기를 기원하는 것으로 치사를 갈음합니다'라고 나와 있듯이 사실상 식사, 연설(스피치) 같은 걸 '마친다'는 뜻으로 관용적으로 쓰는 게 현실이죠. 반면 일본은 위와 같이 말하는 게 정형화된 표현이니 그냥 통째로 외우세요.

6. 고객 사은품 : 顧客ノベルティー

일본은 '사은품'이라는 한자어를 안 쓰고 위와 같이 novelty라는 외래어를 씁니다. 그리고 문맥에 따라 「贈呈品」, 「プレゼント」, 「景品」 등의 용어를 사용합니다.

7. 논란이 일자 : 問題化されると

8. 전량 수거 : 全品回収

이 경우도 일본은 '회수'라고 합니다. 그리고 이 역시 저도 코패니즈 한자어를 쓴 사례에 해당하는데 '전량'이라고 해서 보냈더니 감수자님이 '전품'으로 수정해 주셨습니다. 확인차 일본인에게 질문한 결과도 같았습니다.

9. 음식값이 폭등 : 食べ物の値段が高騰

10. 박봉으로는 : 安月給(薄給)では

일본은 급료, 월급의 '급'을 써서 '박급'이라는 한자어를 씁니다. 이 둘 중에 어떤 것의 사용 빈도가 더 높냐는 질문에 3명이 답변을 달았습니다. 결과는 모두가 둘 다 사용 빈도는 비슷하다는 답변이었는데 한 사람은 개인적으로는 「安月給」를 더 많이 쓴다, 또 한 사람은 「薄給」는 조금 딱딱한 느낌이 있다고 했으니 참고하세요.

11. 점심을 해결하고 있어요 : 昼飯を済ませています

12. 비상이 걸렸다 : 赤信号が灯った

일본은 '비상'이라는 한자어를 이런 비유적 의미로는 쓰지 않습니다.

13. 하반기 : 下半期

14. 가스 요금 동결 : ガス代の据え置き

일본은 이 경우 '동결'이라는 한자어를 안 쓰고 위와 같이 말합니다. 「据え置く」는 움직이지 않게 놓아 두는 것, 거치하는 것, 가격 같은 게 변동하지 않게 묶어 두는 것 등을 의미하는 말이죠. 몰랐던 분들은 이참에 외워 두시기 바랍니다.

15. 방침을 분명히 밝혔다 : 方針を鮮明にした

16. 대표 음식인 짜장면 : 定番料理であるジャージャー麺

이 定番도 꽤 번역이 까다로운 일본어죠. 대표 음식, 간판 요리 등의 뜻으로 위와 같이 번역해 주면 되겠습니다.

> **日** 한국은 일본에 비해 '요리'라는 한자어의 쓰임새 폭이 좁습니다. 떡볶이나 라면, 짜장면 같은 걸 '요리'라고 하지는 않습니다. 다만, 음식을 잘한다, 음식 솜씨가 좋다는 뜻으로 '요리를 잘한다'고 할 때는 이와 같은 음식을 포함한 전반적인 요리 솜씨가 좋다는 의미로 씁니다.

17. 지난 달 기준 : 先月で

여기서도 '기준'을 그대로 번역하면 어색한 일본어가 됩니다.

18. 물가 고공 행진 : 物価の高止まり

앞서 살펴봤듯이 물가, 주가 등 경제 관련해서는 「高止まり」라는 표현을 씁니다.

19. 시름이 깊어지고 있다 : 憂いが深まっている

일본어 「憂い」는 시름, 근심, 걱정이라는 뜻이죠. 다만 「憂いを帯びた〜」라는 표현의 경우는 '우수'라는 뜻으로 쓴다는 점도 복습하고 넘어갑시다.

読み方

機敏(きびん)・封鎖(ふうさ)・戦没者(せんぼつしゃ)・庶民(しょみん)・趨勢(すうせい)
疎外感(そがいかん)・後押(あとお)し・真(ま)っ只中(ただなか)・毅然(きぜん)とした・蔓延(まんえん)
散華(さんげ)・御霊(ごりょう)・多幸(たこう)・安月給(やすげっきゅう)・薄給(はっきゅう)
赤(あか)信号が灯(とも)った・据(す)え置き・定番(ていばん)・高止(たかど)まり・憂(うれ)い

쓰임새가 완전히 변해 버린 일본어 '파렴치'

こんな[1]**外**で[2]を。[3]破廉恥でごじゃります!

이런 **백주 대낮부터** 밖에서 **난잡한 짓**을. 정말이지 [　　　4　　　].〈슈가슈가룬〉

[　　　5　　　]とは。そのような破廉恥なことはできませぬ。

사람들 다 보고 있는데 **입맞춤**이라뇨. 그런 [　6　]은 못 하옵니다.

[　7　]破廉恥なことをした**男女**が、[　8　]で**逮捕**された。

대낮에 보란듯이 [　9　]을 한 남녀가 **공연음란죄**로 체포됐다.

あらゆる[　10　]を**犯して**おいて[　　　11　　　]は

온갖 **비리와 부정**을 저지르고도 오히려 뻔뻔하게 구는 파렴치한 정치인은

政界から**永久**に[　　　12　　　]。

정계에서 영구히 **퇴출시켜야 합니다**.

랜덤 예제

〇〇**政権**の[1]**以来**、**日韓関係**が**急速**な[　　　2　　　]。

〇〇 정권 **출범** 이래 한일 관계가 급속한 **해빙 모드로 들어가는 중**이다.

前政権の「[　3　]」**原則**は[　　4　　]。

전 정권의 '**먼저 과거사 반성**' 원칙은 **헌신짝처럼 버린 것인가**.

いくら**与党**であっても、**国会**は**政府**に**対する**[5]を[　6　]

아무리 여당이라도 국회는 정부에 대한 **감시 기능**을 **소홀히하면 안 되는데도**

今の**与党**は[　　　7　　　]。

지금의 여당은 **대통령이 시키는 대로 다 한다**.

[8]、[9]超富裕層の[10]実態を告発しているが、

이 책에서는 나라를 좀먹는 초부유층의 세금 탈루 실태를 고발하고 있지만,

[11   ]にすぎない。

그 역시 빙산의 일각에 불과하다.

ホテルの[12]を確認した結果、3人が[13   ]。

호텔 투숙객 명단을 확인한 결과 3명이 용의선상에 올랐습니다.

この映画は、同じ[14]多様な[15]の哀歓と[16]で、

이 영화는 같은 아파트에서 사는 다양한 인간 군상들의 애환과 희비를 그린 작품으로서

まさにブラックコメディの[17]を見せてくれる。

그야말로 블랙코미디의 진면목을 보여준다.

今朝開かれた[18]で、大統領は[19   ]ために、

오늘 아침 열린 국무회의에서 대통령은 공직 사회의 기강을 바로잡기 위해

[20]を[21]指示した。

비리 공무원을 발본색원하라고 지시했다.

[22   ]ことが発覚して[23]された。

소득을 은폐하고 세금을 탈루한 사실이 발각돼서 체포영장이 발부됐다.

[24   ]された韓国は、先進国と[25]をつなぐ

공식적으로 선진국으로 격상된 한국은 선진국과 개도국을 잇는

[26   ]国際社会のリーダーの役割を遂行するために

가교 역할을 넘어 명실상부한 국제 사회의 리더 역할을 수행하기 위해

[27   ]と発表

전심전력을 바치겠다고 발표.

'파렴치'라는 한자어는 원래는 한국이나 일본이나 그 뜻이 비슷하지만 오늘날 일본인들은 한국과 사뭇 다른 뜻으로 쓰고 있습니다. 한국의 국어사전은,

염치를 모르고 뻔뻔스러움

다음은 일본의 국어사전을 보실까요? 코지엔 사전입니다.

① 恥を恥とも思わないこと。恥知らず。鉄面皮。厚顔無恥。「―漢」
② 不正・不徳の行いをすること。「―な振舞い」

부끄러운 짓을 부끄럽다고조차 생각하지 않는 것, 그리고 부정하고 부도덕한 행동을 하는 것. 1번 뜻풀이의 비슷한말로는 철면피, 후안무치를 제시하고 있네요. 이렇게 보면 원래 뜻은 한국이나 일본이나 어금버금이군요. 하지만 중요한 것은 일본의 경우 실생활에서는 한국과 아주 다른 뜻으로 쓰이고 있다는 사실입니다. 예를 들면 어떤 예능 프로에서 사람들이 다 보는데 어떤 개그맨이 옷을 벗고 있는 것을 보고 「破廉恥」라고 하더군요. 또한 개그우먼 오쿠보 카나코 씨가 술 취해서 치하라 주니어 씨한테 엉덩이를 들이미는 걸 보고도 「破廉恥」라는 단어를 사용하더군요. 감이 잡히시나요? 그러니까 일본은 '파렴치'라는 한자어를 성적으로 민망한 행위, 나아가서는 난잡하고 문란한 행위를 할 때 쓰고 있다는 겁니다. 이에 관해 일본 블로그에 글을 썼더니 블로그 이웃분께서, 1968년부터 연재가 시작된 「ハレンチ学園」이라는 만화, 직역하자면 '파렴치 학원'이라는 만화에서 성적으로 야한 내용을 그렸는데 이로 인해 '파렴치'라는 한자어가 성적인 뉘앙스로 쓰이게 된 게 아닌가 '추측'한다더군요. 이 만화가 시초이든 아니든 지금 일본인들은 '파렴치'라는 한자어를 성적인 뉘앙스로 쓰고 있는 게 현실이란 것이죠.

| 日 | 한국에서도 '파렴치'라는 한자어는 사전의 뜻풀이와는 살짝 다르게 쓰이는데, 일본은 뜻이 변해서 성적인 뉘앙스가 내포돼서 쓰이지만 한국의 경우는 성적인 뉘앙스로는 전혀 쓰이지 않고, 부도덕한 짓, 인륜에 어긋나는 짓, 아주 비열한 짓, 사악한 짓을 저지르고도 뻔뻔하게 구는 사람한테 '파렴치한 인간'이라는 식으로 씁니다. 예를 들어서 국어사전의 예문으로 제시한 '그는 착하고 순진한 사람을 등쳐 먹고 사는 파렴치한 인간이다'의 경우 '염치를 모르고 뻔뻔한 인간'이라는 뜻풀이와는 살짝 거리가 있다고 봅니다. '염치'라는 한자어의 한일 간 쓰임새 차이도 있는 것이죠. 또한 국어사전의 예문에 있는 '파렴치한 범죄'라는 표현 역시 염치를 모르고 뻔뻔한 범죄라는 뜻으로 해석하면 실제로 쓰이고 있는 뉘앙스와는 다른 뉘앙스가 됩니다. 한국에서는 "염치 없는 부탁입니다만…"이라는 식으로 종종 쓰지만 일본은 '염치'라는 한자어를 이렇게 쓰지 않죠? |

1. 백주 대낮부터 : 真昼間から

그냥 昼間라고 하면 낮, 대낮인데 真昼間라고 하면 어감이 좀 더 강해지죠.

> 日　한국은 '백주'와 '대낮'을 짝지어서 씀으로써 어감이 강조되는 효과가 있습니다.

2. 난잡한 짓 : みだらなこと

> 日　'난잡하다'는 말은 성적인 것이 아닌 경우에도 쓰는데, 성적으로 난잡하다는 뜻으로도 씁니다.

3. 정말이지 : まったくもって

이 표현 몰랐던 분은 이참에 외워 두시길.

4. 破廉恥でごじゃります : 낯뜨거운 짓입니다요

그러니 일본어 '파렴치'는 이렇게 의역해 줄 수가 있겠죠.

5. 사람들 다 보고 있는데 입맞춤 : 衆人環視の中で接吻

> 日　한국도 '중인환시'라는 사자성어가 있지만 그 쓰임새의 폭은 아주 좁은 편입니다. 이 사자성어를 모르는 사람도 꽤 될 겁니다. 일본만큼 빈번히 쓰지는 않기 때문에 위와 같이 풀어서 번역해 주는 게 낫다고 생각합니다.

6. 破廉恥なこと : 문란한 짓

이 문맥에서는 '문란'이라는 한자어를 택해 봤습니다.

7. 대낮에 보란 듯이 : 白昼堂々と

> 日　「堂々と」는 '당당하게'라고 번역되는 말이지만 한국에서는 이런 문맥에서 '당당하게'를 쓰는 건 어색합니다. 이 또한 쓰임새 차이가 있다는 말이죠. 문맥에 따라서는 '대놓고' 등으로 번역할 수도 있겠습니다. 최근에 번역한 작품의 대사로서 「効内で堂々と公然わいせつ!」라는 게 나오는데 이 경우 저는 '대놓고'라고 번역했습니다. 또한 '공연외설'도 당연히 '풍기 문란'이라고 했고요. 바로 아래 퀴즈에 나오듯이 정식 법률 용어는 '공연음란'이지만 일상생활에서 이렇게 말하는 사람은 없을 테니까요.

8. 공연음란죄 : 公然わいせつ罪

9. **破廉恥なこと：음탕(문란)한 짓**

일본어 '파렴치'는 이런 식으로 적절히 의역해 주면 되겠죠.

10. **비리와 부정：腐敗と不正**

11. **오히려 뻔뻔하게 구는 파렴치한 정치인：開き直る厚顔無恥な政治家**

이 문맥에서는 '후안무치'가 적절할 듯합니다.

12. **퇴출시켜야 합니다：追放しなければなりません**

> 日 | 한국에선 '퇴출하다' 자체를 타동사로 쓰고 있지만 이처럼 사역동사 형태로도 씁니다.

랜덤 예제 모범 답안

1. 출범：発足

2. 해빙 모드로 들어가는 중이다：雪解けモードに入りつつある

일본은 이때 '해빙'이라는 한자어가 아니라 이처럼 '눈이 녹는 모드'라고 표현합니다.

3. 먼저 과거사 반성：先に過去の歴史の反省

일본은 '과거사'라는 용어를 쓰지 않습니다.

4. 헌신짝처럼 버린 것인가：あっさり捨てたのか

「弊履のごとく」라는 표현도 옛날에 한창 공부할 때 외웠던 건데, 일상생활에서 쓸 일은 거의 없다고 하는군요. 弊는 해질 폐, 履는 신발(履物)이라는 뜻이죠. 감수자님께 물어보니 위와 같은 번역을 제시해 주셨습니다.

5. 감시 기능：チェック機能

일본은 정부에 대한 국회의 '감시' 기능을 이렇게 '체크'라는 외래어로도 표현하더군요.

6. 소홀히하면 안 되는데도：疎かにしてはならないのに

7. 대통령이 시키는 대로 다 한다：大統領の言いなりになっている

8. 이 책에서는：同書では

9. 나라를 좀먹는 : 国を蝕む

「虫食む」라고 표기하기도 하는데, 한마디로 벌레 먹는다는 말이죠.

10. 세금 탈루 : 脱税

11. 그 역시 빙산의 일각 : それもまた氷山の一角

12. 투숙객 명단 : 宿泊者名簿

일본은 이처럼 숙박객, 숙박자라고 하는 게 일반적입니다. 그리고 '명부'와 함께 쓸 때는 '숙박자 명부'라고 하는 게 거의 정형화된 표현이라고 합니다.

13. 용의선상에 올랐습니다 : 捜査線上に浮かびました

일본은 '용의선상'이라는 표현을 하지 않고 이처럼 '수사선상'이라고 합니다.

14. 아파트에서 사는 : マンションで暮らす

15. 인간 군상들 : 人間群像

'군상'의 경우도 복수라고 보기 때문에 한국처럼 '들'을 붙이지 않습니다.

16. 희비를 그린 작품 : 悲喜を描いた作品

17. 진면목 : 真骨頂

18. 국무회의 : 閣議·閣僚会議

일본은 '각료회의'를 줄여서 '각의'라고 하는 경우가 많은 것 같습니다.

19. 공직 사회의 기강을 바로잡기 : 公務員社会の規律·紀綱を正す

일본도 '공직'이라는 표현을 하지만 그 쓰임새의 폭이 좁고, 이처럼 '공직 사회'라는 표현은 별로 안 한다고 합니다. 그리고 일본은 기강(紀綱)이라는 한자어를 흔히 쓰지 않는다고 합니다. 감수자님도 '규율'을 골라 주셨습니다.

20. 비리 공무원 : 不正を犯した公務員

일본은 가능한 한 다른 두 개의 한자어를 붙여서 쓰지 않죠. 물론 문어에서는 不正公務員이라고 적는 경우도 있지만 위와 같이 해 주는 게 자연스럽습니다.

21. 발본색원하라고 : **抜本的に一掃するよう**

일본도 '발본색원'이라는 단어가 사전에 있더군요. 안 실린 사전도 있지만요. 하지만 사어에 가깝습니다. 물어본 일본인 전원이 안 쓴다, 모른다는 답변이었습니다.

22. 소득을 은폐하고 세금을 탈루한 : **所得を隠し、脱税をした**

일본도 隠蔽라는 한자어를 쓰지만 소득에 '은폐'라는 단어를 쓰지는 않는다고 합니다. 같은 뜻을 지닌 같은 한자어라도 이렇듯 쓰임새 차이가 있다는 것이죠.

23. 체포영장이 발부 : **逮捕状が発行**

일본은 이렇듯 체포영장을 '발행'한다고 합니다.

24. 공식적으로 선진국으로 격상 : **公式に先進国へと格上げ**

25. 개도국 : **途上国**

26. 가교 역할을 넘어 명실상부한 : **架け橋の役割を越え、名実相伴う**

일본은 '명실상부'라는 사자성어를 쓰지 않고 위와 같이 말합니다. 그런데 위의 표현은 일상생활에서 쓰이는 일은 거의 없다고 합니다. 감수자님 역시 쓰긴 쓰는데 일상생활에서 쓸 일은 거의 없다고 하더군요. 하지만 쓰는 건 분명하고 이 예문은 문어체니까 이걸 답으로 제시했는데, 비슷한 뜻인「名実共に」를 써 주는 게 나을지도 모릅니다.

27. 전심전력을 바치겠다 : **全身全霊を捧げる**

> ### 読み方
>
> 哀歓(あいかん)・真昼間(まっぴるま)・破廉恥(はれんち)・衆人環視(しゅうじんかんし)
> 接吻(せっぷん)・白昼(はくちゅう)・厚顔無恥(こうがんむち)・雪解(ゆきど)けモード・弊履(へいり)
> 疎(おろそ)かに・氷山(ひょうざん)の一角(いっかく)・群像(ぐんぞう)・紀綱(きこう)・一掃(いっそう)
> 架(か)け橋(はし)・名実(めいじつ)相伴(あいともな)う

한국어 '요령부득'을 일본어로 하면?

君は「いや低気圧のある間は[1]謝絶だ」と云った。[2   ]

자네는 "아니, 저기압이 있는 동안은 **손님** 사절이다"라고 했다. **저기압이라니 무슨 말인지,**

君の平生を知らない余には[3   ]であったけれど、[1]謝絶の

자네의 [4   ] 나로서는 요령부득이었지만 **손님** 사절이라는

四字の方が重く響いたので、[5   ]。

[6   ] **되묻지도 않았다.** 나츠메 소세키 〈하세가와 군과 나〉

実は彼女に[7   ]、どう近づくべきか[8   ]。

기실 그녀에게 **마음이 끌렸지만** 어떻게 다가가야 할지 요령부득이었다.

彼の話は[9   ]なので何を言っているのか分からない。

그 사람 얘기는 **쓸데없이 장황하고** 요령부득이라서 뭔 말을 하는 건지 모르겠어.

その人の話はまったく[10   ]、聞いていると[11   ]。

그 사람 말은 도무지 요령부득이어서 듣고 있으면 **머리만 더 혼란해진다.**

この[12   ]は翻訳が[13   ]

이 **전자제품 사용설명서는** 번역이 **너무 엉터리라서**

まったく要領を得ない。

도무지 [14   ].

この先生の話は、[15   ]でなく[16   ]

이 선생님 얘기는 **단순명료**하지 않고 **장황하기 때문에**

不得要領で生徒たちに人気がない。

[17   ] 학생들한테 인기가 없어.

社長に[1   ]、お前まで[2   ]要点だけ[3   ]言え。

사장한테 **장광설 듣고 오는 참이니까** 너까지 **주절주절 늘어놓지** 말고 요점만 **간략히** 말해.

医者が自分たちの[4]苦労について[5   ]何の[6   ]。

의사가 자신들의 **불만이나** 고생에 관해 **긴 얘기를 늘어놔도** 아무 **해법도 안 나온다.**

あまりにも[7]、[8]に満ちた[9   ]に呆れてしまった。

너무도 **장황하고** 자기 **과시욕으로** 가득 찬 **교감의 기념사**에 질려 버렸다.

日韓[10]で、韓国の○大統領は[11   ]日韓関係を[12   ]

한일 **정상회담 자리**에서 한국의 ○ 대통령은 **미래 지향적인** 한일 관계 **구축을 위해**

現在[13   ]日韓[14   ]を共に模索していこうと提案した。

현재 **갈수록 깊어지고 있는** 한일 **갈등의 해결 방안**을 함께 모색해 나가자고 제안했다.

釜山と大阪は、[15   ]ために[16]お互いに多くの観光客を

부산과 오사카는 **양국의 우호를 강화하기** 위해서 **자매결연을 맺고**, 서로 많은 관광객을

[17   ]有名観光地と[18   ]することにした。

유치하기 위해 유명 관광지와 **맛집에 관한 정보를 활발히 교류**하기로 했다.

[19   ]した[20]機能が[21   ]が

연초에 출시한 최첨단 기능이 **집약된** 안마의자가

[22   ]売れており、[23   ]大幅な[24   ]が期待されます。

불티나게 팔리고 있어서 **전년 대비** 대폭의 **매출 신장**이 기대됩니다.

最近息子が○○って[25   ]… とにかく[26   ]心配ですわ。

최근에 아들이 ○○란 **욕을 연발해서**… 아무튼 **상스런 말을 자주 써서** 걱정이에요.

일본인들에게 물어본 결과 모른다는 사람이 꽤 많았던 걸 보면 일본도 마찬가지인 모양인데, 우리도 '요령부득'이라는 말은 일상생활에서 쓸 일은 별로 없죠. 문어적인 말이란 것이죠. 하지만 아마도 한국은 일본에 비해서는 '요령부득'이라는 말을 상대적으로 많이 쓰는 거 같습니다. 그런데 솔직히 말씀드리자면 저는 이 '요령부득'이라는 말을 요령(방법)을 모른다, 요령을 익히지 못했다는 뜻으로 알고, 또 그렇게 썼었습니다. 그런데 아주 오래 전에 일본에선 不得要領라고 쓴 글을 발견하고 일본의 국어사전을 찾아봤더니 의외의 예문을 제시하고 있더군요. 바로「不得要領な説明」가 그것입니다. '부득요령인 설명'? 의아한 생각에 한국의 국어사전도 찾아봤습니다. 그런데 뜻풀이로 '말이나 글 따위의 요령을 잡을 수가 없음'이라고 돼 있는 겁니다. 그러니까 말이나 글이 두서가 없고, 횡설수설이고, 무슨 말인지 갈피를 잡을 수 없는 걸 뜻하는 말이란 것이죠. 그런데 실제로는 저와 같은 뜻으로 알고 그런 뜻으로 쓰는 사람도 있습니다. 예제에서도 그 사례가 나왔듯이 말이죠.

1. 손님 : 来客

> **日** 한국의 경우 오늘날은 '내객'이란 말을 별로 쓰지 않습니다. 특히 일상생활 속의 대화에서는 거의 안 쓴다고 보시면 됩니다. 이처럼 손님이라고 하거나 방문객이라는 말을 씁니다.

2. 저기압이라니 무슨 말인지 : 低気圧とは何のことだか

일본은「何のことだか」라는 식으로 말하지만 우리는 그렇지 않죠. 무슨 말인지, 뭘 말하는 건지 등의 뉘앙스로 종종 씁니다. 그러니 이런 표현은 통째로 외우는 수밖에 방법이 없습니다.

3. 요령부득 : 不得要領

일본은 한국과 글자 순서가 뒤바뀌어서 '부득요령'이라고 합니다.

> **日** 한국의 국어사전에도 유의어로서 '부득요령'을 제시하고 있지만 일본과 반대로 '요령부득'이라고 하는 게 일반적입니다.

4. 平生を知らない : 평소를 모르는

한국어 '평생'을 일본은「平生」이 아니라「一生」또는「生涯」라고 하는 건 아는 분들도 많겠죠. 우리의 '평생 교육'도 일본은「生涯教育」라고 하고 말이죠. 그 이유가 바로 여기 있는 겁니다. 일본은 '평생'이라는 한자어를 '평소'라는 뜻으로 쓰기 때문인 것이죠.

5. 되묻지도 않았다 : 聞き返しもしなかった

되묻는 걸 일본은「聞き返す」라고 하죠.

6. 四字の方が重く響いたので : 네 글자가 더 무겁게 들려서

앞서 이런 식으로 쓰는「～方」의 번역은 '더'를 활용하면 매끄럽게 되는 경우가 많다고 했죠.

> **日** 그리고 거꾸로 번역할 때 직역으로 '무겁게 울려서'라고 해도 뜻은 통하지만 일반적인 건 아닙니다. 그 냥 위와 같이 하거나 '무겁게 와 닿아서'라고 하는 게 낫다고 생각합니다. 일본은 단어나 말 등의「響きがいい」라고 종종 하는데 이걸 그대로 '울림이 좋네'라고 번역해서 보냈다가 지적받은 일도 있습니다. 이 정도는 괜찮지 않을까 싶어서 보낸 건데 이 표현에 대해 어색하게 느끼는 한국 사람이 많다는 방증이겠죠.

7. 마음이 끌렸지만 : 惹かれたが

이성 등에게 마음이 끌리는 걸「惹かれる」라고 하니까 몰랐던 분은 외워 두시기를. 이 惹는 이끌 야 자죠.

8. 요령부득이었다 : 要領を得なかった·分からなかった

이 예문은 어떤 소설에 대해 쓴 칼럼에서 실제로 이렇게 쓴 걸 발췌해서 조금 변형시킨 겁니다. 실제 이런 뜻으로 쓰는 사람들이 많다는 말이죠. 또 일본 역시 사전의 뜻풀이와 달리 요령을 잘 모른다는 뜻으로도 쓰기 때문에 전자로 번역해 줄 수 있겠지만 이건 틀린 표현이라고 생각하는 사람도 있으니 후자로 번역할 수도 있겠습니다. 결국 선택은 번역자의 몫인 것이죠.

> **日** 해설에서도 말했듯이 '요령'이라는 말은 방법이란 뜻으로도 쓰이기 때문에 국어사전의 뜻풀이와 달리 이런 뜻으로 쓰는 사람들도 저를 포함해서 많습니다.

9. 쓸데없이 장황하고 요령부득 : 無駄に冗長で不得要領

일본은 '장황'이라는 한자어가 아니라 이렇듯 '용장'이라는 한자어를 씁니다.

10. 요령부득이어서 : 要領を得ないので

한국도 널리 쓰이는 사자성어가 아니지만 앞서 말했듯 '부득요령'이라는 사자성어를 모르는 사람도 많은 것 같습니다. 그러니 위와 같이 풀어서 번역해 주는 것도 방법이겠죠.

11. 머리만 더 혼란해진다 : 頭が余計に混乱する

이 역시 일본은 동사로 씁니다. 그리고 이런 문맥의 '만'은 번역하지 않는 게 자연스럽다고 봅니다. 그리고 이런 문맥에서의 '더'나 '더욱'은 위와 같이 번역할 수 있겠습니다.

12. 전자제품 사용 설명서 : 電化製品の取扱説明書

일본은 '전자제품'이라고 하지 않고 '전기제품'이라고 하거나 이처럼 '전화제품'이라는 표현을 합니다. 電化라는 말은 '전기화'라는 말이죠. 그리고 엄밀히 말하면 이 둘은 뜻의 차이가 있는데 일반인들은 별 생각 없이 혼용하기도 하는 모양입니다. '전화제품'은 옛날에는 손 같은 걸로 했던, 다시 말해 수동으로 했던 제품들이 전기를 이용해서 사용하게 된 제품을 뜻합니다. 예컨대 세탁기, 커피포트, 전기밥솥 같은 것이죠.

日	한국은 電化라는 한자어 자체를 쓰지 않습니다. 사전에만 있을 뿐 사장된 단어라고 생각해도 무방합니다.

13. 너무 엉터리라서 : あまりにも乱暴で

일본어 '난폭'을 복습하는 차원에서 이걸 답으로 제시했는데, 보통은 「でたらめ」라고 번역해 줄 수 있죠.

14. 要領を得ない : 무슨 말인지 알 수가 없다

한국도 '요령부득'이라는 말을 모르는 사람도 꽤 있는 거 같으니 위와 같이 풀어서 번역해 주는 것도 방법이겠죠.

15. 단순명료 : 単純明快

16. 장황하기 때문에 : 長ったらしいから

「長たらしい」의 어감을 강하게 해서 위와 같이 말하기도 합니다.

17. 不得要領で : 요지 파악이 힘들어서

위에서 말씀드린 것처럼 이렇게 풀어서 번역해 주는 게 나을 것 같습니다.

랜덤 예제 모범 답안

1. 장광설 듣고 오는 참이니까 : 長談義聞かされて来たところだから

일본은 '장광설'이라는 한자어를 안 쓰니까 위와 같이 번역해 줄 수 있겠습니다. 다만, 장광설=長談義라는 말은 아닙니다. 長談義는 글자 그대로 길게, 오래 얘기를 하는 걸 뜻합니다.

2. 주절주절 늘어놓지 말고 : だらだら言わないで

말이나 글을 장황하게 주절주절 늘어놓는 걸 위와 같이 표현합니다.

3. 간략히 : 手短に

4. 불만이나 : **不服や**

아는 분도 많겠지만 놀란 분도 많을 거라 보는데 아닌가요? 일본어 '불복'은 한국과 달리 불만, 불만족이라는 뜻으로 더 많이 쓰는데 이에 관해선 바로 뒤에서 표제어로 자세히 알아보겠습니다.

5. 긴 얘기를 늘어놔도 : **長談義をしても**

앞서 말씀드렸듯 이런 경우는 '장광설'이라고 하면 좀 어색하죠.

6. 해법도 안 나온다 : **解決も生まれない**

이건 인터넷에 실제로 이렇게 적어 놓은 걸 발견하고 예문으로 쓴 것인데 한국에선 '해결을 낳는다'라고 하지 않죠? 지금 찾아보니 극소수지만 검색이 되긴 하네요. 아무튼 좀 의아한 생각이 들어서 일본인에게 물어보니 무슨 말을 하려는 건지는 알겠지만 자연스러운 표현은 아니라는 반응이었습니다. 또 다른 한 명은 '해결책'이라고 하면 자연스럽다는 답변이었고요. 다만 감수자님은 괜찮다고 하셨습니다.

7. 장황하고 : **長たらしく**

8. 자기 과시욕 : **自己顕示欲**

일본은 이렇듯 '현시욕'이라고 합니다. 어학 Q&A 사이트에서 한 일본인이 아마도 한국 사람이 '과시욕'이라고 써 놓은 문장을 발견한 모양인데 '과시욕'이 뭐냐고 묻는 걸 본 적도 있습니다.

9. 교감의 기념사 : **教頭の式辞**

일본은 그냥 '식사'라고 하는 게 일반적입니다. '기념'이란 걸 넣어 주고 싶은 경우에도 「祈念式典の式辞」라고 하는 게 일반적입니다.

10. 정상회담 자리 : **首脳会談の席**

11. 미래지향적 : **未来志向の**

12. 구축을 위해 : **構築するために**

이 경우도 일본은 동사로 해 줘야 자연스럽다고 합니다.

13. 갈수록 깊어지고 있는 : **ますます深まっている**

14. 갈등의 해결 방안 : **対立の解決策**

이 경우에도 「解決方案」이라고 하면 부자연스럽습니다. 감수자님도 같은 의견이었습니다.

15. 양국의 우호를 강화하기 : 両国の友好を深める

일본은 '우호'와 짝을 지어서 쓸 때 強化나「強める」가 아니라 위와 같이 표현하는 게 일반적입니다. 이 문맥에서 '강화'를 써 주려면「友好関係を強化」라고 해 줘야 자연스럽게 됩니다.

16. 자매결연을 맺고 : 姉妹提携を結び

17. 유치하기 위해 : 誘致するために

올림픽의 경우는 招致(소치)라고도 하지만 관광객의 경우는 이처럼 '유치'라고 하는 게 일반적입니다.

18. 맛집에 관한 정보를 활발히 교류 : グルメに関する情報を活発に交換

일본은 '맛집'이라는 식의 표현이 없으니 위와 같이 의역해 줘야겠죠. 거의 다 아시겠지만「グルメ」는 미식가, 식도락가라는 뜻의 프랑스어인 gourmet를 그대로 쓰는 것이죠. 그런데 그냥 식도락이라는 뜻, 그리고 이처럼 맛집 등을 탐방하는 프로그램을「グルメ番組」라고 표현하죠. 그리고 일본은 '교류'라는 단어는 사람들 또는 조직, 단체 등 간의 교류일 경우에 쓴다는 점.

19. 연초에 출시 : 年明けに発売

일본도 年初라는 한자어를 쓰긴 하는데 좀 의외의 용법으로도 쓰더군요.「年初来高値」,「年初来安値」의 형태로 쓰이는데 연초 이래 최고가, 최저가라는 뜻, 우리로 치면 연중 최고가, 최저가를 뜻합니다. 1권에서 언급한 바 있지만 일본은 '최'를 빼고 저것만으로 최고가, 최저가란 뜻으로 쓰인다고 했죠. 다만 1월부터 3월까지는 비교 대상이 적어서 최고가 경신이 빈번히 발생하므로 작년과 비교해서「昨年来」라는 용어를 쓴다고 합니다. 아무튼 '연초'는 위와 같이 번역해 줄 수도 있겠습니다.

20. 최첨단 : 最先端

21. 집약된 안마의자 : 集約されたマッサージチェア

이 '집약'이라는 한자어의 경우 타동사지만 자동사 용법으로, 다시 말해「集約した」의 형태로 쓰고 있는 것도 종종 발견합니다.

22. 불티나게 : 飛ぶように

일본은 '불티(가) 나다'라는 표현을 하지 않으니 이와 같이 의역해 줘야겠죠.

23. 전년 대비 : 前年比

일본은 '전년 대비'라고 하지 않고 이와 같이 말합니다. 그리고 1권에서 일본은「対前年比」라고도 한다고 했던 것도 상기하고 넘어가죠.

24. 매출 신장 : 売上の成長(伸び)

일본도 '신장'이라는 한자어가 사전에 있고 실제로도 쓰지만, 주로 길이나 물건, 힘(국력, 세력 등)이 늘어나는 경우에 씁니다. 그러니 이 경우에는 한자어로 번역할 경우는 '성장'이라고 번역해 주는 게 낫고, 아니면「伸び」라고 해야 매끄럽습니다. 감수자님도「伸び」를 제시해 주셨습니다. 그리고 우리가 말하는 '신장률'도 일본은「伸び率」라고 합니다.

25. 욕을 연발해서 : 悪口を連呼して

26. 상스런 말을 자주 써서 : 汚い言葉を頻発して

이 '연호' 표제어 편에서 막판에 3권에 욱여넣은 한자어가 있으니 기대하시라고 한 게 바로 이 '빈발'입니다. 참고로 감수자님은 부자연스럽다고 했는데 실제로 이렇게 쓰고 있는 일본인들이 꽤 많습니다. 일본 사이트에 질문을 올렸을 때 답변해 준 어떤 일본인도 이런 식으로 쓰더군요. 그리고 일본 사이트에 재차 질문한 결과도 '오용은 아니지만' 다르게 표현하는 경우가 더 많다는 답변을 달 정도였으니 이렇게 쓰는 사람이 있다는 걸 알고 있다는 말이겠죠.

> 日 한국 한자어 '빈발'은 자주 '발생한다'는 뜻으로만 씁니다. 일본처럼 말 같은 걸 자주 '발한다'는 뜻으로는 쓰지 않습니다. 그러므로 이렇게 쓰는 게 오용이든 아니든 실제로 이렇게 쓰는 사람들이 있으니 이렇게 쓰인 일본어 頻発를 그대로 '빈발'이라고 해선 안 되고, 위와 같이 풀어서 써 주거나 한자어를 쓸 경우에도 '연발'을 택하시기를 권합니다.

読み方

謝絶(しゃぜつ)・余(よ)には・模索(もさく)・大幅(おおはば)・不得要領(ふとくようりょう)
平生(へいぜい)・惹(ひ)かれた・電化(でんか)製品・長談義(ながだんぎ)・顕示欲(けんじよく)
構築(こうちく)・誘致(ゆうち)・頻発(ひんぱつ)

불복과 不服의 미묘한 쓰임새 차이

아쿠타가와 류노스케 〈오리츠와 아이들〉

洋一は**不服そうに**呟きながら、すぐに茶の間を出て行った。

요이치는 [1   ] 중얼거리면서 바로 거실을 나갔다.

彼女は疲れて[2   ]だと**不服をいいながら**長椅子に身を投げた。

그녀는 지쳐서 **기진맥진**이라고 [3   ] 긴 의자에 몸을 던졌다.

何、**不服か?不服を唱える前に**[4   ]。

뭐야, [5   ]? [6   ] 성과를 냈으면 됐잖아.

[7]が、彼女の[8   ]とし、懲役4年を[9]

판사가 그녀의 **진술은 신뢰성을 인정할 수 없다**며 징역 4년을 **언도하자**

彼女は[10   ]、[11   ]。

그녀는 **판결에 불복하고 항소를 제기했다.**

렌덤 예제

[1   ]に直面している時でさえ、**利権に走る我が国の政府の**

코로나 사태에 직면해 있는 때조차도 [2   ] 우리나라 정부의

体質が[3   ]。

[4]이 **보기 흉하고 개탄스럽다.**

「**3階到着しました。**[5   ]」

"3층 도착했습니다. **수색 시작하겠습니다.**"

煙の中から、[6]**歩いてくる人影。**[7]**島田だ。**

연기 속에서 **비틀비틀** 걸어오는 사람 모습. **빈사 상태의** 시마다다. 〈기생수〉 대본

スキー場で[　8　]会長を探すために、[　　　9　　　]。

스키장에서 **실종된** 회장님을 찾기 위해 **수색대를** 급파했습니다.

[　　10　　]、[　11　]育ったので、[　12　]になってしまった。

부모도 오냐오냐해 주고, 돈도 풍족하게 자라서 **버르장머리 없는 인간**이 돼 버렸다.

A : 私に[　13　]、それで私に[　14　]じゃないでしょうね。

A : 나한테 **알랑거리고**, 그래서 날 **어떻게 해 보려는 건** 아니겠죠?

B : [15]は[　16　]そんなことしなくても、**女に不自由してないからね。**

B : 이 친구는 굳이 너 같은 거한테 그런 짓 안 해도 [　　17　　]?

あの二人の選手の実力は[　18　]ほど[　19　]

저 두 선수의 실력은 **우열을 가리기 힘들** 정도로 **막상막하라서**

今回の試合の視聴率は[　20　]だ。

이번 시합 시청률은 **따 놓은 당상**이다

あのミサイルは、[　21　]殺傷力を持つ[22]なので

저 미사일은 **타의 추종을 불허하는** 살상력을 지닌 **무기**라서

あれほど正確に命中したから生きている奴は、まずいないだろう

저 정도로 정확히 명중했으니 살아 있는 놈은 [　　23　　].

積んであった山が[　24　]崩れ、果物が道に[　25　]

[　26　]이 **어쩌다가** 무너져서 과일이 길에 **어지럽게 흩어지자**

[　　27　　]悲惨な記憶が[　28　]。

기억 깊숙한 곳에 묻혀 있던 [　29　]이 **되살아났다.**

앞서 말했듯이 일본어 '불복'은 불만, 불만족이라는 뜻으로도 쓰입니다. 그 근거는 아래와 같습니다. 코지엔 사전입니다.

① 服従しないこと。従わないこと。

② 納得しないこと。不満足に思うこと。「―そうな顔」「―を唱える」

납득이 안 되는 것, 불만족스럽게 생각하는 것이라는 뜻풀이가 더 있다는 말이죠. 그러니 일본어 '불복'을 번역할 때는 어떤 뜻으로 쓰였는지 잘 판단해야겠죠.

日	한국어 '불복'에는 위의 2번 뜻이 없습니다. 아래는 한국의 국어사전의 뜻풀이입니다.

남의 명령 · 결정 따위에 대하여 복종 · 항복 · 복죄(服罪) 따위를 하지 아니함.

그러니 일본어 '불복'이 2번 뜻으로 쓰였을 때는 모범 답안처럼 적절한 다른 뜻으로 의역해야 합니다. 참고로 뜻풀이에 있는 복죄(服罪)라는 말은 '죄를 스스로 인정함'인데 오늘날의 한국인 중에 저 한자어를 아는 사람은 별로 없을 거라 봅니다. 저 역시 사전을 보고 처음 알았습니다.

모범 답안

1. 不服そうに : 탐탁잖다는 듯

이 앞 상황은 요이치가 어디냐고 하니까 하녀가 "어디십니까"라고 되묻습니다. 그러니까 "맨날 '어디십니까'라고 한다니까"라면서 방을 나갑니다. 여기서 한국어 '불복'이란 말을 쓸 이유가 없죠. 즉, 여기서는 불복, 불복종이란 뜻이 아니라 불만, 불만족이라는 뜻으로 쓴 거란 말이죠. 그래서 저는 위와 같이 의역해 봤습니다.

2. 기진맥진 : 疲労困憊

1권에서 나온 거 복습이죠. 일상적인 표현으로서는 「くたくたになる」와 「へとへとになる」도 있다고 했죠. 그런데 이 둘도 쓰임새 차이가 있는데 전자는 옷이나 수건 등이 오래 써서 너덜너덜해진다는 뜻으로도 쓰지만 후자는 아닙니다.

3. 不服をいいながら : 투덜거리면서

여기선 '불만을 말하며'라고 직역하기보다 위와 같은 의역이 나을 거 같습니다.

4. 성과를 냈으면 됐잖아 : 結果を出せば良かったじゃん

일본은 '결과'라는 단어만으로 좋은, 바람직한 결과라는 뉘앙스로 씁니다. 예를 들어서 「昇進したいなら結果を出せ、結果を!」라는 식으로 말이죠.

> 日 한국은 그렇지 않으므로 이런 뉘앙스로 쓰인 結果는 '성과'로 번역하시기를 권합니다. 다만, 이 역시 일본의 영향을 받은 건지 일본과 비슷한 용법으로 쓰는 사람들을 간혹 발견합니다.

5. 不服か : 불만이야?

6. 不服を唱える前に : 불만을 토로하기 전에

이 일본 한자어 '불복'은 이처럼 「唱える」와 짝을 이뤄서 쓰는 경우가 많습니다.

7. 판사 : 裁判官

8. 진술은 신뢰성을 인정할 수 없다 : 供述は信用性が認められない

실제로 재판에서 판사가 한 말을 가져와서 짠 예문입니다. 우리는 이 경우 '신용성'이라는 말을 쓰지 않죠.

9. 언도하자 : 言い渡すと

「言い渡す」의 한자만 떼어서 읽으면 '언도'죠. 1권에서도 그런 게 있었죠. '대절'이라는 한자어 말이죠. 한국에는 이런 한자어가 상당히 많습니다.

10. 판결에 불복하고 : 判決を不服として

이런 맥락에서는 일본도 한국과 같은 뜻으로, 바꿔 말해 불복종이라는 뜻으로 씁니다. 그리고 중요한 건 일본어 '불복'은 동사로 쓰지 않는다는 것. 따라서 동사화해서 쓰는 경우도 이처럼 「不服とする」라고 합니다. 근데 그대로 「不服する」라고 번역해 놓은 것들이 상당히 많죠.

11. 항소를 제기했다 : 控訴を申し立てた

일본은 '공소'라고 한다고 했죠. 그리고 이 경우에 일본 역시 提起라는 한자어를 쓰지만 위와 같이 말하는 경우도 많습니다.

1. 코로나 사태 : コロナ禍

2. 利権に走る : 이권을 탐하는(좇는)

> 日 여기서는 개인적으로 '좇는'보다 '탐하는'을 택하는 게 더 나은 거 같습니다.

3. 보기 흉하고 개탄스럽다 : 見苦しくて嘆かわしい

일본은 '개탄'이라는 한자어를 거의 안 쓰고, 또한 형용사적으로 쓰지도 않습니다.

4. 体質 : 기질, 성향

우리도 정부, 기업, 정당 등의 '체질'이라는 말을 하지만 이런 문맥에서 쓰면 어색하죠? 이렇게 쓰는 분도 계시나요? 아무튼 제 능력으로는 '기질'이나 '성향'이라는 역어밖에 떠오르지가 않네요.

> 日 한국은 주로 정부, 기업, 정당, 조직 등의 '체질을 개선'이라는 식으로 쓰지 위와 같은 문맥에서 쓰면 어색합니다.

5. 수색 시작하겠습니다 : 検索、開始します

이건 <기생수>라는 영화의 대본에 있는 대사와 지문입니다. '아니, 일본은 검색이라는 한자어를 이런 문맥에서도 쓰나?' 싶어서 좀 놀랐는데 일본인들에게 물어봤더니 어색하다, 부자연스럽다더군요. 근데 대본에 이렇게 적혀 있다며 캡처를 해서 보여주니 오용이거나 경찰에서만 쓰는 용어일 수도 있겠다는 반응이었습니다.

> 日 그러므로 혹시 일본어 検索가 이렇게 쓰인 예를 접하게 된다면 이처럼 '수색'으로 의역해 주시기를 권합니다. 한국에서 '검색'이라는 한자어는 경찰 등이 사람의 몸, 소지품 등을 조사하거나, '공항 검색대' 같은 경우, 그리고 인터넷 등에서 자료를 찾는다는 뜻으로 쓰입니다.

6. 비틀비틀 : よろよろと

몰랐던 분은 외워 두시길. 「ふらふら」도 비슷한 뜻이죠.

7. 빈사 상태의 : 瀕死の

> 日 한국은 빈사 단독으로 쓰지 않고 이처럼 '빈사 상태'라고 하는 게 일반적입니다. 한국인에게 '빈사의 시마다'라고 말하면 ?? 하는 반응이 돌아올 겁니다.

8. 실종된 : 行方不明になった

9. 각각 '수색대를 급파했습니다', 「探索隊を緊急派遣しました」

이건 <은혼>이라는 애니에서 나온 대사를 제가 좀 고쳐서 예문으로 짠 겁니다. 쇼군이랑 스키장에 스키 타러 갔다가 쇼군이 행방불명이 되는데, 쇼군을 찾으러 가는 팀을 이처럼 探索隊라고 하더군요. 그리고 '급파'는 1권에서 다뤘죠.

> 日　그러므로 이 역시 '수색'이라고 번역하시기를 권합니다.

10. 부모도 오냐오냐해 주고 : 親からもちやほやされ

오냐오냐하고 응석을 받아 주는 걸 「ちやほや」라고 합니다. 그리고 일본은 이처럼 피동형을 많이 쓰죠.

> 日　'오냐오냐하다'는 하나의 동사로 등재돼 있으므로 붙여서 씁니다.

11. 돈도 풍족하게 : 何不自由なく

일본은 「不自由なく」라는 표현을 할 때는 '주로' 금전적인 면, 경제적인 면의 '부자유'를 뜻하는 경우가 많습니다. 따라서 '돈도 풍족하게'처럼 의역해 줄 수 있겠고, 금전적인 면을 말하는 건지 애매할 경우는 '아무 부족한 거 없이' 정도로 번역해 주면 되겠죠. 더 나은 표현이 있다면 그렇게 하면 되겠고요. 그리고 일본은 「不自由する」와 같이 동사로도 사용한다는 점.

> 日　한국도 '부자유'라는 한자어를 쓰지만 자유의 반대말로만 씁니다. 따라서 거꾸로 이걸 '아무 부자유 없이'라고 번역하면 어색한 한국어가 됩니다.

12. 버르장머리 없는 인간 : 礼儀知らず

일본은 이것만으로 사람을 지칭하는 말로 씁니다.

13. 알랑거리고 : 媚売って

복습 차원에서 비슷한 표현을 언급하자면 「媚びる」, 「へつらう」, 「媚びへつらう」, 「おべっかを使う」, 그리고 「おもねる」도 있죠.

14. 어떻게 해 보려는 건 : 何とかしようってわけ

이것도 실제 번역에서 나왔던 대사인데, 사람을, 특히 이성을 '어떻게 해 보려고'라는 표현을 일본은 이렇게 합니다.

15. 이 친구 : 彼

16. 굳이 너 같은 거 한테 : わざわざ君なんかに

17. 女に不自由してないからね : 여자에 굶주리지 않는 사람이거든?

여기선 금전적인 '부자유'가 아니니 이런 식으로 의역할 수 있겠죠.

18. 우열을 가리기 힘들 : 優劣をつけがたい

우리는 '가리다'라고 하지만 일본은 「つける」라고 합니다. 순위를 매기다, 점수를 매기다 등의 표현으로 쓰는 「つける」죠. 일본의 인기 예능 프로인 '런던하츠'에서 선풍적 인기를 끌었고, 한국에도 그 포맷이 수입돼서 '순위 정하는 여자'라는 타이틀로 방영된 바 있는 「格付けしあう女たち」는 아는 분도 많겠죠?

19. 막상막하라서 : 互角(伯仲)なので

일본은 '막상막하'라는 사자성어가 없으니 이처럼 의역해 줘야겠죠.

> **日** 한국은 '호각'과 '백중'을 단독으로 쓰는 경우는 별로 없고 호각세, 호각지세, 백중세, 백중지세라는 형태로 주로 씁니다.

20. 따 놓은 당상 : 請け合い

21. 타의 추종을 불허하는 : 他の追随を許さない

22. 무기 : 兵器

복습 차원에서 상기해 드리자면 일본의 경우 兵器는 전쟁에서 쓰는 대형, 대규모 무기의 경우에 쓰고 武器는 작은 규모의 개인용 무기일 때 쓴다는 점.

23. まずいないだろう : 분명 없겠지

이렇게 쓰인 일본어 부사 「まず」는 '거의', '분명' 등의 뉘앙스인데 여기선 '분명'이 더 적절할 듯합니다.

24. 어쩌다가 : 何かの拍子で

이 拍子라는 일본어도 번역가를 애먹이는 한자어죠. 보통 박자, 장단, 가락 등으로 번역되지만 이런 문장에서 쓰이는 拍子는 위의 단어로 번역해서는 한국어로서 부자연스럽죠. 이런 문맥에서의 「何かの拍子で」는 이처럼 그냥 '어쩌다가'로 번역할 수 있겠습니다. 그리고 일이 순조롭게 척척 진행되는 걸 뜻하는 「とんとん拍子」도 있고, 맥이 빠진다는 뉘앙스의 「拍子抜け」도 있고 「突拍子」라는 말도 있는데 이건 주로 「突拍子もない」의 형태로 쓰여서 엉뚱한, 황당한, 당치도 않은 등의 뉘앙스로 쓰입니다.

25. 어지럽게 흩어지자 : 散乱すると

앞부분은 <종이달>이라는 영화의 대본에 나오는 문장인데 뒷부분은 悲惨이라는 한자어를 집어넣기 위해 짠 문장입니다. 그리고 '산란'이라는 한자어도 일본은 동사로 쓰는데 한국어 형용사 '산란하다'와 달리 '어지럽게 흩어지다'라는 뜻입니다. 그러므로 예를 들어 '정신이 산란하다'라는 말은 일본어로 「気が散る」라고 해 줘야겠죠.

26. 積んであった山 : 산처럼 쌓아 놨던 과일

영화 대본에서 발췌한 건데 번역이 이래서 어려운 것이죠. 이걸 그대로 '쌓아 놓은 산'이라고 하면 뭔 말인지 알 수가 없죠. 따라서 문맥을 잘 살펴서 어떤 뜻으로 '산'이라고 했는지를 정확히 파악해야 하는 것이죠. 따라서 이건 위와 같이 의역을 해 줘야겠죠.

27. 기억 깊숙한 곳에 묻혀 있던 : 記憶の奥深くに埋まっていた

이걸 「記憶の深いところに」라고 하면 뜻은 통하겠지만 일본은 위와 같이 표현하는 게 일반적입니다.

28. 되살아났다 : 蘇ってきた

일본은 이처럼 「〜てくる」라는 표현을 정말 자주 씁니다.

> **日** 반대로 이걸 '되살아나 왔다'라고 하면 뜻이야 알겠지만 매끄럽지는 않습니다.

29. 悲惨な記憶 : 끔찍한 기억

보셨듯 한국어 '비참'과 일본어 悲惨도 아주 미묘하게 뜻이 다릅니다. 한국어 '비참'은 「惨め」라고 번역해야 자연스럽게 통하고, 일본어 悲惨은 이렇듯 '끔찍하다'는 뉘앙스로 쓰이곤 하는 한자어입니다. 다른 예를 하나 더 들자면 <백설공주 살인 사건>이라는 영화에서 피해자가 불타 죽은 장소의 흔적을 보고 「悲惨だね、これは」라고 말합니다. 이걸 그대로 '비참하네, 이건'이라고 번역하면 한국어로선 부자연스럽죠.

> **日** 따라서 이런 뉘앙스로 쓰인 일본어 悲惨은 위와 같이 해 주거나, 한자어로 번역하려면 문맥에 따라 '처참'이나 '참혹'이라고 해 주는 게 낫습니다.

読み方

呟(つぶや)き・長椅子(ながいす)・人影(ひとかげ)・殺傷力(さっしょうりょく)・不服(ふふく)
疲労困憊(ひろうこんぱい)・見苦(みぐる)しくて・瀕死(ひんし)・優劣(ゆうれつ)・拍子(ひょうし)
とんとん拍子(びょうし)・突拍子(とっぴょうし・)・散乱(さんらん)・奥深(おくぶか)く
埋(うず)まって・蘇(よみがえ)って・悲惨(ひさん)

「俺の立場が分かってるのか」를 번역하면…

私を告発するつもりか?私の立場が[1   ]?[2   ]簡単なことだ。

날 고발하려고? 내 [3]를 모르는 거야? 뭉개 버리는 건 간단한 일이야. 〈테미스의 검〉

立場もお金も人間関係も、今あるものは、

[4   ]도 돈도 인간관계도, 지금 있는 건

もう何一つ自分の人生を[5   ]。

이젠 아무것도 자신의 인생을 **바꿔 주지는 않는다.** 〈꿈팔이 부부 사기단〉

[6   ]。この町での私の立場をよく考えてみることだ。

괜히 섣부른 짓 하지 마. 이 동네에서 내 [7]를 잘 생각해 봐.

[8   ]私の言う通りにしろ。

너한텐 피해가 없게 할 테니 내가 시키는 대로 해.

彼はこの場合、[9]二人の[10   ]居心地の悪い立場にあった。

그는 이 경우 **뒷짐을 지고** 두 사람의 **절충을 방관하는** [11   ]에 있었다. 〈부자(父子)〉

父は、[12   ]貴族でしたが、貴族という立場を捨てられない人でした。

아버지는 **허울뿐인** 귀족이었지만 [13   ]을 버리지 못하는 사람이었어요.

全[14   ]盛大な[15]まで行って[16]したのに

전 **국민적 성원에 힘입어** 성대한 **출정식**까지 하고 **출전**했는데

こんなに[17]負けたら立場がなくなるじゃないか。

이렇게 **어이없게** 패하면 [18   ].

[19   ]という仏教の主張は、[20   ]立場から見れば

색즉시공, 공즉시색이라는 불교의 주장은 **유물론적** [21   ]

196 • 앙대 앙~대 코패니즈 한자어 3

反科学的、非科学的だが、[22   ]そのような認識にも

반과학적, 비과학적이지만 **양자역학이 밝혀낸 사실로 인해** 그러한 인식에도

[23   ]。しかし、[24   ]反発も激しい。

변화가 일기 시작했다. 하지만 **여전히 견강부회라는** 반발도 거세다.

[25   ]を盗撮した[26   ]○○容疑者は、

여고 건강검진 때 여학생들을 도촬한 혐의를 받고 있는 ○○ 용의자는

[27   ]、「医師という立場を利用して盗撮してきました」と

경찰 조사에서 '[28   ]을 이용해서 도촬해 왔습니다'라고

[29   ]ということです。

혐의를 인정했다고 합니다.

랜덤 예제

互いに[1   ]だという主張の応酬に[2   ]が

서로 **상대방의 해상 위협**이라는 [3   ]으로 말미암은 한일 갈등이

[4   ]、両国の関係改善および[5   ]、

악화일로를 걷고 있는 가운데 양국의 관계 개선 및 **미래지향적 관계 구축을 위해,**

[6   ]に開かれる日韓首脳会談で[7   ]は何か。

오는 20일 열리는 한일 정상회담에서 **가장 시급히 풀어야 할 숙제**는 무엇인가.

彼は、[8   ]の開発分野では、[9   ]であるので、

그는 **자율 주행 차량** 개발 분야에서는 **명실상부한 세계적 권위자라서**

色んな企業から[10   ]。

여러 기업들이 **서로 모셔 가려고 난리다.**

[11   ]で[12   ]海外を[13   ]

혈혈단신의 몸으로 고독하게 외국을 방랑하다가

20年ぶりに[14   ]、[15   ]。

20년 만에 고향 땅을 밟으니 만감이 교차했다.

2권에서 언급했듯이 일본은 '입지'라는 의미로 立場를 쓰고, 또 '운영한다는 입장'의 경우 감수자님도 立場라고 해도 '나쁘진 않지만'이라는 식으로 말했고, 어떤 일본인은 이 경우의 한국어 '입장'을 意見이라고 의역한 예도 있었다고 했죠. 이처럼 '입장'이라는 한자어도 쓰임새가 미묘하게 다릅니다. 한국의 표준국어대사전에는 '당면하고 있는 상황'이라고 아주 간결하게 설명돼 있습니다. 그렇다면 일본의 국어사전을 볼까요? 다 비슷하니 다이지린 사전의 뜻풀이를 소개합니다.

（1）立つ場所。立っている所。

（2）何かをするためのよりどころ。立つ瀬。「それでは私の―がなくなる」

（3）その人が置かれている，地位・境遇・条件など。「―で考えも異なる」「つらい―にある」「相手の―になって考える」

（4）物の見方・考え方。見地。立脚点。「実存主義の―に立つ」

한국과의 차이점이 분명하죠? 즉, 일본어 '입장'은 한국에 비해 폭넓은 뉘앙스로 쓰인다는 것이죠. 특히 2번 뜻풀이의 예문으로 「それでは私の―がなくなる」라고 나와 있는데 이걸 그대로 '그래서는 내 입장이 없어진다'라고 번역하면 부자연스럽죠. 그리고 유의어로서 「立つ瀬」를 제시하고 있죠. 이걸 사전에서 찾아보면 다이지린, 코토방크, goo, weblio사전이 모두 똑같은데 다음과 같이 나옵니다.

立場。世間に対する面目。「君に断られては私の―がない」

여기 있는 立場라는 말은 한국어 '입장'이 아니라 '면목'이라는 뉘앙스라는 것이죠. 그리고 예문 또한 '네가 거절하면 내 입장이 없어져'라고 하면 부자연스러운 한국어가 되죠. 그리고 이 경우에는 '면목이 없다'가 아니라 '면목이 안 선다'라고 번역해야 더 적절하다고 봅니다. 그리고 코지엔 사전은 나츠메 소세키의 <나는 고양이로소이다>에 나온 「あなた迄冷かしては―がありませんは」를 예문으로 제시하고 있는데 이것 역시 '당신까지 놀리면 입장이 없어요'라고 하면 이상하죠. 또한 3번 뜻풀이에 있는 지위, 처지, 조건 등이라는 말 또한 한국어 '입장'과는 다르죠. 따라서 일본어 立場는 문맥을 면밀히 살펴서 적절한 역어를 선택해 줘야 하겠죠.

1. 모르는 거야? : わかってるのか?

이것도 한일 간의 미묘한 표현 차이라고 할 수 있죠. 우린 이런 문맥에서는 '모르는 거야?'라고 하는 게 일반적이지만 일본은 이렇듯 '알고 있는 거야?'라고 표현합니다. 정말 미묘하죠.

> **日** 이 경우에 '내 지위를 알고 있는 거야?'라고 하면 좀 어색합니다. '알다'라는 동사를 쓸 경우는 '내 지위를 알면서도 그런 소릴 하는 거야?'라고 하면 매끄러워집니다. 블로그에도 포스팅했듯이「知るか!」도 '알까!', '아는가'라고 하면 어색하고 '(난)몰라'라고 하거나 '(그걸)내가 아냐(아니)?'라고 해야 자연스럽듯이 이것도 그런 경우에 속하는 것이죠.

2. 뭉개 버리는 건 : 握り潰すのは

이 표현도 몰랐던 분은 이참에 외워 두시기 바랍니다.

3. 立場 : 지위, (조직 내에서의)위치

이렇듯 일본어 '입장'은 우리와 달리 사회적 지위(위치), 조직, 단체 등에서의 지위(위치)라는 뜻으로도 쓰입니다

> **日** 한국에서 이 경우 '입장'이라고 하면 부자연스러운 문장이 됩니다.

4. 立場 : 지위

여기서도 '입장'이라고 직역하면 부자연스럽죠.

5. 바꿔 주지는 않는다 : 変えてくれはしない

'동사 연용형+はしない' 문형 몰랐던 분들을 위해 퀴즈로 내 봤습니다.

6. 괜히 섣부른 짓 하지 마 : 早まっちゃだめだぞ

일본은 이 표현을 자주 쓰는데「早まる」는 성급한 판단, 섣부른 판단으로 일을 그르치지 말라는 뉘앙스로 위와 같이 말합니다. 특히 자살 같은 걸 생각하는 사람이나, 이길 수 없는 상대에게 패할 걸(죽을 걸) 알면서도 덤비려 한다거나 할 때 이처럼 말하는 경우가 많습니다.

7. 立場 : 지위

이 역시 '지위'라고 번역해 줘야 자연스럽겠죠.

8. 너한텐 피해가 없게 할 테니 : 悪いようにはしないから

이 역시 관용적인 표현입니다. 이걸 '나쁘게는 안 할 테니'라고 직역해 버리면 의미가 좀 모호해지죠. 너한테 피해가 갈 일은 없을 거다, 너한테 불이익이 생기게는 안 할 거다, 네가 손해 볼 일은 없게 해 줄 거다, 등의 뉘앙스로 종종 쓰는 표현입니다. 통째로 외우시길 권합니다.

9. 뒷짐을 지고 : 懐手をして

이 표현은 말 그대로 품 속에 양손을 넣고 있는 걸 뜻하죠. 여기서 뜻이 변해서 우리로 치면 뒷짐 지고 아무 일도 하지 않는 것, 방관하는 것이라는 뜻으로 쓰입니다. 그리고 아무것도 안 하고 빈둥빈둥 지내는 걸 뜻하기도 합니다. 다만 일상생활의 대화에서는 거의 쓰이지 않고, 소설 등에서 나올 법한 표현이라고 합니다. 이 예문 역시 소설에서 발췌한 것이듯 말이죠.

10. 절충을 방관하는 : 折衝を傍観する

아마도 요즘 젊은 한국인들 중에는 折衝과 折衷이라는 한자어가 따로 있는 걸 모르는 사람도 많을 겁니다. 발음도 똑같고 또한 쓰이는 문맥도 묘하게 비슷하기 때문이죠. 하지만 일본은 한자를 쓰고 또 발음도 다르기 때문에 구분해서 씁니다. 앞서 나온 折衷点이나 折衷案이라고 할 때의 '절충'은 서로 다른 사물, 의견, 주장 등(의 좋은 점)을 모아서 하나로 어우러지게 한다는 뜻으로 쓰이는 것입니다. 자주 접하는 표현 중에「和洋折衷」라는 말이 있는데 일본과 서양의 좋은 점을 어우러지게 해서 만든 것이라는 의미죠. 반면에 折衝의 경우는 서로 이해 관계가 다른 당사자들이 교섭, 담판을 짓는다는 뜻으로 쓰입니다. 예를 들자면 아래의 예문처럼 구분해서 쓸 수가 있겠죠.

日韓両国は、徴用工問題について折衝を続けたが、結局折衷案を見出すことはできなかった。

11. 居心地の悪い立場 : 난처한 처지

이 경우도 한국어 '입장'으로 번역하면 원문의 뜻이 살짝 왜곡되죠. 해설에서 살펴본 3번 뜻풀이에 나오는 '그 사람이 놓인 境遇', 다시 말해 '처지'라는 뉘앙스로 쓰인 것이죠.

12. 허울뿐인 : 名ばかりの

이 '허울'도 일본어로 옮기기 까다로운 단어이죠.

13. 貴族という立場 : 귀족이라는 신분(지위)

이 경우에는 이렇게 번역해 줄 수 있겠죠.

14. 국민적 성원에 힘입어 : 国民の声援に支えられ

일본은 '국민적'이 아니라 위와 같이 말하는 게 일반적이라는 점. 그리고 '힘입다'도 번역하기 까다로운 단어인데, 저는 위와 같이 번역해 봤습니다.

15. 출정식 : 壮行式

16. 출전 : 出場

17. 어이없게 : あっけなく

문맥에 따라 어이없게, 맥없이, 허무하게 등으로 번역해야 하는 까다로운 표현이죠.

18. 立場がなくなるじゃないか : 면목이 안 서잖아

이 경우의 立場는 말 그대로 立ち場, 그러니까 설 곳, 설 자리가 없어진다는 말이죠. 여기서 저는 위와 같이 의역해 봤습니다.

> 日 이걸 그대로 '입장이 없어지잖아'라고 하면 이상한 한국어가 됩니다.

19. 색즉시공, 공즉시색 : 色即是空、空即是色

20. 유물론적 : 唯物論の

일본도 이 경우 '적'을 붙이기도 하지만 안 붙이는 게 일반적입니다. 감수자님 의견도 같았습니다.

21. 立場から見れば : 관점에서 보면

이 경우가 바로 관점, 견지 등의 뉘앙스로 쓰인 것이죠.

> 日 이 경우는 유물론적 '입장'이라고 해도 자연스럽다고 생각합니다.

22. 양자역학이 밝혀낸 사실로 인해 : 量子力学が解明した事実により

일본 한자어 '해명'은 이런 뜻이라는 점.

23. 변화가 일기 시작했다 : 変化が生じ始めた

'일다'라는 동사도 일본어로 번역하기 까다로운 단어인데 저는 위와 같이 번역해 봤습니다.

24. 여전히 견강부회라는 : 依然としてこじ付けだという

일본도 牽強付会가 사전에 있고, 또 전혀 안 쓰이는 건 아니지만 모르는 사람이 훨씬 많을 거라고 합니다. 그러니 위와 같이 번역하는 게 나을 것 같습니다.

25. 여고 건강검진 때 여학생들 : 女子高の健康診断の時、女子生徒ら

26. 혐의를 받고 있는 : 疑いが持たれている

일본도「受ける」라고도 하지만 이렇게도 표현합니다.

27. 경찰 조사에서 : 警察の取り調べに対し

'~에 대해서'라는 표현도 일본어 잔재라고 배척하자고 하는 사람들이 있는데, 바로 이런 경우 때문이 아닌가 합니다.

> 日 거꾸로 이걸 '경찰 조사에 대해서'라고 하면 문맥상 부자연스럽습니다.

28. 医師という立場 : 의사라는 신분(지위)

> 日 '신분'은 일본어로 「身分」인데, 이 '신분'이라는 단어의 쓰임새도 살짝 다른 거 같더군요. 일본인에게 이 문장에서의 「立場」를 「身分」으로 바꿔도 자연스러우냐고 물으니 부자연스럽다고 하는 사람들이 꽤 있더군요. 하지만 한국은 이 경우 '신분'이라고 해도 자연스럽습니다.

29. 혐의를 인정했다 : 容疑を認めている

여기서도 일본은 '테이루' 표현을 씁니다.

랜덤 예제 모범 답안

1. 상대방의 해상 위협 : 相手の海上威嚇

2. 말미암은 한일 갈등 : 端を発した日韓の軋轢

'말미암다'도 번역하기 까다롭죠. 따라서 위와 같이 '발단이 된'이라는 말로 번역해 줄 수 있겠습니다.

3. 主張の応酬 : 주장 공방

4. 악화일로를 걷고 있는 가운데 : 悪化の一途を辿っている中

5. 미래지향적 관계 구축을 위해 : 未来指向の関係を構築するために

이 경우 「志向の関係の構築のために」라고 하면 「の」가 너무 많아서 매끄럽지가 않죠.

6. 오는 20일 : 来る20日

이 「きたる」도 「来る」, 「くる」도 「来る」로 표기하기 때문에 읽는 법을 헷갈리기 쉬우므로 「来たる」라고 표기하자는 주장이 늘고 있고, 실제로 사전들도 이렇게 표기하고 있거나 병기하고 있는 사전이 늘어나고 있는 추세입니다.

7. 가장 시급히 풀어야 할 숙제 : 最も早急に解決すべき課題

'시급히'는 문맥에 따라 「至急(지급)」라고 번역할 수도 있는데, 이건 조사 없이 이 자체로 부사적으로 쓰입니다. 다시 말해 「至急に」라고 하지 않는다는 것이죠. 그리고 '숙제'라는 한자어도 쓰임새가 살짝 다르죠. 이런 문맥에서 宿題라고 하면 어색하다고 합니다.

8. 자율 주행 차량 : 自動運転車

9. 명실상부한 세계적 권위자 : 名実共に(名実相伴う)世界的権威

10. 서로 모셔 가려고 난리다 : 引く手数多だ

복습 차원에서 「引っ張りだこ」도 비슷한 뜻인데 이건 물건에도 쓴다는 점.

11. 혈혈단신의 몸 : 天涯孤独の身

1권에서 언급했듯이 한국어 '혈혈단신'에 가장 비슷한 일본어라고 생각합니다.

12. 고독하게 : 寂しく

앞에 천애'고독'이라는 말이 있으니 여기서는 위와 같이 번역해 주는 게 좋겠죠.

13. 방랑하다가 : さまよった後

「さまよう」를 한자로 쓰면 「彷徨う」죠. '방황'은 이리저리 헤매어 돌아다닌다는 뜻이고요. 그리고 한국어 '~다가'도 일본어로 번역하기 까다로운 표현인데 문맥에 따라서는 위와 같이 번역할 수도 있겠습니다.

14. 고향 땅을 밟으니 : 故郷の土地を踏むと

일본은 '땅'이라는 순수 일본어가 없으니 위처럼 土地 또는 地라고 합니다.

> **日** 한국은 일본에 비해 '토지'라는 말의 쓰임새가 적습니다. 그러니 거꾸로 저 일본어를 한국어로 번역할 때는 '땅'이라고 하시기를 권합니다.

15. 만감이 교차했다 : 万感胸に迫った

이 표현 몰랐던 분은 이참에 외워 두시길.

読み方

盗撮(とうさつ)・握(にぎ)り潰(つぶ)す・早(はや)まっちゃ・懐手(ふところで)・折衝(せっしょう)
居心地(いごこち)・色(しき)即(そく)是(ぜ)空(くう)・空(くう)即(そく)是(ぜ)色(しき)。
唯物論(ゆいぶつろん)・量子力学(りょうしりきがく)・来(きた)る・天涯孤独(てんがいこどく)

「奇特なやつだな」は '기특한 녀석이네'?

奇特なことだ。蜘蛛の糸を極楽を目指して登るどころか、[　1　]。

[　2　]. [　　　3　　　]는커녕 지옥을 향해 기어올라 오다니.

お前さんの[4]には釈迦も[　5　]。

네 멍청함에는 석가도 염라대왕도 질리겠다. 〈은혼〉

[　6　]は[　　7　　]、中には奇特なことに

대부분의 여자는 돈에 사족을 못 쓰지만, 그중에는 [　8　]

貧乏に[　9　]女ってのもいるんですよ。

가난한 남자한테 눈이 머는 여자도 있거든요. 〈은혼〉

中学校までは[　10　]国語以外の[11]は落第点だったんですが、

중학교 때까지도 소설만 읽어서 국어 이외의 과목은 낙제점이었는데,

高校に進学してからは[　12　]、すべての科目で

고교 진학해서부터는 몰라볼 정도로 변해서 모든 과목에서

優秀な成績を収めています。本当に奇特な子です。

우수한 성적을 거두고 있어요. 정말 [　13　]예요.

[　14　]は[15]一人一人を[　　16　　]、

저희 과장님은 부하 직원 하나하나를 자상하게 챙겨 주시고,

自分の[　　17　　]、仕事を[　　18　　]本当に奇特な方です。

자신의 개인 시간을 희생해서까지 일을 꼼꼼히 가르쳐 주시는 정말 [　19　].

랜덤 예제

[　　1　　]!バントシフトの[2]、[　3　]のが[　4　]。

강속구를 받아쳤습니다! 번트 시프트의 허를 찔러서 강공으로 나온 게 주효했군요.

市民から[　　5　　]ばかり行う[　6　]と

시민들로부터 **전시 행정, 졸속 행정**만 행하는 **무책임한 시장**이라는

[　　7　　]○○市長がついに市長職を[　8　]した。

비아냥을 들어 왔던 ○○ 시장이 마침내 시장직을 **사퇴**했다.

[　9　]を求めて[　10　]の[　11　]を徘徊する若者たち。

말초적 자극을 찾아서 **유흥가의 밤거리**를 배회하는 젊은이들.

[　　12　　]を[　　13　　]は○○箇所だが、[　14　]や

비상사태에 대비해 대피소를 설치한 지방자치단체는 ○○군데인데 **비상식량**과

[　15　]など各種の[　16　]が多いなど、[　　17　　]は少ない。

구급상자 등 각종 **구호 물품이 미비된 곳**이 많은 등, **충분한 대비가 돼 있는 곳**은 적다.

この程度の[　18　]は[　19　]思ったが[　　20　　]。

이 정도 **빈칸 메우기 퀴즈**는 맞히겠거니 했는데 **오답이라니 확 깬다.**

[　21　]をし[　22　]密入国を試みた[　23　]を[　　24　　]。

신분 세탁을 통해 대거 밀입국하려던 **폭력 조직 일당**을 **일망타진했습니다.**

[　25　]なのに[　26　]勉強が[　27　]。

수능 시험이 코앞인데 **게임 삼매경**에 빠져서 공부가 **손에 안 잡혀.**

それ程の[　28　]ができる子なら[　29　]歓迎するわ。

그 정도 **사리분별**이 되는 애라면 **쌍수를 들고** 환영하지.

そうでないから[　　30　　]。

그렇지 않으니까 **하는 말이잖아.**

먼저 사전부터 봅시다. 한국의 표준국어대사전에는 '말하는 것이나 행동하는 것이 신통하여 귀염성이 있다'라고 돼 있습니다. 이번엔 일본의 goo 사전을 볼까요.

1 言行や心がけなどがすぐれていて、褒めるに値するさま。「世の中には―な人もいるものだ」
2 非常に珍しく、不思議なさま。

1번 뜻풀이는 우리랑 비슷한 것도 같죠? 하지만 자세히 뜯어보면 이 역시 어감의 차이가 있습니다. 바로 언행이나 마음가짐이 '뛰어나서'라는 부분이죠. 한국어 '기특하다'에는 '뛰어나다'는 뉘앙스는 거의 없죠. 하지만 일본은 그렇지 않다는 것이죠. 일본 문화청에서도 다음과 같이 설명하고 있습니다.

「奇特」は，他と違って特別に優れていることについて使われる言葉です。

다른 것과 달리 특별히 뛰어난 것에 대해 쓰이는 말이라는 것이죠. 또 하나 유의할 점은 우리는 기특하다는 말을 윗사람에게 쓰면 실례가 되죠. 사전의 뜻풀이를 보시면 '귀염성이 있다'고 적어 놨듯이 동년배나 아랫사람에게 쓰는 말이란 것이죠. 하지만 일본은 윗사람에게도 씁니다. 이걸로 볼 때 원래의 뜻도 한국의 '기특'과는 뉘앙스와 쓰임새의 차가 분명히 존재한다는 것이죠.

그리고 2번 뜻풀이도 있는데 이건 오용하는 사례가 너무 많아지니까 새로 등재한 뜻풀이일 뿐 일본도 원래는 1번 뜻풀이밖에 없었다는 사실입니다. 아래 표는 일본 문화청에서 여론 조사를 한 결과입니다.

	平成14年度調査	平成27年度調査
優れて他と違って感心なこと	49.9パーセント	49.9パーセント
奇妙で珍しいこと	25.2パーセント	29.7パーセント

전체적인 비율은 원래 뜻대로 쓴다는 사람이 거의 절반이지만 20대 이하에서는 바뀐 뜻으로 쓴다는 사람의 응답 비율이 더 많았다고 합니다. 퀴즈를 풀어 보셨으면 아시겠지만 <은혼>이라는 애니의 각본을 쓴 작가도 바뀐 뜻으로 쓰고 있을 정도니까요. 그러니 이 奇特라는 한자어를 접하게 된다면 어떤 뜻으로 쓰인 건지를 잘 살펴봐야 한다는 말이죠. 또한 원래의 뜻으로 쓰인 경우도 일본어 奇特와 한국어 '기특'은 미묘한 뉘앙스 차이가 있기 때문에 문맥에 맞게 적절히 의역을 해 줘야겠죠. 참고로 일본에선 '기특'이라는 한자어를 일상생활에서 쓸 일은 거의 없다고 합니다.

모범 답안

1. 지옥을 향해 기어올라 오다니 : 地獄目指して這い上がってくるとは

기어오르다는 뜻인「這い上がる」를 몰랐던 분은 이참에 외워 두시길.

> 日 「目指して」는 보통 '목표로', '목표로 해서' 등으로 번역되는데 이래선 어색한 한국어가 되는 경우가 있습니다. 이런 문맥에서는 '향해(서)'라고 번역하시기를 권합니다.

2. 奇特なことだ : 희한한 일이군

따라서 이런 문맥에서는 위와 같이 번역해 줘야겠죠.

3. 蜘蛛の糸を極楽を目指して登る : 거미줄을 타고 극락을 향하기

> 日 한국어와 일본어는 결코 어순이 똑같지 않다는 말을 늘 하는데, 이 경우가 그런 것 같습니다. 이걸 직역해서 '거미줄을 극락을 향해서 오른다'고 하면 한국어로서는 부자연스럽습니다. 그래서 저는 위와 같이 의역을 해서 보냈습니다.

4. 멍청함 : 馬鹿さ加減

「馬鹿さ加減」은 직역하면 '멍청함(바보스러움)의 정도'가 되겠지만 우리는 이런 표현을 하지 않죠. 하지만 일본은 흔히 쓰는 표현이니 통째로 외우십시오.

5. 염라대왕도 질리겠다 : 閻魔もあきれようて

염라대왕을 일본에선 이처럼 '염마'라고 합니다. 그리고 <은혼>은 진지 버전의 경우 예스러운 말투나 표현이 많이 나오는데, 이 역시 예스러운 말투로서 여기서 쓰인「よう」는 추량, 추측을 나타내는 조동사입니다. 현대풍으로 고치면「あきれるだろう」가 되겠죠.

6. 대부분의 여자 : 大方の女

이 大方라는 말을 처음 접하신 분은 이참에 외워 두시기를.

7. 돈에 사족을 못 쓰지만 : 金に目がないんですがね

엄청나게 좋아하는 것, 사족을 못 쓰는 걸 일본은「目がない」라고 합니다.

8. 奇特なことに : 특이하게도, 희한하게도

9. 눈이 머는 : 目がくらむ

10. 소설만 읽어서 : 小説ばかり読んでいて

여기서도 '테이루'가 나옵니다.

> **日** 이걸 '소설만 읽고 있어서'라고 하면 부자연스럽습니다.

11. 과목 : 学科·科目

처음에 이런 문맥에서 '학과'라고 하는 걸 보고 신기했었습니다. 그래서 몇몇 일본인들에게 물어봤더니 이 경우에도 '학과'라고도 한다고 합니다. 다만 일본도 그냥 '과목'이라고 하는 게 일반적이라는 반응이었으니 참고하세요.

> **日** 한국은 '학과'라는 단어는 중고교 교과목이라는 뜻으로는 쓰지 않습니다. 대학교 등에서 법학과, 경영학과, 물리학과 등으로 말할 때나 쓰는 말입니다.

12. 몰라볼 정도로 변해서 : 見違えるほど変わって

13. 奇特な子 : 대견한 아이, 기특한 아이

이런 문맥에서는 그대로 '기특한', '대견한'으로 번역해 줄 수 있겠죠. 하지만 그래선 안 되는 경우도 있습니다. 그리고 「殊勝(수승)」, 「神妙(신묘)」라는 한자어도 우리와 다르게 기특하다, 대견하다는 뜻으로도 쓰이니까 참고하시길. 이러고 보면 코패니즈 한자어는 셀 수 없이 많을지도 모르겠습니다.

> **日** '수승'이라는 한자어는 모르는 사람도 많을 거라 생각하는데, 예를 들면 무협지 같은 데서 '수승한 도력(道力)의 소유자'처럼 아주 뛰어나다는 뜻으로 쓰이는 말입니다. 그리고 '신묘' 역시 한국에서는 '신통하고 묘함'이라는 뜻으로서, 예를 들면 '신묘한 경지', '신묘한 재주' 등의 쓰임새로만 쓰입니다.

14. 저희 과장님 : うちの課長

일본은 과장이든 부장이든 사장이든 존칭을 안 붙이죠.

15. 부하 직원 : 部下

한국에서는 '부하' 단독으로 쓰는 경우는 계급이 있는 군대나 폭력 조직 같은 데서만 쓰지만 일본은 회사 등의 부하 직원도 그냥 '부하'라고만 합니다.

> **日** 한국에선 회사 부하 직원을 '부하'라고 하면 기분 나빠할 겁니다.

16. 자상하게 챙겨 주시고 : 優しく気遣ってくれて

> 日　1권에서도 살짝 언급한 바 있지만 '챙기다'라는 단어는 일본인들은 뉘앙스와 쓰임새 파악이 어려운 모양이더군요. 여기서는 위와 같이 번역해 주는 방법밖에 떠오르지 않네요.

17. 개인 시간을 희생해서까지 : プライベートな時間を犠牲にしてまで

일본은 이 경우 '개인'이라는 한자어를 쓰기보다 이처럼 외래어로 표현하는 게 일반적입니다. 그리고 '희생하다'도 「犠牲にする」라고 하죠.

18. 꼼꼼히 가르쳐 주시는 : 丁寧に教えてくれる

「几帳面」은 일어사전 뜻풀이도 그렇고, 보통은 '꼼꼼하다'로 번역하는 경우가 많죠. 하지만 이 경우에 쓰면 부자연스럽습니다. 따라서 저는 위와 같이 번역해 봤습니다. 그리고 '꼼꼼하다'라는 한국어도 일본인들이 뉘앙스 파악이 까다롭고, 따라서 자유자재로 구사하기 힘든 단어지만 반대로 丁寧도 그렇죠. 이런 문맥에서는 '꼼꼼하게' 또는 '세심하게'로 번역해 줄 수 있겠습니다.

19. 奇特な方です : 훌륭한 분이세요

방금 언급했지만 바로 이런 문맥에선 '기특하다'나 '대견하다'로 번역하면 안 되겠죠. 따라서 저는 '훌륭한'이라는 역어를 선택했습니다.

랜덤 예제 모범 답안

1. 강속구를 받아쳤습니다 : 剛速球を打ち返しました

한국은 強速球라고 하지만 일본은 이렇듯 剛速球(강속구) 또는 豪速球(호속구)라고 합니다. 그리고 '받아치다'는 위와 같이 번역하면 되겠습니다.

2. 허를 찔러서 : 裏をかいて

「裏をかく」는 허를 찌르다, 의표를 찌르다 등의 뜻으로 쓰이는 말입니다.

3. 강공으로 나온 : 強打に出た·強攻策に出た

우리는 번트를 대는 척하다가 갑자기 치는 걸 '강공으로 나오다'라고 하지만 일본은 이렇듯 '강타로 나오다'라고 합니다. '강공'이라는 한자어의 쓰임새도 다르기 때문입니다. 우리는 '적극적으로 강하게 공격함'을 뜻하지만 군사 쪽에서 쓰는 일본어 '강공'은 무리인 줄 알면서, 위험한 줄 알면서 강하게 공격한다는 뜻으로 씁니다. 거의 모든 사전의 뜻풀이도 비슷합니다. 그리고 애초에 일본은 強攻라는 한자어를 별로 안 쓴다고 합니다. 말로「きょうこう」라고 하면 대부분의 일본인은 '강행'이나 '강경'을 떠올릴 거라고 말한 일본인도 있었습니다. 다만, 한국의 영향인지 몰라도 스포츠 쪽에서는 '강공'이라는 표현을 쓰는데 이때도 위와 같이 '강공책으로 나왔다'고 하는 게 일반적입니다.

4. 주효했군요 : 功を奏しましたね

일본은 주효(奏效)를 왜 주공(奏功)이라고 하는지 의아했었습니다. 그런데 奏功, 바꿔 말해「功を奏する」는 공을 세운 사실을 천자(天子)에게 아뢴다는 말인데, 이 뜻이 변해서 성공하는 것, 효과가 나타나는 것이라는 의미로 쓰이게 됐다고 합니다. 그리고 일본도「効を奏する」라고도 하는데, 이건 주로 의약계에서 신약 등이 효과가 나타나는 것이라는 의미로 쓰인다고 합니다. 다만 이 두 표기에 대해서도 설이 분분한 모양인데, 여기서 쓰려면 지면을 너무 잡아먹으니까 궁금하신 분은 한번 검색해 보시기를. 요점만 말하자면 오늘날은「功を奏する」라고 하는 게 일반적이라는 점.

5. 전시 행정, 졸속 행정 : 箱物行政、手抜き行政

전시 행정은 2권에서 나왔던 것이죠. 그리고 '졸속 행정'을 그대로「拙速行政」라고 번역해 놓은 것들이 많은데 일본의 한자어 '졸속'과 한국의 한자어 '졸속'도 뉘앙스와 쓰임새가 다릅니다. 이에 관해선 바로 이 다음 표제어에서 살펴보기로 하고, 따라서 저는 위와 같이 번역해 봤습니다. 날림 공사도「手抜き工事」라고 번역하는데, 날림으로 대충하는 공사, 졸속으로 행하는 행정은 비슷한 면이 있죠. 그런데 감수자님은「手抜き行政」라는 말은 부자연스럽다고 하셨는데 검색해 보면 일본인이 쓴 사례가 나옵니다. 뉴스 보도에서도 쓰고 있는 예가 검색이 되고요. 어쨌든 일반적인 표현은 아니라고 하더라도 제 능력으로는 '졸속 행정'의 역어로서 이거 말고는 떠오르지가 않습니다.

6. 무책임한 시장 : いい加減な市長

「いい加減」이란 일본어도 번역가를 애먹이는 말인데, 이런 문맥에서 쓰인「いい加減な」는 '무책임하다'는 뉘앙스인 것이죠.

7. 비아냥을 들어 왔던 : 皮肉られてきた

「皮肉」는「皮肉る」라는 동사 형태로도 쓰입니다.

8. 사퇴 : 辞任

9. 말초적 자극 : 刹那的な快楽

이 '말초적'이라는 단어는 한국에서는 두 가지 뜻으로 쓰이죠. '본질적이 아닌 부차적인 것'이란 뜻과 '정신이나 영혼에 영향을 주지 못하고 말초 신경만을 자극하는 것'이란 뜻이죠. 즉, 이 문맥에서 쓰인 '말초적'은 후자의 뜻으로 쓰인 것입니다. 하지만 일본은 후자의 뜻은 없습니다. 따라서 이 문맥에서의 '말초적'을 그대로「末梢的」라고 하면 정확한 뜻 전달이 안 됩니다. 저도 이 '말초적'을 어떻게 번역해야 할지 난감해서 여러 일본인에게 물었지만 일본인들도 역시 뾰족한 답을 못 주더군요. 그래서 위와 같이 의역해 봤습니다. 참고로 감수자님도 이걸 건드리지 않았습니다.

10. 유흥가 : 歓楽街

'유흥'이라는 한자어도 한일의 쓰임새가 다르죠. 일본에서는 '유흥가'라고 하지 않고 이처럼 '환락가'라고 합니다.

11. 밤거리 : 夜の街

이 「街」 또는 「町」라는 단어도 번역가를 꽤 많이 괴롭히는 단어죠. 어떤 때는 도시, 어떤 때는 마을, 동네, 거리 등으로 적절히 번역해 줘야 합니다.

12. 비상 사태에 대비해 대피소 : 緊急事態に備えて避難所

1권에서 언급했던 거 같은데 일본은 비상 사태를 '긴급 사태'로 통일하기로 정했습니다. 물론 여전히 '비상사태'라는 말도 쓰긴 합니다. 그리고 일본은 '대비'라는 표현을 안 쓰니까 위와 같이 해 줘야겠죠.

13. 설치한 지방자치단체 : 設置している地方自治体

이때도 '테이루'를 씁니다.

> 日 　이걸 '설치해 있는'이라고 하면 어색합니다.

14. 비상식량 : 非常食

일본은 '비상식'이라고 합니다.

> 日 　한국에서는 '비상 식량'이라고 하는 게 일반적입니다

15. 구급상자 : 救急箱

16. 구호 물품이 미비된 곳 : 救援物資が不足している所

일본어 不備는 보통은 한국어 '미비'라고 번역해 주곤 하는데 이 경우에는 不備를 쓰면 부자연스럽습니다. 일본어 不備는 서류 같은 것이나 관리 등이 미비한 경우에 씁니다. 그리고 명사 형태나 「不備な」처럼 형용동사 형태로 쓰는데 동사로 쓰인 사례도 있긴 하더군요.

> 日 　'미비하다'는 형용사지만 '미비되다' 형태의 동사로 쓰는 경우도 아주 많습니다. 그래서인지 고려대국
> 어대사전에는 '미비되다'를 실어 놨습니다.

17. 충분한 대비가 돼 있는 곳 : 十分な備えができている所

일본은 '대비'라는 한자어를 안 쓰니 위와 같이 번역해야겠죠.

18. 빈칸 메우기 퀴즈 : 穴埋めクイズ

일본은 이렇듯 '구멍 메우기'라고 표현합니다.

19. 맞히겠거니 : 正解するはずと

한국어 '정답'을 일본은 '정해'라고 하고, '오답'을 '부정해'라고 하죠. 그런데 이 둘은 이렇듯 동사로도 쓰입니다.

20. 오답이라니 확 깬다 : 不正解なんて幻滅した

일본은 답을 못 맞히는 것도 이처럼 '부정해'라고 표현합니다. 또한 이 역시도 「不正解する」 형태의 동사로도 씁니다. 그런데 몇몇 일본인에게 물어보니 '정해'는 동사로 쓰지만 '부정해'를 동사로 쓰는 건 좀 '위화감'이 있다는 반응도 있었습니다. 하지만 실제로 쓰인 사례를 제시하니까 한 발 물러섰지만 그래도 개인적으로는 어색하다는 반응이었으니 이 점도 참고하시기 바랍니다.

21. 신분 세탁 : ヒューマン·ロンダリング゛

22. 대거 : 大挙して

앞에서 나온 것이죠. 일본은 이처럼 동사 형태로 해서 씁니다. 예를 들어 「民衆が大挙した」, 「報道陣が大挙した」라는 식으로 말이죠.

> **日** 혹시나 해서 사전을 찾아보니 한국에도 '대거하다'라는 동사가 실려 있더군요. 또 혹시나 해서 검색해보니 극소수지만 쓰인 사례가 있긴 있더군요. 하지만 저는 예전까지 듣거나 본 적도 없고, 그러니 당연히 쓴 적도 없습니다. 지금의 한국 사람에게 '보도진이 대거했습니다'라고 하면 알아듣는 사람 아마도 없을 겁니다.

23. 폭력 조직 일당 : 暴力団組織の一味

일본에서는 '일당'이라는 한자어를 부정적 의미로 쓰지 않는다고 했죠.

24. 일망타진했습니다 : 一網打尽にしました

25. 수능 시험이 코앞 : センター試験が目の前

일본에서는 '코앞'이라고 하지 않고 이처럼 '눈앞'이라고 합니다.

> **日** 한국에선 이 경우 '눈앞'이라고 해도 의미는 통하지만 '코앞'이라고 하는 게 일반적입니다.

26. 게임 삼매경에 빠져서 : ゲーム漬けになってしまって

이 역시 '빠져서' 부분을 번역하면 일본인들은 어색하게 느끼나 봅니다. 이건 감수자님이 추천한 번역입니다. 여기서 「漬け」는 (푹)절여졌다는 뉘앙스죠. 우리도 똑같진 않지만 비슷한 표현을 하죠. 바로 '술에 절어(쩔어) 살다'라는 표현. 암기에 도움이 되리라 생각합니다.

27. 손에 안 잡혀 : 手につかないの

28. 사리분별 : 思慮分別

일본은 '사리분별'이 아니라 이렇듯 '사려분별'이라고 합니다. 그리고 이때는 「ぶんべつ」가 아니라 「ふんべつ」라고 읽습니다. 전자는 쓰레기 등을 분리하는 걸 뜻하죠.

29. 쌍수를 들고 : 諸手を挙げて

일본은 '쌍수'가 아니라 '제수'라고 하고, 훈독을 합니다.

30. 하는 말이잖아 : 言ってるのよ

이때도 '테이루' 형태로 표현하죠.

読み方

釈迦(しゃか)・落第点(らくだいてん)・徘徊(はいかい)・這(は)い上がって・奇特(きとく)
極楽(ごくらく)・閻魔(えんま)・大方(おおかた)・気遣(きづか)って・剛速球(ごうそっきゅう)
強打(きょうだ)・強攻策(きょうこうさく)・功(こう)を奏(そう)し・刹那(せつな)・救急箱(ばこ)
穴埋(あなう)めクイズ・ゲーム漬(づ)けになって・思慮(しりょ)・諸手(もろて)

'졸속 행정'은 「拙速行政」???

今回のプロジェクトは、時間との闘いなので拙速に[1   ]。

이번 프로젝트는 시간과의 싸움이므로 [2   ] 진행하는 것이 중요하다.

拙速を信条に仕事をしているため[3]があっても[4   ]。

[5   ] 일하기 때문에 **미흡한 점**이 있더라도 **양해해 주십시오.**

ベンチャー企業が[6   ]、世の中に出ていない商品やサービスを

벤처 기업이 **이겨 나가기 위해서는** 세상에 나와 있지 않은 상품과 서비스를

拙速にでも提供することも必要だ。

[7   ] 제공하는 것도 필요하다.

昨年一度赤字が出ただけなのに[8   ]、

작년에 한 번 적자가 났을 뿐인데 **사업을 철수하는 건**

あまりにも拙速な決定だという[9   ]。

너무도 [10   ]이라는 **비판이 집중됐다.**

[11   ]拙速な議長の提案に、

그 순간만 모면하려는 [12   ]에

野党から[13   ]。

야당으로부터 **엄청난 야유가 터져 나왔다.**

[14   ]している状況で、政府が今回[15   ]は

환율 전쟁이 심화되고 있는 상황에서 정부가 이번에 **내놓은 외환 정책은**

拙速すぎるという批判が[16   ]。

[17   ] 비판이 **빗발치고 있다.**

教育政策は[18   ]なのに、[19   ]なしに

교육 정책은 **국가 백년지대계**인데도 **신중하고도 철저한 검토** 없이

就学年齢を[20   ]政府の政策は拙速にすぎるという[21   ]。

취학 연령을 **하향하겠다**는 정부의 정책은 [22   ]이라는 **비난을 면하기 힘들다.**

랜덤 예제

[1   ]一人息子が[2   ]のために

애지중지 키워 온 외동아들이 **어학 연수**를 위해

アメリカに発った日の夜、[3   ]。

미국으로 떠난 날 밤, **형언할 수 없는 쓸쓸함이 엄습했다.**

白菜の価格が[4   ]、売ったところで[5   ]と言って

배춧값이 **폭락을 해서** 팔아 봤자 **비료값과 인건비도 못 건진다며**

父親は[6   ]白菜畑をトラクターで[7   ]。

아버지는 **애지중지 가꿔 온** 배추밭을 트랙터로 **갈아엎어 버렸다.**

[8   ]あんな[9   ]人間は、[10   ]

은혜를 원수로 갚는 저런 **배은망덕한** 인간은 **멍석말이를 해서**

[11   ]。

본때를 보여 줘야 해.

[12   ]に関する法案を[13   ]現在国会では

자원 재활용에 관한 법안을 **통과시키기 위해** 현재 국회에서는

[14   ]についての[15   ]が繰り広げられています。

자원 재활용 방안에 대한 **활발한 논의**가 펼쳐지고 있습니다.

[16   ]では、[17   ]を通じて子供が[18   ]します。

저희 학원은 **선행 학습**을 통해 아이가 **엘리트 코스를 밟을 수 있게** 해 드립니다.

앞에서 한국어 '졸속 행정'을 그대로 「拙速行政」라고 하면 안 된다고 했죠. 그 이유는 한국에서 '졸속'이라는 말은 부정적 뉘앙스로만 쓰지만, 일본의 경우는 반드시 그렇지는 않기 때문입니다. 그리고 拙(졸)이라는 한자의 경우 치졸하다, 졸렬하다, 옹졸하다 등의 예에서 알 수 있듯이 부정적 뉘앙스가 강한데, 일본의 경우는 다르다는 겁니다. 예컨대 시대극에서 아주 자주 등장하는 「拙者」라는 말은 겸손의 뜻으로 자신을 낮추어서 말하는 단어죠. 「拙作(졸작)」이라는 단어도 자신의 작품을 겸손하게 표현하는 것이고요. 물론 이 경우는 한국에서도 자신의 작품을 낮추는 표현으로도 쓰긴 하지만 타인의 작품을 부정적으로 평가할 때도 쓰죠. 그리고 2권에서 다뤘지만 '치졸'과 '졸렬'이라는 한자어도 한국과 다른 뜻으로 쓰이죠. 이쯤에서 사전을 찾아볼까요? 거의 모든 사전의 뜻풀이가 비슷하니 goo 사전만 보죠.

できはよくないが、仕事が早いこと。また、そのさま。「―に事を運ぶ」

'완성도는 좋지 않지만 일이 빠른 것'이라고 풀이해 놨습니다. 부정적이라고 보기엔 조금 애매하죠? 앞부분은 부정적이지만 뒷부분은 긍정적이라고도 해석할 수 있으니까요. 개인적으로는 가치 중립적 뜻풀이라는 느낌이 들지만 보는 관점에 따라서 다를 수는 있겠죠. 그래서 일본 사이트에 질문을 해 봤습니다. 일본에서는 '졸속'이라는 한자어를 반드시 부정적 의미로만 쓰는 건 아닌 거 같은데 어떠냐고 말이죠. 그런데 한 일본인이 일본에서도 부정적 뉘앙스로만 쓴다는 겁니다. 고개가 갸웃거려지더군요. 그래서 '졸속'의 쓰임새에 대해 설명하고 있는 사이트에서 부정적인 뜻으로 쓰이지 않은 예문을 제시했더니 '졸속'이란 단어를 잘못 이해해서 오용한 것이라고 하더군요. 하지만 어찌 됐건 그 일본인은 부정적 뉘앙스로만 알고 있고, 그렇게 써 왔을 수도 있겠죠. 그리고 일본어의 뜻을 설명하는 사이트에서도 잘못 설명하는 예들도 분명 있긴 하고요. 그렇다면 저 사이트들의 설명 말고 실생활에서의 쓰임은? 아래를 보시죠. KEYPRESS라는 사이트의 글에 있는 기사입니다.

「若手に拙速を求めて良いのか」。まず、この点についてお答えしましょう。当然ながら「Ｙｅｓ」です。むしろ若手こそ仕事の速度を上げて、できるだけ多くの仕事を経験して欲しいと私は思っています。(중략)つまり、中堅になって活躍できる人とそうでない人の違いはそこ。圧倒的な経験値の差です。だからこそ若いうちから"拙速"な仕事ぶりを心がけることが大切なのです。

젊은 사원에게 '졸속'을 요구해도 괜찮은가. 우선 이 점에 관해 답하겠습니다. 당연한 것이지만 'Yes'입니다. 오히려 젊은 사원이야말로 일의 속도를 올려서 가능한 한 많은 일을 경험해야 한다고 저는 생각합니다. (중략) 즉, 중견이 돼서 활약할 수 있는 사람과 그렇지 않은 사람의 차이는 그 부분, 압도적인 경험치의 차이입니다. 그렇기에 더더욱 젊을 때부터 '졸속'한 일처리를 염두에 두는 것이 중요한 것입니다.

이것 말고도 실제로 긍정적인 뉘앙스로 쓰고 있는 사례가 많지만 이것만 보더라도 일본은 '졸속'을 오히려 장려하는 뉘앙스로도 쓰고 있다는 게 증명이 되는 것이죠? 분명한 건 이 '졸속'이란 한자어의 쓰임새를 설명하고 있는 여러 사이트에서도 부정적 의미가 아닌 예문을 제시하고 있다는 사실입니다. 아무튼 이 '졸속'이라는 한자어에 대한 일본인의 인식도 「出来が悪い」에 중점을 두느냐 「仕事が速い」에 중점을 두느냐에 따라 갈라지는 것 같습니다.

1. 진행하는 것이 중요하다 : 進めるのが肝要である

이때도 '진행'이라는 한자어가 아니라 「進める」라고 하는 게 일반적입니다. 그리고 중요, 긴요 등의 뉘앙스로 쓰이는 肝要라는 단어도 몰랐던 분은 외워 두시기를.

2. 拙速に : 미진하더라도 신속히

따라서 부정적 뜻이 아닌 경우는 이런 식으로 풀어서 번역할 수밖에 없겠습니다.

3. 미흡한 점 : 至らない点

이 문맥에서의 「至らない」는 '미흡한'으로 번역할 수 있겠습니다.

4. 양해해 주십시오 : ご了承ください

양해(諒解)라는 한자어를 일본은 발음이 같은 「了解(요해)」라고 하죠. 그런데 이건 한국처럼 이해해 달라는 뜻으로 쓰지 않고, '알았다(이해했다)'는 뜻으로 대답할 때 주로 쓰고, 또 무전으로 얘기할 때 영어 무전 용어 roser라는 뜻으로 종종 쓰죠.

5. 拙速を信条に : '빨리빨리'를 신조로

이것도 일본에서 실제로 이렇게 쓰인 사례를 가져온 겁니다. 우리는 '제 신조는 졸속입니다'라고 하면 미친 사람 취급을 당하겠죠. 아무튼 이 경우는 따옴표를 치고 위와 같이 번역하는 것도 방법일 거 같습니다.

6. 이겨 나가기 위해서는 : 勝ち抜くためには

일본의 복합동사는 참 까다롭죠. 이 표현 몰랐던 분은 외워 두시기를.

7. 拙速にでも : 미진하나마 신속히

이 역시 저는 위와 같이 번역해 봤습니다.

8. 사업을 철수하는 건 : 事業を撤退するのは

9. 비판이 집중됐다 : 批判が集中した

일본은 '집중'이라는 한자어도 '스루'라고 합니다.

10. 拙速な決定 : 졸속한 결정

이 경우는 부정적 뉘앙스라 볼 수 있으니 그대로 직역해 줘도 되겠죠.

11. 그 순간만 모면하려는 : その場しのぎの

그 순간만 모면하려는 것, 임시변통의 수단 등을 이렇게 표현하죠. 한자는 「凌ぎ」인데 히라가나로 쓰는 경우가 많은 것 같습니다. 그리고 비슷한 표현으로서 「そのば逃れ」도 기억해 두시길.

12. 拙速な議長の提案 : 의장의 졸속한 제안

이 문맥에서도 그대로 '졸속'이라고 할 수 있겠고, 또한 한국어로서는 이와 같이 도치시켜 줘야 자연스럽다고 생각합니다.

13. 엄청난 야유가 터져 나왔다 : 大ブーイングが巻き起こった

'야유'는 한자로 쓰면 揶揄죠. 하지만 2권에서 다뤘듯이 '야유'라는 한자어도 한국과 일본의 뜻과 쓰임새가 다릅니다. 한국은 영어 '부잉'을 야유라고 하지만, 일본은 「やじ(ヤジ)」라고 합니다. 그리고 반드시 '현장'에서 '큰소리'로 야유하는 걸 뜻한다는 점.

14. 환율 전쟁이 심화 : 為替戦争が深刻化

'환율'은 「為替レート」지만 '환율 전쟁'이라고 할 때는 이렇듯 「為替」만 쓰는 게 일반적입니다.

15. 내놓은 외환 정책 : 打ち出した為替政策

이 경우의 '내놓다'는 「打ち出す」라고도 표현합니다.

16. 빗발치고 있다 : 殺到している

17. 拙速すぎるという : 너무 졸속이라는

18. 국가 백년지대계 : 国家百年の計(大計)

그냥 '백년(지)대계'의 경우는 「百年の計」라고 하는 게 일반적인데 교육의 경우는 「大計」라고도 한다고 합니다.

19. 신중하고도 철저한 검토 : 慎重かつ徹底した検討

2권에서 다뤘던 거 복습 차원에서 퀴즈로 내 봤습니다.

20. 하향하겠다는 : 引き下げるという

21. 비난을 면하기 힘들다 : 非難を免れない

'~하기 힘들다, 어렵다'는 표현을 일본은 동사 연용형에 「にくい·難い」를 붙여서 표현하죠. 하지만 모든 동사가 그런 게 아니라는 사실입니다. 이 「免れる」라는 동사도 「にくい」를 붙여서 쓰지 않는 게 일반적이라고 합니다. 일본어 참 어렵죠? 일본인에게 질문한 결과 구어로는 쓰는 사람이 있을지 몰라도 뉴스 같은 데서는 쓰지 않는다고 했으니 참고하시길.

22. 너무 졸속이라는 : 拙速にすぎる

문법적으로는 「拙速すぎる」라고 해야 옳은 건데 이 '졸속'이라는 한자어의 경우는 종종 위와 같이 말하더군요. 조사하다가 이것에 관해 한국인이 질문한 걸 발견했는데 그 일본인의 답변도 문법적으로는 없는 게 자연스럽지만 그렇게 쓰는 사례가 있고 좀 딱딱하고 문어적인 표현이라더군요. 뉴스 검색을 해 보면 이렇게 쓴 것들이 실제로 많이 검색됩니다. 일본은 거짓말하지 말라는 뜻으로 「嘘つけ(거짓말해)」라고 하고, 바보 같은 소리 하지 말라는 의미로 「バカ言え」라고도 하죠. 또한 「すごく」라고 해야 하는데 「すごい」 자체를 부사로 쓰는 등 문법적으로 설명이 불가능한 표현들도 많죠. 한국도 마찬가지고요.

랜덤 예제 모범 답안

1. 애지중지 키워 온 : 手塩にかけて育ててきた

이 「手塩にかける」라는 표현은 사람, 식물 등을 정성껏 보살펴서 키운다는 뜻으로 쓰이는 말이죠. 일본의 시대극 같은 걸 보면 연회 등의 장면에서 한 사람당 하나의 밥상을 놓고 먹는 장면이 자주 나오죠. 이렇듯 일본은 개인 밥상에 따로 식사나 술 등을 마시는 경우가 많은데, 「手塩」라는 건 이 개인 밥상에 올려서 본인의 입맛에 맞게 간을 해서 먹으라고 곁들인 소금을 뜻하는 말인데, '스스로 (정성껏)간을 맞춘다'는 뜻에서 본인이 직접 정성을 들여서 소중히 키운다는 뜻으로 발전한 것이라고 합니다.

2. 어학 연수 : 語学留学

3. 형언할 수 없는 쓸쓸함이 엄습했다 : えも言われぬ寂しさに襲われた

4. 폭락을 해서 : がた落ちして

앞서 「暴騰」라는 말도 사전에 있고 쓰기는 쓰지만 별로 안 쓰는 단어라고 했듯이 '폭락'의 경우도 흔히 접하는 단어는 아니라고 합니다. 주가 등의 경우에는 '폭락'을 쓰기도 하지만, 일상생활에서 자주 쓰는 표현은 아니란 것이죠. 그리고 앞에서도 나왔지만 가격 등이 뚝 떨어지는 걸 이렇게 말합니다.

5. 비료값과 인건비도 못 건진다 : 肥料代と労働費も回収できない

일본도 '인건비'라는 용어를 쓰는데 한국과 쓰임새가 미묘하게 다릅니다. 인력을 확보하고 유지하기 위한 비용이란 뜻으로 쓰이는데, 이 예문은 그런 경우가 아니죠. 배추 농사에 아버지가 들인 노동의 대가라는 의미죠. 따라서 '노동비'라고 해 주는 게 적절합니다. 또 이런 문맥에서 쓰인 '건지다'라는 표현도 일본어로 직역이 불가능한데, 제 능력으로는 위와 같은 번역밖에 안 떠오르네요.

6. 애지중지 가꿔 온 : 手塩にかけて育ててきた

한국어 '가꾸다'도 일본어로 번역하기 까다로운 단어죠.

7. 갈아엎어 버렸다 : すき返してしまった

이 「すき(鋤)」는 농기구인 가래를 뜻하고, 「鋤く」는 가래로 땅을 파헤치는 걸 말하죠. 그러니까 이 경우는 가래로 밭을 갈아엎는다는 뜻인 것이죠. 이것도 아주 옛날에 외웠던 단어라서 확인차 자주 쓰는 단어인지 물었더니 그렇지 않다는 답변을 들었으므로 「掘(ほ)り返す」를 쓰는 게 나을 거 같습니다. 참고로 감수자님은 이걸 건드리지 않았습니다.

8. 은혜를 원수로 갚는 : 恩を仇で返す

이 표현은 아는 분도 많을 텐데 일본은 이때도 恩恵라고 하지 않죠.

9. 배은망덕한 : 恩知らずの

일본은 '배은망덕'이라는 사자성어를 쓰지 않으니 이렇게 번역해 줘야겠죠.

10. 멍석말이를 해서 : 袋叩きにして

「袋叩き」는 여러 사람이 한 사람 혹은 소수의 사람에게 뭇매를 때리는 걸 뜻하죠. 그리고 실제로 때리는 게 아니라 비유적으로도 쓰입니다. 많은 사람들이 비난하는 것, 바꿔 말해 여론의 뭇매를 때린다는 뜻으로도 씁니다.

11. 본때를 보여 줘야 해 : 目に物見せてやらなくちゃ

12. 자원 재활용 : 資源の再利用·資源のリサイクル

13. 통과시키기 위해 : 成立させるために

14. 자원 재활용 방안 : 資源再利用の方策

'방안'이라는 한자어의 쓰임새 폭도 한국에 비해 일본은 좁다고 했죠. 이 경우에도 '방안'이 아니라 이처럼 '방책' 혹은 '대책'을 써 주는 게 일반적입니다.

15. 활발한 논의 : 活発な議論

2권에서 일본어 議論과 論議의 쓰임새 차이에 관한 논문을 소개했는데, 거기서 일본어 議論에는 '구체적인 행위성이 강하게 내포돼 있다'고 주장했죠. 따라서 이와 같은 문맥에서는 論議가 아니라 議論을 쓰는 게 일반적이라는 거죠.

16. 저희 학원 : 当塾

17. 선행 학습 : 先取り学習

우리의 '선행 학습'을 일본의 경우는 위와 같이 말합니다. 앞에서 나왔지만 「先取り」는 남보다 먼저 행하는 것, 바꿔 말해 선행하는 것을 의미하죠.

18. 엘리트 코스를 밟을 수 있게 : エリートコースを歩めるように

이 경우 일본은 이처럼 「歩む」 또는 「辿る」라는 단어를 씁니다. 제가 누차 강조한 바 있듯이 단어를 외우지 말고 표현을 외워야 일본어 실력이 제대로 향상됩니다.

読み方

白菜(はくさい)·肝要(かんよう)·拙速(せっそく)·至(いた)らない·信条(しんじょう) 免(まぬが)れない·手塩(てしお)·肥料(ひりょう)·仇(あだ)·袋叩(ふくろだた)き

「因縁している」라니 무슨 뜻이지?

ここで[1]何かの[2]。

여기서 **만난 것도** 뭔가 인연이겠죠.

[3]、この[4]。

기왕 만났으니 이 인연을 잘 가꿔 나갑시다.

[5]って言うじゃないですか。[6]も

옷깃만 스쳐도 전생에 큰 인연이라고 하잖습니까. **이렇게 만나게 된 것도**

[7]だろうから、[8]うまくやっていきましょう。

뭔가 인연이 있었기 때문일 테니 **앞으로** 잘해 나갑시다.

あの家の姑は、[9]因縁をつけて、[10]らしく、

저 집 시어머니는 **걸핏하면** [11]**며느리를 괴롭혀 온** 모양인데,

[12]嫁が[13]に帰ってしまったそうです。

더는 참을 수 없게 된 며느리가 **친정에** 돌아가 버렸다고 합니다.

俺は既にあいつと[14]。もう因縁ができてるんだよ。

난 이미 그 자식과 **두 번이나 싸웠어.** 이미 [15].

ウラシキ：同じ一族だというのに[16]。

우라시키 : 같은 일족이라는데 **상당히 남처럼 대하는군요.**

トネリ：大筒木一族の因縁は私で[17]。

토네리 : 오츠츠키 일족의 [18]는 나로 **끝나는 줄 알았는데.**

ウラシキ：[19]。大筒木の[20]はそうは思っていませんよ。

우라시키 : **하지만 천만의 말씀.** 오츠츠키 **종가는** 그렇게는 생각 안 해요.

「[21]一度は会わせたい人」、今日は長嶋一茂さんの

'죽기 전에 한 번은 만나게 하고 싶은 사람', 오늘은 나가시마 카즈시게 씨의

「因縁レジェンド投手」江川卓さんに[22]。

'[23]' 에가와 스구루 씨를 모셨습니다.

Q：[24]で因縁ができた中で、相手選手をどう思いますか?

Q : 토너먼트 기자회견에서 [25], 상대 선수를 어떻게 생각하세요?

A：凄い[26]って感じですね。

A : 엄청 개건방진 애송이라는 느낌입니다.

最初は[27]ただ聞いているだけでしたが、

처음에는 놀라움과 함께 할 말을 잃고 그냥 듣고 있을 뿐이었지만,

[28]さまざまな勉強をしながら原稿を[29]、成人期以降の

이윽고 다양한 공부를 하면서 원고를 써 나가다 보니 성인기 이후

彼女の人生に起こる[30]因縁していることが[31]。

그녀의 인생에 일어나는 많은 일들이 트라우마에 [32] 알게 되었습니다.

韓国が因縁の[33]日本を3-0で[34]して[35]に

한국이 [36]의 적수 일본을 3-0으로 완파하고 16강 토너먼트에

進出したという[37]。[38]。

진출했다는 소식을 전하면서 중계를 마칩니다.

いわゆる「[39]」と呼ばれ、[40]

이른바 '골든 제너레이션'이라고 불리며 3년 4개월이나 되는 오랜 기간에 걸쳐

[41]FIFAランキング1位を守り続けたベルギーは、

브라질을 누르고 피파 랭킹 1위를 계속 지켰던 벨기에는

メジャー大会の[42]。

메이저 대회 우승과는 인연이 없었다.

이 '인연'이라는 한자어의 쓰임새 차이에 관해서는 1권에서 잠시 언급했었지만, 이 한자어 역시 번역하기 너무도 까다로운 한자어이기 때문에 다시 한번 상세히 다뤄 보기로 하겠습니다. 퀴즈부터 풀어 보셨으면 얼마나 골치 아픈 한자어인지 아시겠죠? 사전상의 뜻풀이는 어슷비슷하니 지면을 줄이기 위해 생략하고 goo 사전에 있는 예문에서 언급할 필요가 있는 게 있어서 이것만 소개합니다.

2 前世から定まった運命。宿命。「出会ったのも何かの―だろう」

'만난 것도 뭔가 因緣이겠지'라는 말. 뜻풀이로 볼 때 이 '인연'은 운명, 숙명이라는 뉘앙스로 쓰인 것이죠. 한국어 '인연'도 원래는 불교 용어였으니 넓은 의미로 볼 때는 '운명, 숙명'이라는 뉘앙스도 포괄하는 개념일 수는 있지만, 사실상 일상생활에서 운명이나 숙명이라는 뜻으로 쓰는 경우는 별로 없죠? 아무튼 그래서 다음과 같은 예문을 제시하고 어떤 걸 써야 자연스러우냐고 몇몇 일본인에게 물었습니다.

ここで出会ったのも何かの「縁・因縁」でしょう。

그랬더니 답변해 준 모든 사람이 縁을 쓰는 게 자연스럽다면서, 因緣은 별로 좋은 의미로 쓰이지는 않는다더군요. 그런데 다른 사이트의 한 일본인은 因緣은 원래 불교에서 온 용어라서 좋은 뜻으로도 나쁜 뜻으로 쓰인다고 하더군요. 하지만 분명해 보이는 건, 오늘날의 일본인들, 특히 젊은 층에서는 이 因緣이라는 한자어에 대해 부정적인 뉘앙스를 느낀다는 사실입니다. 왜냐하면 이 因緣이라는 말이 가장 빈번히 쓰이는 예가 「因緣をつける」, 「因緣の対決」, 「因緣の相手」 등 뭔가 부정적 뉘앙스로 쓰이는 단어이기 때문이겠죠.

따라서 이렇게 쓰인 일본어 因緣의 경우, 1권에서도 언급했듯이 숙명, 운명, 앙금, 숙원(宿怨), 구원(舊怨) 등으로 번역하면 해결되는 경우가 많죠. 그런데 제 블로그 글을 안 읽으신 분들을 위해 재미있는(?) 에피소드를 하나 소개하자면, 제가 번역한 레슬링을 소재로 한 애니에서 또 「因緣の対決」라는 대사가 나와서 가벼운 마음으로 '숙명의 대결'이라고 번역했습니다. 그런데 뒤에 중계 캐스터가 아래와 같은 멘트를 합니다.

因緣を超え、宿命と化したこの対決、そのゴングがついに鳴り響きます。
因緣을 넘어 숙명이 된 이 대결, 마침내 그 공이 울립니다.

앞에서 因緣을 '숙명'이라고 번역했는데 이 대사가 툭 튀어나온 거죠. 살짝 당황스럽더군요. 하지만 일본어 因緣은 문맥에 따라 '악연'이라고 번역해도 무방하다고 생각하고 있었기 때문에 그냥 '악연'으로 고치려다가, 그래도 모른다 싶어서 확인을 거치기 위해 일본 사이트에 질문을 던졌습니다. 「因緣の対決」라고 할 때의 「因緣」이라는 말에는 「悪縁」, 「わだかまり(앙금)」라는 뉘앙스가 들어 있느냐고 말이죠. 그랬더니 아주 적확한 질문이라고 생각한다면서 맞다더군요.

하지만 문제는, 위에 제시한 역어 후보군으로 번역하면 되는 경우도 있지만 그래서는 자연스럽지 않은 경우도 있다는 사실이죠. 그래서 번역가가 골머리를 앓는 것이고요. 따라서 그런 예의 경우는 제 나름대로 머리를 굴려서 모범 답안을 '제안'했지만 그 외에도 더 적절한 번역이 있을 수 있겠죠. 언어 감각이 출중한 분이 이 책을 읽으신다면, 그래서 더 적절한 번역이 떠오르시면 꼭 좀 알려 주시면 좋겠습니다. 저한테도 큰 공부가 될 겁니다.

참고로 지면 관계상 인터넷에서 수집한 예문들을 모두 싣지는 못했지만, 그중에서 「因縁が勃発(직역:인연이 발발)」이라는 표현이 들어간 예문을 제시하면서, 이 경우 다른 일본어로 대체한다면 어떤 표현이 있겠냐고 물었을 때 돌아온 답변이 「もめ事が起きる」, 「ごたごたが起きる」였습니다. 둘 다 다툼, 분란, 분쟁이라는 뜻을 가진 말이죠. 因縁이라는 말에 대해서 오늘날의 일본인들이 느끼는 어감의 단면을 여실히 보여 주는 예가 아닌가 합니다.

모범 답안

1. 만난 것도 : 出会ったのも

한국은 한자어를 제외하면 '만나다'라는 표현밖에 없지만 일본은 여러 표현이 있죠. 「会う」는 포괄적인 개념의 '만나다'라면 이 「出会う」는 우연성이 내포돼 있죠. 그리고 더 우연성이 큰 경우는 「出くわす」라고 합니다.

2. 인연이겠죠 : 縁でしょう

해설에서도 말씀드렸듯이 많은 일본인들은 '인연'이라는 한자어에서 부정적 뉘앙스를 느끼는 경우가 많으므로 한국어 '인연'은 이렇게 번역해야 자연스럽다고 여긴다는 겁니다.

3. 기왕 만났으니 : せっかく出会えたので

일본은 이 경우도 가능형으로 표현을 곧잘 하죠.

> 日   이 경우도 '만날 수 있었으니'가 아니라 이렇게 표현하는 게 일반적이고 자연스럽습니다.

4. 인연을 잘 가꿔 나갑시다 : 縁を大切に築いていきましょう

또 '가꾸다'가 나왔는데 여기서는 「築く」라는 말로 번역해 봤습니다. 또한 한국어 부사 '잘'도 문맥에 따라 다양한 일본어로 번역해 줘야 하는 단어죠. 감수자님한테 「うまく」와 「大切に」 중에 어떤 게 적절한지를 물었더니 후자를 선택해 줬습니다.

5. 옷깃만 스쳐도 전생에 큰 인연 : 袖振り合うも多生の縁

불교에서 온 말인데 일본은 위와 같이 표현합니다. 이 속담에서도 '인연'이라는 한자어를 쓰지 않는다는 점.

6. 이렇게 만나게 된 것 : こうして出会えたの

이 역시도 일본은 가능형으로도 쓰죠.

7. 뭔가 인연이 있었기 때문 : 何か縁があってのこと

이건 평범하게 「縁があったから」라고 해 줘도 되지만 일본은 위와 같은 식으로도 말합니다. 그리고 퍼뜩 떠오른 표현으로서 우리가 '봤다시피'라고 말하는 장면에서 일본은 「見てのとおり」라고 하죠. 아무튼 이런 건 그냥 통째로 외워서 자주 씀으로써 익히는 수밖에 없겠죠.

8. 앞으로 : この先

일본은 '앞으로'라는 뜻으로 위와 같이 표현하기도 합니다.

9. 걸핏하면 : 何かにつけ

2권에서 다뤘듯 문맥에 따라서는 '걸핏하면', '툭하면'이 아니라 다르게 번역해 줘야 하죠.

10. 며느리를 괴롭혀 온 : 嫁に嫌がらせをしていた

이 경우 '테이루' 표현은 지금 혹은 어떤 시점까지 계속 그랬다는 뜻이므로 이처럼 '괴롭혀 온'이라고 번역해 줄 수도 있겠죠. 그리고 「嫌がらせ」도 문맥에 따라 다양하게 번역해야 하는 까다로운 표현이죠.

> 日　반대로 이걸 '괴롭히고 있었던 모양'이라고 하면 군더더기 표현이 됩니다. 한국에선 그냥 '괴롭혔던 모양'이라고 해야 매끄럽습니다.

11. 因縁をつけて : 트집을 잡아서

일본은 '인연'이라는 한자어를 주로 쓰는 게 이 경우와 「因縁の対決」나 「因縁の相手」처럼 부정적인 뉘앙스로 쓰는 경우가 많아지다 보니 '인연'의 원래 뜻은 죽어 버리고 이 한자어에 대한 부정적 느낌이 강해졌기 때문에 오늘날은 '인연'을 긍정적 의미로는 거의 안 쓰는 거죠.

12. 더는 참을 수 없게 된 : いたたまれなくなった

이걸 한자로 표기하면 「居た堪れない」인데, 한자로 표기하지 않고 그냥 히라가나로 표기하는 게 일반적이라고 합니다. 그런데 우리 한국인 입장에서는 한자로 표기하는 게 이 단어의 뜻을 이해하기 더 쉽고, 암기도 수월해지죠. 그러니까 「居た」의 경우 왜 「た」라고 하는지는 저도 모르겠지만 아무튼 이건 '있다', '있는 것'이라는 뜻이죠. 그리고 「堪れない」는 '참을 수 없다', '견딜 수 없다'는 뜻이니 '있는 걸 견딜 수가 없다'라는 뜻으로 쉽게 이해할 수 있고, 이러면 암기도 쉬워지죠.

13. 친정 : 実家

14. 두 번이나 싸웠어 : 二度も喧嘩してるんだ

여기서도 일본은 '테이루'라고 합니다. 단순한 과거 사실을 전하는 게 아니라 어떤 의미를 지니고 있는 표현인 것이죠.

15. 因縁ができてるんだよ : 악연이 생긴 거라고

한 일본인은 이 경우에 「できる」는 어색하고 「ある」라고 하는 게 자연스럽다는 말을 했는데, 실제로 「できる」라는 동사를 쓴 사례가 많습니다. 그리고 저 아래 나오는 퀴즈(인터뷰 부분)도 실제로 기자가 말한 사례입니다.

16. 상당히 남처럼 대하는군요 : ずいぶんと他人行儀じゃないですか

이 「他人行儀」와 같은 일본 특유의 표현은 통째로 외우는 수밖에 없습니다. 남처럼 대하는 것, 서먹서먹하게 대하는 걸 뜻하는 표현이죠.

17. 끝나는 줄 알았는데 : 終わるのだと思っていたがな

'~줄 알다'라는 표현도 일본어로 번역할 때 주의해야 할 표현이죠. '피아노를 칠 줄 알다', '영어를 할 줄 알다' 등의 경우는 가능, 능력 등의 의미지만 이 문맥에서는 다르죠.

> **日** 반면에 일본은 「～と思う」라는 표현을 한국에 비해 엄청 많이 쓰는데 이걸 그대로 '~고 생각하다'로 번역해도 자연스러운 경우도 있지만 그렇지 않은 경우도 있습니다. 이처럼 '~줄 알다'나 '~(라)고 보다', '~지(or 다) 싶다' 등으로 번역하는 게 매끄러운 경우가 많습니다. 다만 이 문장의 경우는 '생각하다'라고 할 수도 있는데 이때는 앞의 말이 바뀌어야 자연스럽습니다. '끝나는 줄 생각했는데'가 아니라 '끝난다고 생각했는데', '끝나는 거라 생각했는데', '끝날 거라 생각했는데' 등으로 해야 매끄럽습니다.

18. 因縁 : 운명(업보)

<보루토>에 나온 대사인데, 이 경우의 일본어 '인연'은 무슨 뜻인지 파악하기가 너무 어려웠습니다. 그래서 고심 끝에 위와 같이 의역해서 보냈습니다.

19. ところがどっこい : 하지만 천만의 말씀

이 「どっこい」는 기합 소리이기도 하고, 위와 같이 쓰였을 때는 상대방의 행동 등을 가로막을 때 쓰는 표현이죠. 하지만 일상생활 속에서 쓸 일은 거의 없다는데 이처럼 번역할 때는 나오니 알아는 둬야겠죠. 제가 번역했던 <한밤중의 야지 키타>라는 영화에서도 나왔었고요. 이때는 '아서라'라고 번역을 했었는데, 문맥에 따라 '어딜', '어허' 등등 유연하게 번역해 줘야 하는 말이죠. 여기선 위와 같은 번역을 선택해 봤습니다. 참고로 「どっこいどっこい」라고 하면 실력, 능력, 힘 등이 서로 비슷비슷하다는 뜻입니다.

> **日** '아서라' 또는 '아서'라는 말이 이 「どっこい」와 유사한 말인데, 요즘에는 거의 안 쓰이는 거 같지만 제가 어릴 때는 어른들이 간혹 쓰는 걸 들은 적이 있습니다. 하지만 지금은 소설 등의 문학 작품이나 옛날 영화를 보면 접할 정도로 사용 빈도는 극히 낮습니다. 한국의 사극 등을 번역하게 된다면 유용하게 쓸 수 있을 거라 봅니다. 사전에서는 '그렇게 하지 말라고 금지할 때 하는 말'이라고 나옵니다.

20. 本家 : 종가

> 日　한국에서 '본가'는 일본어 実家라는 의미로 쓰입니다.

21. 죽기 전에 : 死ぬまでに

2권에서 「まで」와 「までに」의 쓰임새 차이에 대해 언급했었죠. 그런데 이런 문맥에서는 '죽기까지', 또는 '죽을 때까지'라고 번역하면 한국어로서 좀 어색하죠? 따라서 이 경우는 '죽기 전에'라고 번역해야 자연스럽다고 생각합니다.

22. 모셨습니다 : お越しいただきました

> 日　'모시다'라는 한국어도 일본인 입장에서는 번역하기 까다로운 단어라고 알고 있습니다. 이 경우에는 위처럼 번역해 줄 수 있겠습니다.

23. 因縁レジェンド投手 : 엇갈린 인연의 레전드 투수

직역을 하면 '인연 레전드 투수'? 한국어로서 부자연스럽죠. 이에 관해서는 설명이 좀 필요한데, <샤베쿠리 007>이라는 일본의 토크 프로에서 나온 말입니다. 게스트로 나오는 연예인, 유명인 등과 사전 미팅을 통해서 꼭 만나고 싶은 인물을 물어본 뒤에 그 사람들 중에 스튜디오로 나온 사람이 있는지 없는지를 알아보고 서로 만나게 해 주는 코너가 새로 생겼는데, 이때는 본인에게 물어본 게 아니라 제작진이 죽기 전에 만나게 해 주고 싶은 사람을 스튜디오로 부른 콘셉트로 진행하더군요. 이때의 게스트는 프로 야구 선수 출신인데 오래 전부터 방송인으로 활약하고 있는 나가시마 카즈시게라는 사람 편이었습니다. 제작진이 이 사람과 만나게 해 주고 싶은 인물로 선정한 두 번째가 바로 에가와 스구루라는, 활동 당시 괴물로 불리었던 유명한 투수였습니다. 그런데 이 사람과 무슨 '인연?'이 있어서 이 사람을 부른 걸까요? 그 경위는 다음과 같습니다.

에가와 스구루 선수는 카즈시게 씨가 어릴 때부터 동경의 대상이었던 선수였고, 아울러 장래에 반드시 꺾고 싶어하는 적수로 생각했던 사람이랍니다. 나이 차이도 8살(?) 정도밖에 안 나니까 충분히 실현이 가능한 경우죠. 그런데 드디어 카즈시게 씨가 프로 구단에 입단하게 된 해에 공교롭게도 에가와 스구루 선수는 은퇴를 하고 맙니다. 그래서 둘의 대결이 성사되지 못하고 인연이 끝나게 된 것이죠. 그렇다면 '(한국어)인연'이 없는 거라고 해야 맞는 거겠죠? 카즈시게 씨가 혼자서 '우리 둘은 운명의 적수'라고 생각했지만 그 인연이 어긋난 셈이 된 것이니까요. 그런데 일본은 이때도 因縁이라는 말을 쓰네요. 이걸 대체 어떻게 번역해야 할까요? 저는 이처럼 '엇갈린 인연'이라고 의역을 해 봤습니다.

24. 토너먼트 기자회견 : トーナメントの会見

일본은 이처럼 '기자'는 빼고 '회견'이라고 하는 경우도 많습니다.

25. 因縁ができた中で : 시비가 붙었었는데, 앙금(악연)이 생긴 상황인데

격투기 선수 인터뷰 내용에서 발췌한 것인데, 기자회견에서 서로를 헐뜯고 약을 올리고 하는 이른바 트래시 토크가 오가고 했다는 말이죠.

26. 개건방진 애송이 : クソ生意気なお坊っちゃん

요즘 젊은이들은 욕설인 '개'라는 말을 아무렇지 않은 접두어처럼 사용하죠. 사담이지만 제 누나도 이런 표현을 남발하는 걸 보면 젊은이들뿐 아니라 중장년층까지 번진 모양입니다. 그리고 일본은 상대방을 얕보는 표현으로서 「お坊っちゃん」이라는 말을 자주 하는데, 도령, 꼬마, 꼬맹이, 철부지 등의 뉘앙스로 비꼬는 말로 쓰기도 하죠. 이 경우는 '애송이'라는 번역이 어울릴 거 같습니다.

27. 놀라움과 함께 할 말을 잃고 : 驚きとともに言葉を失って

> **日** 한국에서는 '말을 잃다'라고 하면 실어증(失語症)에 걸렸다는 뜻으로 받아들일 수 있으므로 이처럼 '할 말'이라고 하는 게 일반적입니다.

28. 이윽고 : やがて

29. 써 나가다 보니 : 書いていくうちに

이걸 「書いていってみたら」라고 하면 코패니즈죠.

30. 많은 일들이 트라우마에 : 多くのことにトラウマが

뒤의 「因縁する」와 연결되는 조사에 유의. 우리는 '~가(이) ~에 기인하다'라고 하는 데 반해 일본은 이렇듯 「~に~が因縁する」라고 합니다.

31. 알게 되었습니다 : わかってきました

> **日** 일본은 「~てしまう」, 「~てくれる」, 「~てみせる」라는 표현을 빈번히 쓰지만 한국은 그렇지 않으므로 번역할 때 주의할 필요가 있습니다. 여기서 쓰인 「~てくる」도 마찬가지고요.

32. 因縁していることが : 기인한 것임을

제가 즐겨 찾는 모든 사전에 동사 용법을 소개하는 건 단 하나도 없습니다. 하지만 이렇듯 동사로 쓴 사례가 검색이 됩니다. 이 예제도 「フラッシュバック―桜守家の近親五重奏」라는 책에서 실제로 쓰인 걸 발췌한 겁니다. 또한 아주 유명한 <겐지 이야기>에 관해 쓴 글에서도 동사로 쓰고 있었습니다. 아무튼 이 경우는 '기안한/말미암은' 등으로 번역해 주는 게 좋겠죠.

33. 적수 : ライバル·相手

일본도 敵手라는 한자어가 한국과 비슷한 뜻으로 사전에 실려 있지만 好敵手라는 표현은 써도 敵手는 거의 안 쓴다고 합니다. 따라서 위와 같이 의역해 줘야겠죠.

34. 완파 : 大破·完勝

35. 16강 토너먼트 : 決勝トーナメント

36. 因緣 : 운명, 숙명

이 문맥에서는 운명이나 숙명이라고 번역해 주는 게 자연스럽겠죠?

37. 소식을 전하면서 : ことをお伝えしました

그리고 이 경우의 '소식' 역시 「ニュース」라고 해도 「知らせ」라고 해도 어색하죠. 그리고 일본어 표현 「동사 연용형 + ながら」는 '~(하)면서'라고 번역하는 경우가 많고, 반대로도 그렇게 하는 경우가 많지만 그래선 안 되는 경우가 있습니다. 바로 이런 맥락에서 쓰인 '~면서'죠. 일본어 「～ながら」는 두 개 이상의 행위, 말, 동작 등을 동시에 할 때 쓰는 표현이므로 이 경우에 그대로 「～ながら」라고 하면 어색한 것이죠. 그러므로 위와 같이 종지형으로 마무리 지어 주고 아래 38번과 같이 바꿔 줄 필요가 있습니다. 참고로 감수자님은 「進出しました」라고 하는 게 깔끔하다고 하셨으니 참고하시길.

38. 중계를 마칩니다 : これで実況を終わります

일본은 이렇듯 '실황'이라고 하는 게 일반적입니다. 그리고 동사로도 씁니다. 해설에서 언급한 레슬링 애니의 대본에도 화자(話者)를 적는 부분에 중계 캐스터를 実況라고 적어 놨습니다. 아마도 일본 스포츠 방송을 즐겨 보시는 분은 자막에 우리가 말하는 '캐스터'를 実況이라고 적어 놓은 걸 보셨을 겁니다. 그리고 이때도 「終えます」가 아니라 위와 같이 말하죠.

> **日** 한국은 스포츠 중계를 달랑 '실황'이라고는 하지 않습니다. 그리고 쓰더라도 '실황 중계'라고 하지 '실황'을 단독으로 쓰는 일은 거의 없습니다.

39. 골든 제너레이션 : 黄金世代

일본은 이처럼 한자어로 말하는 게 일반적입니다.

40. 3년 4개월이나 되는 오랜 기간에 걸쳐 : 3年4ヶ月もの長きに渡り

이런 표현도 통째로 외워서 자꾸 써 보면서 익히는 방법밖에 없죠.

41. 브라질을 누르고 : ブラジルを抑え込み

여기서 쓰인 '누르다'는 경기 같은 걸 이겼다, 승리했다는 뜻이 아니죠. 따라서 위와 같이 번역해 줄 수 있겠습니다.

42. 우승과는 인연이 없었다 : 優勝とは縁がなかった

> **読み方**
>
> 因縁(いんねん)・築(きず)いて・袖(そで)振(ふ)り合う・多生(たしょう)・他人行儀(たにんぎょうぎ)
> 本家(ほんけ)・お越(こ)しいただき・お坊(ぼう)っちゃん

비슷하기에 더 골치 아픈 한자어 이변과 異変

W杯C組で[1]。[2]が[3]

월드컵 C조에서 **대이변이 일어났다**. 사우디아라비아 대표팀이 리오넬 메시를 거느린

南米の雄[4]を相手に[5]2-1で[6]。

[7] 아르헨티나 대표팀을 상대로 **정면으로 맞부딪혀서** 2-1로 **꺾었다**.

[8]。カタールW杯[9]の強豪5ヶ国。

대위기. 카타르 월드컵 **탈락 위기**의 강호 5개국.

[10]の大会で[11]チームは?

대이변 속출 대회에서 **크게 고전하는** 팀은?

[12]は、サウジのアルゼンチン戦勝利。勝利確率8.7%の

월드컵 사상 최대의 이변은 사우디의 아르헨티나전 승리. 승리 확률 8.7%의

サウジが[13]のアルゼンチンに [14]、[15]。

사우디가 **강력한 우승 후보** 아르헨티나에 **역전승을 거두어** 대이변을 일으켰다.

トーナメントってのは、[16]。

토너먼트라는 건 이변이 있어야 제맛이지.

[17]つまらないだろうが。

전혀 이변이 없으면 재미없잖아.

数日前から[18]があったんですが、

며칠 전부터 **눈에 불편한 감각**이 있었는데

どうやら目に**異変が起きた**ようです。

아무래도 눈에 [19].

あれは[　　20　　]じゃない。何か異変を感じたらすぐに知らせろ。

그건 **가위눌림 같은 단순한 게** 아냐. [　　21　　] **바로 알려**. 〈보루토〉

暖冬異変で各地のスキー場が[　22　]のは例年のことになっていた。

[　23　]으로 각지의 스키장이 **비명을 지르는** 건 [　　24　　]. 한무라 료 〈군화의 울림〉

地球の異常な温暖化により、世界各地で[　　25　　]中、

지구의 [　　26　　]로 인해 세계 각지에서 기상 이변이 잇따르는 가운데

[　　27　　]国際会議が開かれています。

온실가스 저감을 위한 국제회의가 열리고 있습니다.

랜덤 예제

仕事場で[　　1　　]と[　　2　　]、

일터에서 **우연히 만난 길고양이와 인연이 닿아**

5年間[　　3　　]過ごしています。

5년간 **동고동락하며** 지내고 있습니다.

昨日、[　4　]に[　5　]に出会いましたよ。[　　6　　]と、

어제 **퇴근 길에 연쇄 추돌 사고를** [　　7　　]. **전방 주시 소홀**과

[　8　]義務を守らなかったので発生した[　9　]でした。

안전 거리 유지 의무를 지키지 않아서 발생한 **5중 추돌 사고였어요**.

ここは、[　10　]コロナウイルス[　　11　　]

이곳은 **신종 코로나 바이러스 감염병 대응을 위한**

有識者会議が開かれている[　12　]です。

[　　13　　]가 열리고 있는 **회의장**입니다.

内部には恐ろしい武器が[　14　]。/ 内部は既に汚染物質が[　15　]。

내부엔 무시무시한 무기로 **가득 차 있다**. / 내부는 이미 오염 물질로 **꽉 찼을 거야**.

이것도 사전부터 뒤져봅시다. 표준국어대사전은 아래와 같습니다.

예상하지 못한 사태나 괴이한 변고

위와 같이 '사태'나 '변고'라고 나와 있는데 코지엔 사전을 볼까요?

① 通常と変わること。変化。「―異変」
② 非常の事件・事態。変事。「異変が起こる」

일본도 2번 뜻은 한국과 비슷한데 바로 1번 뜻 '평상시와 다른 것. 변화' 때문에 쓰임새 차이가 생기는 것이죠. 한국어 '이변'에는 '변화'라는 뜻은 없습니다. 그러니 1번 뜻으로 쓰인 일본어 異変을 번역할 때는 주의를 기울여야겠죠.

> **日** 어떤 일본 예능 프로에서 대식가 대결을 하는데 잘 먹던 사람이 갑자기 먹는 속도가 확 떨어지자 내레이터가「OOに異変が!」라고 하더군요. 한국에선 이런 경우에 '이변'이라는 말을 쓰지 않습니다.

모범 답안

1. 대이변이 일어났다 : 大波乱が起きた

일본은 이때 '파란'이라는 한자어를 씁니다. '파란'의 쓰임새도 한국과는 다르다는 것이죠.

> **日** '파란'이라는 한자어 자체가 지닌 뜻으로 보자면 약체팀이 강팀을 꺾는 것도 '파란'이라고 할 수 있겠지만 한국에선 이때 '이변'이라는 표현을 씁니다.

2. 사우디 아라비아 대표팀 : サウジアラビア代表

일본은 이렇듯 '대표'라고만 하기도 합니다.

3. 리오넬 메시를 거느린 : リオネル・メッシを擁する

일본은 옹립, 옹호라고 할 때의 옹(擁)만으로 동사로도 쓰기도 하는데, 이 문맥에서는 '가지다', '거느리다'라는 뜻으로 쓰인 겁니다.

4. 아르헨티나 대표팀 : アルゼンチン代表

5. 정면으로 맞부딪쳐서 : 真っ向からぶつかりあって

1권에서 정면 승부도 일본은「真っ向勝負」라고 한다고 했죠.

6. 꺾었다 : 下した

스포츠 등에서 상대방을 꺾는 걸 이렇듯 「下す」라고도 합니다.

7. 南米の雄 : 남미의 강호(강자)

이 雄는 영웅이라고 할 때의 '웅'이죠. 용맹한 자, 걸출한 자, 뛰어난 자라는 뉘앙스로 쓰인 것입니다. 따라서 저는 위와 같이 의역해 봤습니다.

8. 대위기 : 大ピンチ

일본은 이 경우 '위기'라는 한자어가 아니라 이처럼 말하는 게 일반적인 것 같습니다.

9. 탈락 위기 : 敗退危機

10. 대이변 속출 : 大波乱続出

11. 크게 고전하는 : 大苦戦する

> 日　한국도 대(大)라는 말을 위의 '대위기'처럼 접두어적으로 쓰니까 '대고전'이라고 해도 미루어 짐작할 순 있겠지만 일반적인 표현은 아닙니다. 특히 '대고전하다'라는 동사는 더더욱 어색합니다.

12. 월드컵 사상 최대의 이변 : W杯史上最大の番狂わせ

이건 아는 분도 많겠죠. 일본은 한국에서 말하는 '이변'을 이렇게 「番狂わせ」라고 합니다. 다만 「番狂わせ」란 말 자체는 예상 외의 일이 발생해서 순번이 틀어진다는 뜻으로 쓰이지만, 스포츠 등에서 한국어 '이변'이 일어나는 경우에도 쓴다는 것일 뿐입니다.

13. 강력한 우승 후보 : 有力な優勝候補

1권에서 기대하라고 한 게 이겁니다. 시쳇말로 삘이 온다, 촉이 온다고 하죠. 이 한국어 원문을 일본어로 옮기는 과정에서 일본에서도 이 경우에 '강력'이란 한자어를 쓰나? 싶은 생각이 불현듯 들더군요. 그래서 검색을 해 봤더니 많이 검색이 됐습니다. 하지만 자세히 뜯어보니 이 역시 거의 한국의 기사 등을 번역한 것이었습니다. 그래서 언어를 일본어, 나라를 일본으로 한정해서 검색을 하니까 3,000개 남짓으로 확 줄더군요. 하지만 그마저도 거의 한국발 기사였습니다. 그래서 또 하나 '좀좀' 했구나 싶어서 일본 사이트에 질문을 올렸더니 아니나 다를까, '뜻은 이해하지만 일반적이지는 않다'는 답변이었습니다.

14. 역전승을 거두어 : 逆転勝ちを収め

15. 대이변을 일으켰다 : 大番狂わせを起こした

16. 이변이 있어야 제맛이지 : 波乱あってなんぼさ

이 「なんぼ」라는 말은 얼마나, 아무리, (가격이)얼마 등의 뜻으로 쓰이는 관서 사투리인 「なんぼう」가 줄어든 말이죠. 그런데 「〜てなんぼ」라는 형태로 쓰일 때는 해당 동사의 행위를 해야만 ('얼마'라고 하는) 가치가 생긴다, 의미가 있다, 보람이 있다 등의 뜻으로서 문맥에 따라서 적절히 번역해 줘야 하는 꽤 골치 아픈 표현이죠. 이 문맥에서는 '제맛이다'라고 의역해 봤습니다.

17. 전혀 이변이 없으면 : まるで波乱がないと

「まるで」는 이처럼 전혀, 도통, 도무지 등의 뜻으로도 쓰입니다.

18. 눈에 불편한 감각 : 目に違和感

'위화감'은 여러 번 나온 것이고, 이 '불편'이라는 한자어의 쓰임새도 한일이 다르죠. 일본은 이런 맥락에서 「不便」이라고 하지 않습니다.

19. 異変が起きたようです : 이상이 생긴 거 같아요

이 異変이란 한자어에 관해 검색해 보면 유의어로서 異常(이상)을 제시하고 있습니다. 그리고 어떤 사이트에서는 100% 대체 가능하다는 식의 말까지 하고 있습니다. 그리고 異常라는 한자어도 쓰임새가 아주 미묘하게 다른데, 이에 관해서도 표제어로 삼아서 자세히 살펴보겠습니다.

> 日　한국은 이상이 생겼다는 뜻으로 '눈에 이변이 생겼다'고 하지는 않습니다. 만일 '눈에 이변이 생겼다'고 말한다면 이때는 '(이상한)변화'가 아니라 '변고'라는 뉘앙스가 됩니다.

20. 가위눌림 같은 단순한 게 : 金縛りなんて生易しいもの

가위눌림을 일본은 「金縛り」라고 합니다. 가위에 눌리면 꼼짝도 할 수 없듯이 쇠사슬로 꽁꽁 묶은 듯 꼼짝도 할 수 없어서 이렇게 표현하는 거죠. 그리고 「生易しい」는 손쉽다, 간단하다, 단순하다는 뜻이죠.

21. 何か異変を感じたら : 뭔가 이상한 느낌이 들면

<보루토>에서 모모시키라는 적에게 가위눌림 비슷한 걸 당하는데, 그 이후로 보루토의 신체나 정신에 뭔가 이상한 변화가 생기면 바로 알려 달라는 대사입니다. 저는 위와 같이 번역해 봤습니다.

> 日　한국에서도 스트레스 등으로 '몸에 이변이 생기다'는 표현을 한 예가 검색이 되긴 합니다만 "몸에 이변"으로 검색하면 거의 다 일본 작품을 번역한 예입니다. 따라서 저는 위와 같이 의역을 선택했습니다. 국어사전의 뜻풀이에서도 '사태'와 '변고(變故)'라고 하고 있듯이 한국에서 '이상한 변화'라는 뜻으로는 거의 안 쓴다고 생각합니다.

22. 비명을 지르는 : 悲鳴をあげる

우리는 '지르다'라고 하는데 일본은 '올리다'라고 합니다.

23. 暖冬異変 : 이상 난동

해설에서 살펴본 코지엔은 물론이고 일본의 거의 모든 사전에 '이변'의 예문으로 등재된 것입니다. 한국은 '난동 이변'이라는 표현을 하지 않죠. 아무튼 이 역시 확인차 물어보니 3명이 답변을 했는데 「暖冬異変」이라는 표현은 처음 본다더군요. 하지만 실제로 쓰고 있는 사례가 검색이 됩니다. 가장 최근의 기사로 2023년에 쓴 기사에서도 발견될 정도입니다. 그리고 異常를 쓸 때도 「異常な暖冬」라고 해야 자연스럽게 느껴진다고 합니다. 이 예제 역시 소설에서 실제로 쓴 걸 가져온 것이고요.

> **日** 답변해 준 그 일본인의 말이 맞다면 요즘은 이 표현을 잘 안 하는 모양인데 혹시라도 이렇게 쓰인 걸 번역할 일이 있다면 위와 같이 '이상 난동'이라고 번역하시기를 권합니다.

24. 例年のことになっていた : 연례 행사처럼 돼 있었다

> **日** 한국에도 '예년'라는 한자어가 있지만 국어사전의 예문에 있는 것처럼 '예년에 비해~', '예년과 다름없이~', '예년 수준' 등의 형태로 쓰이는 게 일반적이고 이처럼 '예년의 일이 돼 있었다'라고 하면 한국 사람은 무슨 말인지 금방 알아듣지 못할 겁니다.

25. 기상 이변이 잇따르는 : 異常気象が相次いでいる

일본은 이렇듯 '이상 기상'이라는 표현을 씁니다.

26. 異常な温暖化 : 비정상적인 온난화

일본어 異常는 문맥에 따라 이렇게 '비정상(적)'이라 번역해야 자연스럽겠죠.

> **日** 이걸 그대로 '이상한 온난화'라고 하면 어색합니다. 실제로 이렇게 말한다면 한국 사람들은 「おかしい」나 「変」의 의미로 받아들일 소지가 있습니다.

27. 온실 가스 저감을 위한 : 温室効果ガスの低減に向けた

일본은 이처럼 '온실 효과 가스', 또는 温暖化ガス(온난화 가스)라고 합니다.

랜덤 예제 모범 답안

1. 우연히 만난 길고양이 : 偶然出会った野良猫

앞에서도 언급했듯이 우연성이 강한 경우는 이렇듯 「出会う」를 씁니다.

2. 인연이 닿아 : 縁があったのか

이 경우의 '닿아'는 번역이 불가능하므로 위와 같이 번역할 수밖에 없겠습니다.

3. 동고동락하며 : 苦楽を共にしながら

4. 퇴근 길 : 仕事帰り

이걸 「退勤の道に」라고 하면 코패니즈가 되죠.

5. 연쇄 추돌 사고 : 玉突き事故

6. 전방 주시 소홀 : 前方不注意

일본은 이 경우에 '주시'라는 한자어를 쓰지 않고, 또한 '전방 주시 소홀'이라는 표현도 위와 같이 '전방 부주의'라고 합니다.

7. 出会いましたよ : 목격했어요

주의할 게 또 나왔네요. 「事故に遭う」라고 하면 화자가 사고를 당했다는 뜻이지만 「事故に出会う」라고 하면 사고 현장에 있었다, 그래서 사고를 목격했다는 뜻이 됩니다.

8. 안전 거리 유지 : 車間距離保持

일본은 이렇듯 '차 간 거리'라고 하고 또한 維持뿐 아니라 保持란 한자어도 씁니다. 참고로 이 부분을 감수자님은 「車間距離を取らなかったため」라고 고쳐 주셨습니다. 전문 용어로 위와 같은 표현을 하는 건 분명한데 전문 용어라서 생소하게 느껴져서 일반적인 표현으로 고친 모양입니다. 참고로 우리는 '거리를 두다'라고 하는데 일본은 「距離を取る」라고 한다는 점도 몰랐던 분들을 위해 언급하고 넘어갑니다.

9. 5중 추돌 사고 : 5台の玉突き事故

일본도 '몇 중'이라는 표현을 쓰니까 그대로 직역해도 알아는 듣겠지만 이 경우는 일반적인 표현이 아닙니다. 다시 말해 「5重」라고 하지 않고 위와 같이 표현하는 게 일반적입니다. 실제로 "重の玉突き"로 검색하면 엄청나게 많이 뜨는데, 늘 하듯이 검색 조건을 좁히면 달랑 8건이 뜹니다.

10. 신종 : 新型

11. 감염병 대응을 위한 : 感染症の対応に向けた

여기서도 「に向けた」라고 하죠. 자주 접하다 보면 저절로 외워질 겁니다.

12. 회의장 : 会場

13. 有識者会議：전문가 회의

2권에서 다뤘던 거 복습이죠.

> 日 따라서 일본에서 말하는 有識者는 '전문가'라고 번역하시기를 권합니다. 앞서 나왔던 '연구자'란 표현도 한국과 일본에서의 쓰임새가 미묘하게 다르고, '사회인'이란 한자어의 쓰임새도 미묘하게 다르듯이 이 또한 마찬가지입니다.

14. 가득 차 있다：充満してる

15. 꽉 찼을 거야：充満してる

앞엣것은 <달려라 번개호>, 뒤엣것은 <신세기 에반게리온>에 나오는 대사인데 일본은 '충만'이라는 한자어를 이런 식으로도 씁니다. 그리고 보셨듯 한국과 달리 동사로 씁니다. 「クリームの匂いが充満している」라는 식으로도 쓰고요.

> 日 한국은 '충만하다'라는 형용사를 이렇게 쓰지는 않습니다. '사랑으로 충만한 삶', '기쁨과 행복으로 충만한 나날' 등의 표현은 하지만 무기, 물질, 냄새 같은 것에 쓰지는 않습니다.

読み方

強豪（きょうごう）・大波乱（だいはらん）・擁（よう）する・下（くだ）した・南米の雄（ゆう）
番狂（ばんくる）わせ・逆転勝（が）ち・大番狂（おおばんくる）わせ・金縛（かなしば）り
生易（なまやさ）しい・暖冬（だんとう）・例年（れいねん）・温暖化（おんだんか）・野良猫（のらねこ）
有識者（ゆうしきしゃ）・充満（じゅうまん）

異常라는 일본 한자어는 정말 이상해

この[　1　]には自動バックアップ機能が搭載されているので、

이 **프로그램**에는 자동 백업 기능이 탑재돼 있기 때문에

パソコンが異常終了した時も安心です。

[　　2　　]도 안심할 수 있습니다.

[　3　]の会長が登校時の小学生の女児を[　　4　　]暴行し

학부모회 회장이 등교 중인 초등학생 여아를 **자기 경차로 끌고 가서** [　5　]

[　6　]後、[　7　]複数の場所に遺棄した異常な事件。

참혹하게 살해한 뒤, **사체를 토막 내서** 여러 곳에 유기한 [　8　].

去年の夏は異常に暑かったので、[　　　9　　　]、

작년 여름은 [　　10　　] 백화점으로 출근하다시피 가서

[　　11　　]エアコンの恩恵にあずかりました。

빵빵하게 틀어 놓은 에어컨 [　12　].

A：[　13　]、[　14　]。

A : **주인 아줌마, 옆집 빈집 맞죠?**

B：そうよ。2か月前から[　15　]。

B : 그래. 두 달 전부터 **계속 비어 있어.**

A：毎晩、[　16　]が聞こえてくるんですけど、[　17　]

A : 매일 밤 **이상한 목소리가 들려오는데, 집 안을 살펴봐 주시면 안 돼요?**

B：ええ?そんなはずないわ。昨日も掃除したけど、[　18　]。

B : 뭐? 그럴 리 없어. 어제도 청소했는데 **아무 이상 없었어.**

A：[　19　]。じゃあ、[　20　]は何だろう。

B : **이상하네. 그럼 그 이상한 목소리**는 뭐지?

駆逐艦に異常接近して[21   ]とし、[22   ]抗議してきた。

구축함에 [23]해서 위협 비행을 했다며 외교 라인을 통해서 항의해 왔다.

食べ物を食うのが異常に遅くなってて、ずっと[24   ]、[25   ]

음식을 먹는 게 [26   ] 계속 속이 더부룩하다길래 정밀 건강검진을 받게 했더니

[27   ]膵臓に問題があって消化酵素が[28   ]。

위장에는 이상이 없고 췌장에 문제가 있어서 소화 효소가 현저하게 부족한 상태래.

A：彼女、異常な女よ。[29   ]。

A : [30] [31]야. 넌 감당 못 해.

B：大丈夫。異常な女には異常な行動で[32   ]。

B : 걱정 마. [33] 여자한테는 [33] 행동으로 배로 돌려주면 그만.

랜덤 예제

ここはバスや乗用車など[1   ]の現場です。

이곳은 버스와 승용차 등 7대가 뒤얽힌 연쇄 추돌 사고 현장입니다.

ご覧のとおり、最後に追突したバスは[2   ]。

보시듯이 마지막에 추돌한 버스는 중심을 잃고 전도돼 있습니다.

子供を[3   ]すると[4]、かえって子供の成長に[5   ]。

아이를 오냐오냐만 하며 과잉보호하면 버릇만 나빠질 뿐, 되레 아이 성장에 해를 끼친다.

小さな[6   ]二人の[7   ]を

작은 세탁소와 정육점을 배경으로 두 사람의 풋풋한 짝사랑을

繊細なタッチで描いた、[8   ]が誕生したと[9   ]。

섬세한 터치로 그린, 근래 보기 드문 수작이 탄생했다는 평판이 자자합니다만.

한국이나 일본이나 '이상'의 한자는 異常으로 같죠. 하지만 번역할 때 서로 1대1로 대응하지 못하는 건 한국에선 '이상하다'라는 형용사를 「おかしい」, 「変だ」라는 뜻으로도 쓰기 때문이죠. 일단 사전을 살펴보죠. 한국과의 뜻 차이를 가장 잘 나타내 주고 있는 다이지센 사전입니다.

[名·形動] 普通と違っていること。正常でないこと。また、そのさま。「この夏は―に暑かった」「―な執着心」「害虫の―発生」↔正常。

보시듯 '정상이 아닌 것', 그리고 반대말로서 '정상'을 제시하고 있습니다. 일본은 '정상'의 반대말로서 '비정상'이 아니라 이처럼 '이상'을 쓴다는 말이죠. 제가 이용하는 모든 사전에 '비정상'이라는 단어는 실려 있지 않을 정도입니다. 다만, 正常라는 한자어를 쓰니까 非正常라고 해도 뜻은 통하고, 또한 한국 기사가 아니라 일본인이 이렇게 쓰고 있는 예도 검색은 됩니다. 아무튼 다르면서도 공통점이 있기 때문에 번역하기 애매한 경우도 참 많죠. 그러므로 특히 일한 번역을 하는 번역가들은 일본어 異常를 한국말로 번역할 때 세심한 주의를 기울일 필요가 있습니다.

1. 프로그램 : ソフト

2. パソコンが異常終了した時 : PC가 비정상(적으로) 종료됐을 때

해설에서 언급했듯 일본은 '비정상'이란 말을 쓰지 않고 이렇듯 '이상'이라는 한자어를 씁니다.

3. 학부모회 : PTA·保護者会

4. 자기 경차로 끌고 가서 : 自分の軽自動車に連れ込んで

일본은 한국처럼 '경차'라고 줄이지 않고 '경자동차'라고 합니다. 그리고 이 경우의 '끌고 가서'는 「連れて行って」가 아니라 위와 같이 말하는 게 자연스럽습니다. 단순히 끌고 간다는 뜻이 아니라 '안으로' 끌고 간다는 뉘앙스인 것이죠.

5. 暴行し : 성폭행하고

이 문장은 실제로 인터넷에 있는 글을 살짝 변형시킨 것인데, 일본은 이렇듯 '폭행'만으로 '성폭행'을 뜻하는 말로도 쓰입니다.

6. 참혹하게 살해한 : 残酷に殺害した

일본은 '참혹'이라는 한자어를 안 쓰니 이렇게 해 줘야겠죠.

7. 사체를 토막 내서 : 遺体をばらばらにして

일본은 시체를 토막 내는 걸 위와 같이 표현합니다. 「ばらばら」는 뿔뿔이 흩어진 것, 제각각으로 움직이거나 하는 것을 뜻하죠. 「家族がばらばらになる」, 「ばらばらな意見」 등의 표현을 합니다.

8. 異常な事件 : 엽기적인 사건

이 경우가 바로 異常을 '이상'으로 번역하면 부자연스러운 극명한 예죠. 그리고 '비정상적인 사건'이라고 하면 어감이 너무 약하니까 저는 위와 같이 '엽기적'이라고 번역하는 게 더 적절하다고 생각합니다. 감수자님도 이 부분을 건드리지 않았고요.

9. 백화점으로 출근하다시피 가서 : 出勤するかのようにデパートに通い

이 '~다시피'라는 표현도 일본어로 번역하기 까다로운 표현이죠. 이 경우에는 위와 같이 번역해 줄 수 있겠습니다. 그리고 처음에는 한국어 어순과 똑같이 「デパートに出勤するかのように行って」라고 했는데 감수자님이 위와 같이 고쳐 주셨습니다. 그래서 교차 검증을 위해 「行って」를 그대로 둔 것과 「通い」로 고친 것, 마지막은 어순을 바꾼 것을 제시해서 일본인들에게 질문을 했는데 한 사람만 한국어 어순과 똑같이 한 게 더 자연스럽다는 답변이었고, 나머지는 9명은 다 감수자님처럼 고친 게 더 자연스러워 보인다는 답변이었습니다. 개중 한 명은 「好み」의 문제니까 한국어 어순과 같은 게 자연스럽다는 사람도 있을 수 있다고 했고, 다른 한 명은 「行って」라고 해도 괜찮다는 의견을 덧붙였으니 참고하시길.

10. 異常に暑くて : 지나치게 더워서

이 경우도 '비정상적으로 더워서'보다는 위처럼 의역하는 게 매끄럽다고 생각합니다.

11. 빵빵하게 틀어 놓은 : ガンガンに効いている

'빵빵하게'는 위와 같이 번역할 수 있겠고, 또 일본은 이 경우 '틀어 놓은'이 아니라 이처럼 「効いている」라고 합니다. 이 「効く」라는 동사도 번역하기 상당히 까다로운 단어죠.

12. 恩恵にあずかりました : 신세를 많이 졌어요

1권에서도 다뤘지만 이 경우에는 이처럼 '신세'라고 번역할 수도 있겠습니다. 그리고 이 문맥에서는 '많이'를 넣어 주는 게 더 낫지 않을까 생각합니다.

13. 주인 아줌마 : 大家さん

일본은 소위 「アパート」 등의 주인, 건물 주인을 이렇듯 '오오야'라고 합니다.

14. 옆집 빈집 맞죠? : 隣の部屋、空き部屋ですよね

이렇게 쓰인 '맞죠?'는 진짜로 맞냐 아니냐를 묻는 게 아니죠. 그러니 직역식으로 번역하면 어색해집니다. 그리고 이 경우의 部屋도 이처럼 '집'으로 번역해야 자연스럽죠.

15. 계속 비어 있어 : ずっと空いているわ

일본어 「ずっと」도 번역하기 까다로운 단어죠. 계속, 쭉, 끝까지, 앞으로도, 등등 다양하게 의역해 줄 수 있겠습니다.

16. 이상한 목소리 : 変な声

이렇게 말할 때의 한국어 '이상하다'는 이처럼 「変だ」 또는 「おかしい」라는 의미죠.

17. 집 안을 살펴봐 주시면 안 돼요? : 部屋の中、調べてもらえませんか?

여기서 '안 돼요'도 직역하면 코패니즈가 되죠. 그리고 「調べる」라는 단어는 '조사하다'는 뜻 외에도 이처럼 살펴보다, 알아보다, 사전이나 인터넷 등에서 찾아보다, 검색하다, 그리고 뒤져 보다는 뜻으로 폭넓게 쓰입니다.

18. 아무 이상 없었어의 : 何も異常なかった

이 경우에 쓰인 '이상'은 일본어 異常과 비슷하게 쓰인 것이죠.

> **日** 한국 군대에서 상관 등에게 보고할 때 "근무 중 이상 무!"라는 말을 자주 하는데 이 역시 일본어 異常와 같은 맥락으로 쓰는 겁니다.

19. 이상하네 : おかしいな

20. 그 이상한 목소리 : あの変な声

재미있다, 웃긴다는 뜻이 아닌 경우의 「おかしい」와 「変」도 뉘앙스와 쓰임새가 아주 미묘하게 다르죠. 저도 이 둘의 쓰임새 차이를 완벽히 파악하고 있지는 못합니다만, 그냥 감으로 이 경우에 「おかしい」라고 하면 어색한 것 같아서 질문한 결과 역시나 어색하답니다. 이에 관해서 일본인들에게 질문한 결과를 블로그에 올려 놨으니 참고하시기 바랍니다.

「おかしい」와 「変」의 구분법???

21. 위협 비행을 했다 : 威嚇飛行を行った

22. 외교 라인을 통해서 : 外交筋(外務省)を通じて
일본은 이 경우에 '라인'이라는 외래어를 쓰지 않습니다. 따라서 위와 같이 번역해 줄 수 있겠죠. 그리고 외래어를 쓰는 경우도 '라인'이 아니라 '루트'라고 하는 게 일반적입니다.

23. 異常接近 : 과도하게 접근
아마도 영어 표현인 'Abnormal approach'를 한국은 '비정상 접근', 일본은 異常接近이라고 번역한 거 같은데, 개인적으로는 위처럼 의역하는 게 더 매끄럽다고 생각합니다.

24. 속이 더부룩하다길래 : 胃もたれがすると言うから
우리는 이 경우 위나 위장이라고 하기보다 '속'이라고 하죠. 그리고 속(위장)이 거북한 것, 불편한 것을 「もたれる」라고 하죠. 이걸 명사화해서 「胃もたれ」라는 표현을 씁니다.

25. 정밀 건강검진을 받게 했더니 : 人間ドックを受けさせたら

26. 異常に遅くなってて : 지나치게 느려지고
이 경우도 '비정상적으로' 말고 위와 같이 의역하는 게 매끄럽다고 봅니다. 참고로 감수자님도 이 부분을 건드리지 않았습니다.

27. 위장에는 이상이 없고 : 胃には異常がなく
이 경우는 양국이 같은 뜻으로 쓰인 예죠. 그런데 일본은 '위장'에도 '이변'이라는 한자어를 쓰는데 「胃に異変」이라고 하는 경우는 갑작스러운 이상한 변화라는 뉘앙스로 쓰이는 것이죠.

28. 현저하게 부족한 상태래 : 著しく不足してるって
이걸 거꾸로 번역할 때 '테이루' 부분은 '상태'라는 한국어로 번역해 줄 수 있겠습니다. 그리고 일본은 '부족'도 동사로 씁니다.

29. 넌 감당 못 해 : お前には太刀打ちできないよ
이 「太刀打ち」는 원래 칼싸움이라는 말인데 그 의미가 확장돼서 맞섬, 맞붙음 등의 뜻으로 쓰이게 됐죠. 「太刀打ちできない」는 감당 못 한다, 당해낼 수 없다, 상대가 안된다는 뜻으로 쓰이죠. 또한 조사에도 유의.

30. 彼女 : 저 여자

31. 異常な女 : 정상이 아닌 여자
이 경우는 '비정상(적)인 여자'보다는 이렇듯 '정상이 아닌'이라고 하는 게 더 매끄러울 거 같습니다. 그리고 영상번역의 경우라면 상황에 따라 '미친', '또라이' 등으로 의역해 줄 수도 있겠죠.

32. 배로 돌려주면 그만 : 倍返しするだけ

이렇게 쓰인 '그만이다'라는 표현도 번역하기 껄끄럽죠. 저는 위와 같은 번역을 골라 봤습니다. 그리고 이「倍返し」라는 표현은 인기가 높았던 일본 드라마 <한자와 나오키>에서 주인공이 입버릇처럼 말해서 한국에도 많이 알려진 표현이죠.

33. 異常な : 정상이 아닌

이 역시 '비정상(적)인'이 아니라 이렇게 번역해 봤습니다.

랜덤 예제 모범 답안

1. 7대가 뒤얽힌 연쇄 추돌 사고 : 7台が絡む玉突き事故

이 경우는「絡んだ」라고 하지 않고 위와 같이 기본(현재)형으로 표현하는 게 일반적이라는 점.

2. 중심을 잃고 전도돼 있습니다 : バランスを失って横転しています

일본은 이 경우 '중심'이라는 한자어를 안 쓴다는 점. 그리고 일본의 '전도'라는 한자어는 사람 등이 자빠지는 것을 뜻하고 한국어 '전도'의 의미로는 이처럼 '횡전'이라고 말합니다. 또한 이때도 '스루'라고 하죠.

3. 오냐오냐만 하며 과잉보호 : 甘やかすばかりで過保護に

일본은 '과잉보호'라고 하지 않고 이처럼 '과보호'라고 합니다. 그리고「過保護する」라고도 하지만「過保護にする」라고 하는 게 일반적이라고 합니다.

4. 버릇만 나빠질 뿐 : 行儀悪くなるだけ

5. 해를 끼친다 : 害をなす

해를 '끼친다'를「及ぼす」라고 하지만 이처럼「為す」라고도 한다는 점. 그리고 이 경우 히라가나로 표기하는 게 일반적이라는 점.

6. 세탁소와 정육점을 배경으로 : クリーニング屋とお肉屋を舞台に

일본은 세탁소를「洗濯屋」라고 하지 않고 위와 같이 말하는 게 일반적입니다. 그리고 코인 빨래방의 경우는「コインランドリ」라고 하죠. 또한 일본은 '정육점'이라고도 하지만 이건 뉴스 등에서만 쓰이는 딱딱한 표현이고 일반적으로는 위와 같이 말합니다. 그리고 '배경'이라는 한자어의 쓰임새도 한국과 다르죠. 이 경우에 그대로「背景」라고 직역하면 부자연스럽습니다. 그리고 우리는 예를 들어 '이 작품의 시간적 배경은 OO, 공간적 배경은 XX다'라는 식으로 말하지만 이 경우도 직역하면 부자연스럽습니다. '시간적 배경'의 경우는「時代背景」라고 하는 걸 본 적이 있지만 '공간적 배경'의 경우는 이 역시 그냥「舞台」라고 말하는 게 자연스럽습니다.

7. 풋풋한 짝사랑 : 初々しい片思い

한국어 '풋풋하다'는 이처럼 번역할 수 있겠는데 「初々しい」는 때묻지 않은 것, 순수(순진)한 것, 앳된 것 등의 뉘앙스로 쓰이는 말입니다. 참고로 '애리애리하다'라는 표현은 경상도 쪽 사투리인 줄 알았는데 표준국어대사전에 있더군요.

8. 근래 보기 드문 수작 : 近年稀にみる傑作·秀作

일본에도 '근래'라는 한자어가 사전에는 있지만 거의 안 씁니다. 그리고 '보기 드문'이라는 한국어 표현은 일본어로 직역이 불가능한 말이죠. 또한 일본도 '수작'이라는 한자어가 있고 신문 기사 등 문어에서는 실제로 쓰이고 있는 사례가 많이 검색되지만 구어로는 쓸 일이 별로 없는 한자어라고 합니다. 이 예문의 '수작' 부분을 「しゅうさく」라고 히라가나로 표기해서 질문한 결과, 처음에는 習作인가 했는데 문맥을 찬찬히 살펴보고 나니 秀作이라는 한자어가 떠올랐다고 합니다.

9. 평판이 자자합니다만 : 評判ですが

読み方

搭載(とうさい)·女児(じょじ)·遺棄(いき)·駆逐艦(くちくかん)·膵臓(すいぞう)·酵素(こうそ)
繊細(せんさい)·残酷(ざんこく)·遺体(いたい)·大家(おおや)さん·空(あ)き部屋(べや)
外交筋(すじ)·著(いちじる)しく·太刀打(たちう)ち·倍返(ばいがえ)し·横転(おうてん)
肉屋(にくや)·初々(ういうい)しい·稀(まれ)にみる·傑作(けっさく)·秀作(しゅうさく)

부흥/재흥과 復興·再興의 쓰임새 차이

慶州[　1　]のために、政府は慶州を[　　2　　]
경주 지진으로부터 부흥을 위해 정부는 경주를 특별재해지역으로 선포하고

大規模な[　3　]を投入することを決定した。
대규모의 추가경정예산을 투입하기로 결정했다.

政府は、[　　4　　]を図るために、
정부는 경제 부흥을 통한 일본 부흥을 꾀하기 위해

[　5　]の拡大と[　6　]の整理など
외환보유고 확대와 부실 채권 정리 등

[　7　]を解決するための[　8　]に[　9　]と発表した。
총체적 난국 해결을 위한 경제 회생 작업에 적극 나서겠다고 발표했다.

奈良時代に創建されたこの寺は、数百年の間[　10　]
나라 시대에 창건된 이 절은 수백 년간 황폐해져 있었는데

鎌倉時代に再興された。
카마쿠라 시대에 [11]되었다.

今回の[12]の件は相互間の[　13　]、
이번 합작 건은 상호 간 득실을 따지지 말고

必ず成功させなければ会社を再興できない。
반드시 성공시켜야만 [　14　]시킬 수 있다.

[　15　]は、[　　16　　]の定義を
세계보건기구는 신종 전염병, 재출현 전염병의 정의를

[　　17　　]。
다음과 같이 내리고 있다.

前作で大失敗した後[1]、[2]6年ぶりに発表したこの映画は

전작의 대실패 이후 **그가 절치부심 끝에 긴 침묵을 깨고** 6년 만에 발표한 이 영화는

[3]ストーリー展開が目を引く[4]である。

무척 흥미진진하고 속도감 있는 스토리 전개가 눈길을 끄는 **감동의 대작**이다.

警察の[5]中、[6]の

경찰의 **늑장 대응 논란이 일고 있는** 가운데, **경찰이라고 밝힌 누리꾼**의

[7]、[8]。

반박 글이 올라와 눈길을 끌고 있다.

アスカ：[9]、どうしてこう日本人って[10]。よく[11]で暮らせるわね。

아스카 : **게다가** 왜 이렇게 일본인은 **조심성이 부족한 걸까.** **자물쇠도 없는** 이런 집에서 **용케도 잘 사네**

ミサト：**日本人の心情は、察しと思いやりだからよ。**

미사토 : [12] [13]. 〈신세기 에반게리온〉

監督引退にあたって後継者として[14]ではなく、

[15] 후계자로 **자신이 키웠던** A가 아니라,

[16]Bを[17]したのは[18]

갈등을 빚었던 B를 **지목**한 것은 **사감을 개입시키지 않고**

[19]判断する[20]。

냉철하게 판단하는 **그였기에 가능한 것이었다.**

[21]に近い[22]されてきた[23]です。

영하에 가까운 **차가운 물에 빠져서 응급 이송**돼 온 **빈사 상태의 환자**입니다.

[24]です。

심장 박동 미약합니다.

한국은 '부흥'이라는 한자어는 흔히는 아니라도 쓰는 편이지만 '재흥'이라는 한자어는 거의 사어에 가깝고 옛날 서적이나 문헌에서나 접할 법한 한자어죠. 반면에 일본은 둘 다 흔히 씁니다. 하지만 국어사전에는 있는 단어니까 일본어 再興을 그대로 '재흥'이라고 번역한다고 틀렸다고 할 수는 없지만, 원활한 의사소통을 위해서는 한국에서도 흔히 쓰는 단어로 바꿔 줄 필요가 있다고 생각합니다.

그리고 일본의 경우 '재흥'과 '부흥'이라는 한자어의 뜻은 엇비슷하지만 쓰임새에 미묘한 차이가 있다고 합니다. goo 유의어 사전은 두 한자어의 공통된 뜻은 한번 쇠퇴했던 것이 다시 번성하는 것, 또는 번성하게 하는 것이라고 설명하고 있고, 두 한자어의 뉘앙스 차이에 관해서는 아래와 같이 설명하고 있습니다.

「再興」は、ふたたび盛んにすること。多く国、家、法統、流派などについていう。
「復興」は、もとのように盛んになったり、盛んにしたりすること。

그러니까 '재흥'은 다시금 번성하는 것인데 주로 국가, 가문, 법통, 유파 등에 쓰인다는 설명이고, '부흥'은 원래처럼 번성하거나 번성하게 하는 것이라고 설명하고 있죠. 그런데 여기서 유의할 점. 한국의 경우 復興을 '복흥'이 아니라 '부흥'이라고 읽죠. 이 경우의 復는 다시 '부' 자죠. 그렇다면 한국의 '부흥'은 「ふたたび盛んにすること」라는 의미인 일본 한자어 再興과 비슷한 뜻이라는 말이죠.

그리고 다른 사이트에서는 復興의 경우는 지진, 태풍 등의 재해나 전쟁 등으로 인해 피해를 입어서 쇠퇴했던 지역을 다시 일으키거나 쇠퇴했던 전통 공예 같은 걸 다시 일으키는 걸 뜻하는 말로 주로 쓰인다고 합니다. 또한 이 사이트에서도 再興은 쇠퇴했던 국가나 가문 등을 되살릴 때 주로 쓴다고 설명합니다. 다만 일본인들도 별 생각 없이 두 한자어를 혼용하기도 한다는데 goo 유의어 사전의 아래 표를 참고시기 바랍니다.

	事業を…する	国家の…	経済の…期	地震から…する
再興	○	○	−	−
復興	○	○	○	○

모범 답안

1. 지진으로부터 부흥 : 震災から復興

해설에서 언급했듯이 재해로 인해 입은 타격에서 벗어나서 다시 일어나는 경우는 이렇듯 復興이라는 한자어를 쓰는 게 일반적입니다.

2. 특별재해지역으로 선포하고 : 特別災害地域に指定し

일본은 이렇듯 '지정'이라는 표현을 하는 게 일반적입니다. 그리고 굳이 '선포'를 번역해 주는 경우에도 宣布가 아니라 宣言이라고 하는 게 자연스럽습니다.

3. 추가경정예산 : 補正予算

4. 경제 부흥을 통한 일본 부흥 : 経済復興を通じた日本再興・復興

경제의 경우는 復興을 쓰는 게 일반적입니다. 검색을 해 보면 '부흥'이라고 한 게 압도적으로 많습니다. 그리고 일본 재흥과 일본 부흥 두 가지 중에 감수자님은 '부흥'을 골라 주셨는데, 이 경우도 '부흥'의 검색 건수가 더 많긴 하지만 '재흥'과 그리 큰 차이는 없었습니다. goo 유의어 사전에서도 '국가'의 경우 둘 다 동그라미를 쳐 놨고요.

5. 외환보유고 : 外貨準備高

6. 부실 채권 : 不良債権

7. 총체적 난국 : 国家的危機・全体的危機

일본도 '총체적'이라는 한자어가 있지만 쓰임새가 많지는 않습니다. 일본인들에게 질문한 결과 한 일본인은「そうたいてき」라는 말을 들으면 相対的를 떠올릴 거 같다고 했으니 참고하시길. 이것에 관해서 1권 때 감수자님은「国家的危機」를 제시하셨는데, 이런 문맥에서는 이렇게 번역이 가능하겠지만 한국어 '총체적 난국'은 국가 차원의 난국이 아닌 경우에도 쓰니까 이때는 다르게 번역해야겠죠. 그리고 이번 감수자님은 그냥「難局」라고 하는 게 낫겠다고 하셨으니 이 역시 참고하세요.

8. 경제 회생 작업 : 経済再生

일본은 이 경우에 '작업'이라고 하면 어색하다고 합니다. 감수자님도 같은 의견이었는데 혹시나 해서 일본 사이트에 질문한 결과 한 일본인은 쓴다고 답변하더군요. 하지만 그 사람 외에는 전부 어색하다고 했기 때문에 뺐습니다. 지금 "経済再生作業"로 검색해 보니 4개가 뜨는데 그게 전부 제가 일본 사이트에 질문을 올린 글들입니다. 이 정도면 안 쓴다고 보는 게 맞겠죠.

9. 적극 나서겠다 : 積極的に乗り出す

일본은 '적극' 단독으로 부사로 쓰지 않는다는 거 복습이죠. '나서다'를 앞에서는「取り組む」라고 했지만 위와 같이 번역할 수도 있겠습니다.

10. 황폐해져 있었는데 : 荒廃していたが

엄밀히 말하면 '황폐(荒廃)해지다'라는 표현은 오용입니다. 왜냐하면 이건 동사이기 때문입니다. 하지만 비슷한 뜻의 형용사인 '황폐(荒弊)하다'와 구분 않고 형용사적으로 쓰는 실정이죠.

> 日 한국은 荒廃와 荒弊가 발음이 같기 때문에, 그리고 요즘은 한자를 거의 안 쓰므로 이 두 단어가 따로 있다는 걸 아는 사람은 별로 없을 겁니다. 저도 사전을 찾아보기 전에는 마찬가지였고요.

11. 再興 : 재건

> 日　오늘날 한국은 '재흥'이라는 한자어를 거의 쓰지 않습니다. 그리고 절이나 건물 등은 '재건'이라고 하는 게 자연스럽습니다.

12. 합작 : 合弁

13. 득실을 따지지 말고 : 損得を問わず

14. 会社を再興 : 회사를 재건(부흥)

> 日　이렇게 쓰인 일본어 '재흥'은 이처럼 재건이나 부흥으로 번역하시기를 권합니다.

15. 세계보건기구 : 世界保健機関

16. 신종 전염병, 재출현 전염병 : 新興感染症·再興感染症

일본은 '전염병'이라는 용어는 동물에 한해서 쓰기로 바꿨다고 했죠. 그리고 Re-Emerging Infectious Disease란 용어의 정식 일본어 명칭은 '재흥감염증'입니다.

> 日　한국에선 전염병이나 감염병에 신흥, 부흥 같은 말을 쓰는 건 어색합니다. 그러므로 이걸 한국어로 번역할 일이 생긴다면 위와 같이 하시기를 권합니다.

17. 다음과 같이 내리고 있다 : 下記のように下している

정의를 '내리다'를 일본에선 위와 같이 표현합니다. 그리고 스포츠 등에서 상대방을 꺾는 것도 이렇게 말한다는 것도 복습하고 넘어가죠.

> 日　일본은 上記와 下記라는 표현이 널리 쓰이고 있지만 한국은 그렇지 않습니다. 딱딱한 공문서 같은 데서만 간혹 접할 수 있을 정도로 쓰임새가 적습니다.

1. 그가 절치부심 끝에 : 彼が歯を食いしばり頑張った結果

한국의 일본어 사전을 찾아보면 그대로 한자로 '절치부심'이라고 해 놨는데 제가 즐겨 찾는 모든 일본 국어사전에 이 사자성어는 없었습니다. 다만 '이를 갈며 (자신의)팔을 쥐어뜯는다'는 뜻의 切歯扼腕(절치액완)은 실려 있었지만 일본인에게 물어봤더니 처음 본다, 알고는 있는데 일상생활에서 쓸 일은 없다는 반응이더군요. 감수자님도 切歯扼腕이라고 하면 모를 거라는 의견이었습니다. 다만, 일본의 신문 기사에서도 쓰고 있는 예가 4건 검색이 되는 걸 보면 전혀 안 쓰는 건 아닌 모양입니다. 아무튼 널리 알려진 사자성어는 아닌 듯하니 위와 같이 의역해 주는 게 좋을 거 같습니다.

2. 긴 침묵을 깨고 : 長い沈黙を破って

3. 무척 흥미진진하고 속도감 있는 : とても興味深くスピード感のある

일본은 이런 문맥에서 '흥미진진'을 쓰지 않는다고 했죠. 그리고 일본은 이 경우도 '속도'가 아니라 '스피드'라고 하는 게 일반적입니다.

4. 감동의 대작 : 感動巨編

5. 늑장 대응 논란이 일고 있는 : 対応が遅れたという批判が高まる

일본에는 '늑장'에 해당하는 표현이 없으니「遅い対応」라고 번역할 수 있겠는데, 이러면 뒤의 '논란이 일고 있는' 과 자연스럽게 연결하기가 애매해지죠. 그리고 이 경우의 '논란'은 늦었다, 아니다 하면서 갑론을박을 하는 상황이 아니니 議論이라고 하기도 애매하니까 위와 같이 풀어서 의역할 수밖에 없겠습니다. 한국의 '논란'이라는 한자어는 번역을 함에 있어서는 정말로 논란거리인 단어 같습니다.

6. 경찰이라고 밝힌 누리꾼 : 警察を名乗ったネットユーザー

7. 반박 글이 올라와 : 反論の書き込みが掲載され

일본은 '반박'이라는 한자어를 쓰지 않으므로 이처럼 의역해 줄 수밖에 없겠습니다.

8. 눈길을 끌고 있다 : 注目を集めている

눈길을 끈다는 표현을 일본은「目を引く」라고 하지만 이 문맥에서는 이렇게 쓰면 의미는 통하지만 일반적이지 않고 위와 같이 해야 자연스럽습니다. 감수자님 의견도 마찬가지였습니다.

9. 게다가 : おまけに

이「おまけ」는 '덤'이라는 뜻으로 쓰이는데 이처럼 접속사적으로도 씁니다.

10. 조심성이 부족한 걸까 : 危機感足りないのかしら

이 '위기감'이라는 말의 쓰임새도 한국과 미묘하게 다르죠. <신세기 에반게리온>에 나오는 대사인데 아스카가 미사토의 집에서 함께 살게 되는데 미사토 집에 가 보니 방문에 잠금 장치도 전혀 안 돼 있는 걸 보고 이렇게 말하는 겁니다.

11. 자물쇠도 없는 이런 집 : こんな鍵のない部屋

일본어「鍵」는 이렇듯 자물쇠, 잠금 장치라는 뜻으로도 씁니다. 그러니까 '열쇠'라고 번역할지 '자물쇠'라고 번역할지 잘 살펴야 한다는 결론이죠. 잠금장치를 우리는 시건장치라고도 하는데 이때의 '건'이 바로 鍵인데 이건 열쇠 '건', 자물쇠 '건' 두 개의 뜻으로 쓰이죠. 참고로 일본은 시건장치를 施錠装置(시정장치)라고 합니다.

12. 日本人の心情は : 일본인의 마음이거든

똑같은 한자어인데도 '심정'도 이렇듯 미묘하게 쓰임새가 다릅니다. 우리는 이걸 그대로 '심정'이라고 하면 어색하죠. 그러므로 번역은 아래 13번 퀴즈와 도치해 줘야 매끄러워지겠죠? 이 心情가 쓰인 문장 중에「日本人の心情に触れる」라는 걸 본 분이 계실 텐데, 이 또한 그대로 '심정'이라고 하면 어색하고 말이죠.

13. 察しと思いやりだからよ : 헤아려 주고 배려하는 게

14. 자신이 키웠던 A : 子飼いのA

이「子飼い」라는 말은 글자 뜻대로 하면 '어릴 때부터 키운(기른)'이라는 뜻이지만 이 경우는 실제로 어릴 때부터, 어린애 때부터 키웠다는 뜻은 아니죠.

15. 監督引退にあたって : 감독을 은퇴함에 있어서

이「当たる」라는 단어도 말뜻의 스펙트럼이 엄청나게 넓죠. 이렇게 쓰인 경우는 어떠한 때를 만나서, 어떠한 때를 맞아서, 어떠한 때가 되어서 등의 뉘앙스죠.

16. 갈등을 빚었던 : 確執のあった

이 確執라는 단어는 '서로 양보하지 않고 자기 의견만 주장하는 것'이라는 뜻이지만, 이렇듯 그로 인해 발생한 갈등, 마찰, 불화라는 뜻으로 쓰이는 경우가 더 많습니다.

17. 지목 : 名指し

18. 사감을 개입시키지 않고 : 私情を挟まず

일본은 '사감'이 아니라 이처럼 '사정'이라고 합니다. 그리고「私情を挟む」형태로 정형화돼서 쓰이니까 통째로 외우세요.

19. 냉철하게 : 冷静に

20. 그였기에 가능한 것이었다 : 彼ならではであった

이것도 인터넷에서 수집한 예문인데, 이 「～ならでは」라는 말도 문형으로 외워야 하는 표현이죠. ~특유의, ~에만 있는, ~가 아니면 불가능한, ~기에 가능한, 등의 뉘앙스로 쓰이죠. 그러니까 이 「～ならでは」라는 말은 日本ならではの 표현이죠.

21. 영하 : 氷点下

일본은 영하(零下)가 아니라 이처럼 '빙점하'라고 말합니다. 그리고 영상(零上)의 경우는 딱히 '영상'에 해당하는 표현은 하지 않고 그냥 '~도'라는 식으로 말하는데 굳이 써 줘야 할 때는 「プラス」라는 외래어를 씁니다.

22. 차가운 물에 빠져서 응급 이송 : 冷たい水に落水して救急搬送

일본은 '낙수'의 사전의 뜻풀이와 달리 '물에 빠지다'라는 뜻으로 사용합니다.

23. 빈사 상태의 환자 : 瀕死の患者

24. 심장 박동 미약 : (心臓の)鼓動が微弱・心拍が微弱

일본은 '심장'이란 말도 빼고 '고동'이라고만 하는 경우가 상당히 많죠.

| 日 | 한국도 고동(鼓動)이라는 한자어를 쓰긴 하지만 일본만큼 빈번히는 쓰지 않습니다. 그리고 일본은 노래 가사 등에서 종종 '심장'을 빼고 「鼓動が聞こえる」라는 표현을 하는데 한국의 경우 이렇게 말하면 아마도 배나 기차의 고동(=汽笛・警笛) 소리가 들린다는 말로 해석할 가능성이 있습니다. 그리고 뱃고동이라는 단어도 있는데 이건 「船の汽笛(の音)」라는 뜻입니다. |

読み方

創建(そうけん)・察(さっ)し・復興(ふっこう)・再興(さいこう)・荒廃(こうはい)
食(く)いしばり・切歯扼腕(せっしやくわん)・施錠(せじょう)装置・子飼(こが)い
私情(しじょう)を挟(はさ)まず・氷点下(ひょうてんか)・落水(らくすい)・鼓動(こどう)
微弱(びじゃく)・心拍(しんぱく)・汽笛(きてき)・警笛(けいてき)

번역가를 곤란하게 만드는 일본어 困難

彼はあの日[1]だったから、その時間に犯行するのは困難です。

그 사람은 그날 **야근**이었으니 그 시간에 [2   ].

美香と一緒ならどんな困難も乗り越えられるから、いつまでも付き合うわ。

[3   ] 어떤 [4]도 극복할 수 있으니 언제까지든 [5   ].

[6   ]水に囲まれているため、地下に[7   ]のは困難だった。

이 세 방향은 물에 둘러싸여 있어서 지하에 **터널을 파는** 건 [8   ]. 〈토요토미 공주〉

その高校で君自身の学年席次が[9]ぐらいなのか考えてみたら、

그 고교에서 너 자신의 학년 석차가 **몇 등** 정도인지를 생각해 본다면

それがどれぐらい困難であるか[10   ]。

그게 얼마나 [11   ] **상상을 초월할 텐데**.

「転落」と「墜落」の違いを国語辞典で調べても、同じような解説が載っているため、
二つの言葉の違いを区別することは困難です。

「転落」와「墜落」의 차이를 국어사전에서 찾아봐도 비슷한 뜻풀이가 실려 있기 때문에 두 말의 차이를 구별하는
건 [12   ]

会社が困難な[13   ]、[14   ]整えておくべきです。

회사가 [15   ] **지경에 빠지기 전에 선제적으로 자구책을** 마련해 둬야 합니다.

彼は[16   ]、人類を[17   ]長くて困難な旅に出た。

그는 **깨달음을 얻은 뒤**, 인류를 **구원하기 위해** 길고도 [18   ].

授業を何回も[19   ]、付いていくのが困難だったので

수업을 몇 번이나 **땡땡이쳤더니** 따라가는 게 [20   ]

[21   ]しまいました。

자포자기 심정이 되고 말았어요.

彼は[22]困難を[23   ]、

그는 **수많은** [24]을 **헤쳐 나가서**

今や会社を[25]大企業の[26   ]。

지금은 회사를 **굴지의** 대기업 **반열에 올려 놓았다.**

[27]以降、日本経済は極めて困難な状況に置かれて

코로나 사태 이후 일본 경제는 지극히 [28   ]에 놓여서

[29]の希望に[30   ]。

경제 회생 희망에 **암운이 드리워져 있다.**

랜덤 예제

秀吉の[1]の彼女が関ヶ原の[2]、もし家康を討てと、

히데요시의 **정실**인 그녀가 세키가하라 **전날 밤** 만일 이에야스를 치라고

[3   ]に[4   ]、日本史は変わっていたであろう。

자신이 키운 영주들에게 몰래 **명령했다면** 일본 역사는 바뀌었을 것이다.

海外投資家への[5]、常習賭博などの容疑で起訴された○○が

해외 투자가에 대한 **성매매 알선** 및 상습 도박 등의 혐의로 기소된 ○○가

実刑を[6]、[7]。

실형을 **언도받아서 법정 구속됐다.**

[8]に関する浅薄な知識を[9   ]、[10   ]。

평행 우주에 관한 [11   ]을 **자랑인 양 뽐내면서 천박한 미소를 띄웠다.**

이 困難이라는 한자어의 자의 자체로 보면 한국이나 일본이나 큰 차이는 없는데, 문제는 한국에서는 '곤란하다'는 말을 「困る」라는 뜻으로도 쓰기 때문에 번역할 때 헷갈리거나 골치가 아픈 경우가 생기는 것이죠. 하지만 분명한 건 「困る」라는 뜻으로 쓰인 한국어 '곤란'을 그대로 困難이라고 번역하면 안 된다는 것입니다. 한국의 국어사전은 '사정이 몹시 딱하고 어렵다'라고 나와 있는데 일본어 困難과 뜻 차이를 잘 드러내고 있다고 생각되는 명경 사전의 뜻풀이를 소개합니다.

❶ 実行したり解決したりすることが難しいこと。また、その事柄。
「歩くのも―になる」「和解が―な状況」⇔容易

❷〖自サ変〗〔古い言い方で〕困り苦しむこと。特に、生活に困窮すること。
「(高柳ハ) 自分が生活に―しているものだから〈漱石〉」

실행이나 해결이 '어려운' 것이라는 말이 중요하죠. 그리고 반대말로 '용이'를 제시하고 있습니다. 예문도 보시면 '걷는 것도 곤란해지다'? '화해가 곤란한 상황'? 그대로 한국어 '곤란'으로 직역하면 이상하죠? 그리고 2번 뜻풀이 뒷부분 특히 「生活に困窮する」라는 말을 보시면 아시겠듯 '곤궁'이라는 뉘앙스로도 쓰인다는 것입니다. 또 예문을 보시면 '곤란'을 동사로도 쓰고 있죠. 그리고 「せっかくなので」라는 표현의 뜻을 설명하는 글에서 다음과 같이 말하고 있습니다.

「せっかくなので」という表現は、何か**困難な努力**や時間、費用などをかけて得られた機会や状況に対し、それを無駄にしないようにする意味が込められています。

'곤란한 노력'? 이렇게 번역하면 요상한 한국어가 돼 버리죠. 그러니 이렇게 쓰인 일본어 困難을 번역할 때는 그대로 '곤란'이라고 해도 될지 어떨지를 면밀히 살펴야 한다는 결론인 것이죠. 그럼 제가 짠 예제를 살펴보면서 어떻게 번역하면 좋을지를 '제안'하겠습니다.

모범 답안

1. 야근 : 残業

| 日 | 일본에서는 '잔업'이라고 하는 게 일반적이지만 한국은 '야근'이라고 하는 게 일반적입니다. 물론 '잔업'이라고 해도 의미가 통합니다만, 예컨대 「今日残業なの」라고 할 때는 '오늘 야근이야'라고 하는 게 일반적입니다. |

2. 犯行するのは 困難です : 범행하는 건 힘듭니다

이걸 '범행하는 건 곤란합니다'라고 하면 안 되겠죠. 이렇듯 일본 한자어 '곤란'은 어렵다, 힘들다 등의 뉘앙스로 쓰인다는 사실.

3. 美香と一緒なら : 미카 너와 함께라면

이 경우는 상대방을 앞에 두고 말하는 경우입니다.

> 日　따라서 이런 경우는 '미카 너'라고 하거나 그냥 '너'라고 번역하시기를 권합니다.

4. 困難 : 곤경

이렇게 쓰인 일본어 '곤란'은 이렇듯 '곤경'이라고 번역할 수도 있겠습니다.

5. 付き合うわ : 함께할게

이「付き合う」는 사귄다는 뜻이 아니죠. 따라서 이렇게 번역해 줄 수 있겠습니다. 책 출간이 마무리되면 '번역하기 까다로운 일본어'라는 타이틀로 블로그에 글을 쓸 생각을 갖고 있는데, 쓰게 된다면 이 단어도 다루도록 하겠습니다.

6. 이 세 방향은 : この三方は

일본은 이렇듯 '삼방'이라고도 합니다.

> 日　한국은 사방(四方) 정도만 쓰고, 사방팔방이라는 말은 '여기저기 모든 방향이나 방면'이라는 뜻, 그리고 '백방으로 ~하다'라는 형태로 쓰이는데 이때도 정말로 백 방향이란 뜻이 아니라 '여러가지 방법. 또는 온갖 수단과 방도'라는 뜻입니다.

7. 터널을 파는 : トンネルを掘る

「掘る」는 파다, 뚫다, 캐다 등의 뜻으로 쓰이는 말이죠. 그리고「掘って聞く」, 또는「掘り下げて聞く」라는 표현도 있는데, 이건 뭔가를 더 깊이, 꼬치꼬치 캐묻는다는 의미로 쓰입니다.

8. 困難だった : 어려웠다, 힘들었다

비밀 기지로 가는 통로를 만드는데 성 바깥쪽 해자 때문에 터널을 뚫는 게 어려웠다는 말이죠. 이 역시 '곤란했다'라고 번역하면 한국어로서는 어색하죠.

9. 몇 등 : 何位

성적이 몇 등인지를 말할 때는 番이라고도 하지만 이렇듯 位도 씁니다.

10. 상상을 초월할 텐데 : 想像を絶するはず

우리는 상상을 초월한다고 말하는 게 일반적이지만 일본은 이렇듯 '끊는다'고 하는 게 일반적이죠.

11. 困難であるか : 어려운 일인지

12. 困難です：어렵습니다

13. 지경에 빠지기 전에：境遇に陥る前に

'경우'라는 한자어도 한일 간 뜻과 쓰임새가 다르죠. 일본은 신세, 처지 등의 뉘앙스로 쓰이는데 한국어 '지경'도 境遇라고 번역할 수 있겠습니다.

14. 선제적으로 자구책을：予め自助策を

우리는 '선제적'이라는 표현을 어떤 의미에서는 남발이라 생각될 정도로 많이 하지만 일본은 다릅니다. 일본도 先制的自衛権처럼 '선제적'이라는 말을 쓰긴 하지만 그 쓰임새의 폭은 한국에 비해 아주 좁습니다. 특히 한국은 '선제적 대응'이라는 표현을 대단히 빈번히 쓰지만 여러 일본인에게 질문한 결과, '대응'과 짝을 지어서 쓰는 건 일반적이지 않다고 합니다. 일본에서 '선제'라는 말은 공격이나 방어와 짝을 지어서 쓰는 게 대부분이고, 또한 스포츠에서 선제점을 올리다. 1점을 선제하다 등으로만 쓰이는 실정입니다. 따라서 문맥에 따라 다양한 일본어로 의역해 주는 게 낫다고 봅니다. 그리고 일본은 '자구책'이라는 표현을 하지 않으므로 그냥 '대책을 마련'처럼 의역을 하거나, 한국의 '자구책'과 뉘앙스가 그나마 비슷한 한자어를 쓴다면 위와 같이 「自助策」라고 하거나 「自助努力」라는 표현을 해 줄 수 있겠습니다.

15. 困難な：어려운

> 日 이 경우는 '곤란한 지경'이라고 해도 언뜻 자연스러운 거 같은데 일본 한자어 困難과는 다른 뉘앙스로서 '난처한 지경'이란 말입니다.

16. 깨달음을 얻은 뒤：悟りを開いた後

우리는 수도자들이 이른바 견성(見性)하는 걸 깨달음을 '얻다'라고 하지만 일본은 이렇듯 '열다'라고 합니다.

17. 구원하기 위해：救うために

이 '구원'이라는 한자어도 쓰임새가 한국과 다르다고 했죠. 따라서 위와 같이 번역할 수 있겠습니다.

18. 困難な旅に出た：힘겨운 여정에 나섰다

이 '타비'라는 일본어에 관해서도 1권에서 언급했었죠. 이 경우에는 '여정에 나서다'라고 번역해 줄 수 있겠습니다. 또한 여기선 '힘겨운'이라는 역어가 가장 어울릴 듯합니다.

> 日 이걸 '여행'이라고 번역하면 한국어로서는 어색합니다.

19. 땡땡이쳤더니：バックレたら

예전에는 「ずらかる」라고 했는데 요즘은 거의 안 쓰게 됐다고 했죠. 하지만 번역하는 사람들은 이 표현이 유행하던 시절의 작품이나 문서를 접할 수 있으니 알고는 있어야겠죠. 저 역시도 자주 접했습니다.

20. 困難だったので：힘들어서

진도를 따라가는 게 '곤란해서'라고 하면 어색한 한국어가 되죠.

21. 자포자기 심정이 되고：自暴自棄になって

22. 수많은：幾多の

이 단어를 몰랐던 분들을 위해 암기 요령을 말씀드리자면, 幾는 '몇', '여러'라는 뜻이죠. 한국에서 '기백 년', '기천 년'이라고 할 때의 그 '기'죠. 그리고 多는 '많다'니까, 많은 게 여럿 있으니 '수많은'이 되는 것이죠.

23. 헤쳐 나가서：切り抜けて

헤쳐 나간다는 한국어 표현은 위와 같이 해 주면 되겠습니다.

24. 困難：역경

> 日 이런 문맥에서는 이렇듯 역경이나 곤경 등으로 번역하는 게 자연스럽다고 생각합니다. 이걸 그대로 '수많은 곤란'이라고 하면 어색합니다.

25. 굴지의：指折りの

일본도 屈指라는 한자어를 쓰는데 이 표현도 알아 두시라고. 글자 그대로 '손꼽히는'이라는 뜻이죠. 숫자를 손가락으로 세는 걸 우리는 '손(을) 꼽다'라고 하지만 일본은 이렇듯 「折る」라는 동사를 씁니다.

26. 반열에 올려 놓았다：位置まで押し上げた

일본은 '반열'이라는 한자어를 쓰지 않으니 위와 같이 의역할 수밖에 없겠습니다. 아니면 '반열'은 아예 번역하지 않는 방법도 있겠습니다.

27. 코로나 사태：コロナ禍

28. 困難な状況：어려운 상황

이 역시 '곤란한 상황'이라고 번역하면 일본어 원문의 의미를 정확하게 전달하지 못한다는 결론이 되죠. 이 경우의 '곤란한'은 '난처한'이라는 뉘앙스와 비슷하니까요.

29. 경제 회생：経済再生

30. 암운이 드리워져 있다：暗雲が立ち(垂れ)込めている

1. 정실 : 正妻

<세키가하라 대전투>에 나오는 대사를 살짝 변형시킨 건데, 거기서는 正室라고 합니다. 그런데 1권에서 잠깐 언급했던 걸 복습하기 위해 '정처'라고 바꿨습니다.

2. 전날 밤 : 前夜

日	한국도 '전야'라는 말을 쓰지만 그 쓰임새는 무척 적습니다. '성탄 전야'나 '폭풍 전야', '전야제'라는 식으로 관용적으로 쓰는 것 외에는 이처럼 '전날 밤'이라고 하는 게 일반적입니다.

3. 자신이 키운 영주들 : 子飼いの諸大名

여기서 또 나왔네요.

4. 몰래 명령했다면 : 内命したとすれば

日	한국 국어사전에도 内命이라는 한자어가 있던데 저도 처음 알았고 '밀명'이라는 한자어를 쓰는 게 일반적입니다.

5. 성매매 알선 : 売春斡旋

일본은 '성매매 알선'이라는 식으로 말하지 않습니다.

6. 언도받아서 : 言い渡され

7. 법정 구속됐다 : 拘置所に収監された

8. 평행 우주 : パラレルワールド·並行宇宙

일본은 외래어를 그대로 쓰는 게 일반적이라고 합니다. 그리고 한자어로 쓸 때도 '평행'이 아니라 '병행'이라고 하는 것이 일본인들에게는 더 익숙한 모양입니다. 물론 '평행우주'라고도 하는 모양입니다.

9. 자랑인 양 뽐내면서 : 自慢げにひけらかしながら

'뽐내다', '자랑하다', '과시하다'라는 표현으로서 「見せびらかす」는 아는 분도 많겠죠. 그런데 위와 같이도 말하니까 몰랐던 분은 외워 두시길. 그런데 이 둘은 뉘앙스 차이가 있다고 하는데 이건 눈에 보이는 것을 뽐내고 과시한다는 뜻인 반면 「ひけらかす」는 지식, 재능, 학력 등 눈에 보이지 않는 것도 포함한다고 합니다. 따라서 goo 유의어 사전의 표에서도 '학력'의 경우 「見せびらかす」 칸에는 곱표를 쳐 놨습니다.

10. 천박한 미소를 띄웠다 : 下品な笑みを浮かべた

이 역시 '츠키다시'로 넣는 건데, 천박이라는 한자어도 한일 간에 쓰임새가 다릅니다. 한국의 국어사전에는 다음과 같이 나와 있습니다.

학문이나 생각 따위가 얕거나, 말이나 행동 따위가 상스럽다.

천박한 말버릇.

그는 생각이 천박하며 돈 많은 것만 자랑으로 아는 사람이다.

그는 그녀가 비록 젊고 예쁘기는 하지만 창부처럼 천박하게 웃고 있다고 생각했다.

앞부분은 일본의 국어사전 뜻풀이와 비슷합니다. 모든 사전이 어슷비슷하니까 코지엔 사전을 보시죠.

学問や思慮が足らず浅はかなこと。「―な知識」

비슷하죠? 그런데 실질적으로 한국에서 '천박하다'고 하면 '말이나 행동 따위가 상스럽다'는 뜻으로 쓰이는 경우가 대부분이죠. 사전이 제시한 예문을 보더라도 전부 뒷부분의 뉘앙스의 예들이듯이 말이죠. 두 번째 예문의 경우도 '생각이 천박하며'라는 말이 생각이 얕다는 뜻이 아니라 천하고 상스럽다는 뉘앙스라고 봐야겠죠? 실제로 "생각이 천박"으로 검색을 해 보면 이런 뉘앙스로 쓰인 예가 거의 대부분입니다.

11. 浅薄な知識 : 얄팍한 지식

따라서 이 浅薄는 위와 같이 번역해 줘야 일본어 浅薄의 정확한 뜻이 전달되겠죠.

> **日** 물론 한국 국어사전 뜻풀이 앞부분은 일본과 같으니까 그대로 '천박한 지식'이라고 해도 틀린 건 아니 겠지만, 대부분의 한국인들은 '천박하다'는 말을 들으면 상스럽다, 천하다 등의 뉘앙스로 받아들일 수 있으니 위와 같이 번역하시기를 권하는 바입니다.

読み方

囲(かこ)まれて・席次(せきじ)・三方(さんぼう)・掘(ほ)る・絶(ぜっ)する・陥(おちい)る
自助(じじょ)・悟(さと)りを開(ひら)いた・幾多(いくた)・指折(ゆびお)り・屈指(くっし)
正妻(せいさい)・諸大名(しょだいみょう)・内命(ないめい)・並行(へいこう)宇宙・浅薄(せんぱく)

번역가를 절규케 하는 일본 한자어 機微(기미)

〈은혼〉

[1]客を遊女に取られたらしい。**男女の機微**は、よく分からん。

보아하니 푹 빠져 있던 손님을 유녀한테 뺏긴 모양이야. [2]은 모르겠어.

〈은혼〉

[3]、**人間の機微**を読む力で、金より銀が[4]。

기계한테는 없는, [5]을 읽는 능력에서 '금'보다 '은'이 **앞섰어**.

それは[6]彼女の**機微に触れる話題**なんだから[7]。

그건 **가뜩이나 예민한** 그 여자의 [8]니까 **잠자코 있어**.

運命に翻弄される[9]の**心の機微に触れることができる**映画だった。

운명에 [10] **여주인공**의 [11]영화였다.

彼女は[12]、**営業社員一人一人の機微を察する**のがとてもうまい。

저 여자는 **회사 경력이 길어서** 영업 사원 한 명 한 명의 [13].

[14]は、**顧客の機微を巧みに穿つ**サービスを提供しています。

저희 호텔은 [15] 서비스를 제공하고 있습니다.

[16]**人の心の機微を穿つな**。[17]だな。思いやりってのを学べ。

함부로 [18]. **눈치 없는 놈**이네. 배려심이란 걸 좀 배워.

彼は機微を察することができるので、[19]。

그는 [20] 주변 사람들이 잘 따라요.

兄ちゃんは、女性心理の機微に疎いので、いつもすぐふられるのよ。

오빠는 [21   ] 맨날 금세 차이는 거야.

君は機微に聡いから、社員の定期面談を担当してほしいんだけど。

자네는 [22   ] 사원들 정기 면담을 담당해 줬으면 하는데.

想の病気を受け入れられず[23   ]や、心の機微が見えるような

소우의 병을 받아들이지 못하고 **갈등하는 모습**과 [24   ]

丁寧な演技が話題となった。

[25   ]가 화제가 되었다. 영화 〈silent〉 리뷰 글

面接で宗教や病歴、[26   ]機微情報にあたるので[27   ]。

면접에서 종교나 병력, **집안에 관해 묻는 건** [28   ]에 해당하므로 **금기예요.**

1997年の[29   ]以降、韓国経済は[30   ]を見せず、

1997년 **외환 위기 사태** 이후 한국 경제는 회복될 기미를 보이지 않고,

[31   ]に陥っていた。

바닥이 보이지 않는 깊은 수렁으로 빠져들었었다.

彼は社会変化の機微をうまく捉え、[32   ]でも大成功を収めた。

그는 [33   ] **신규 참여 사업**에서도 대성공을 거두었다.

[34   ]が荒れそうな機微を捉えたので[35   ]。

주초의 외환 시세가 [36   ] 때문에 **매수 주문을 낼 생각입니다.**

男性は[37   ]機微に触れる部分も含めて[38   ]話をしてくれました。

그 남자는 **제 취재에 싫은 내색 한 번 않고**, [39   ]까지 포함해서 **탁 터놓고** 말해 줬습니다.

첫 번째와 두 번째 예제는 제가 번역한 애니에서 機微(기미)라는 한자어가 쓰인 예인데, 이걸 보고 機微도 한국과 쓰임새가 다르구나 싶어서 책에 쓰려고 메모해 뒀던 겁니다. 그런데 막상 책에 쓰기 위해 예문을 짜려고 실제로 쓰인 예들을 수집해 봤더니 시쳇말로 '골 때리는' 한자어더군요. 제 블로그에 수집해 올린 예문들을 읽으신 분은 공감하시겠지만 도무지 감을 잡기 힘든 한자어죠. 한국의 한자어 기미(機微)는 낌새, 조짐과 비슷한 뉘앙스로만 쓰이는 반면 일본의 한자어 機微는 보셨듯이 뉘앙스의 폭이 엄청 넓습니다. 거꾸로 사용 빈도는 한국어 '기미'가 일본에 비해 훨씬 더 높습니다. 왜냐하면, 이 일본어 '기미'의 뉘앙스를 파악하기 위해서 일본에서 실제로 쓰인 사례들을 수집해서 여러 차례에 걸쳐 많은 일본인들에게 물어봤는데, 개중에는 부자연스럽게 쓰인 거 같다는 사례도 있었던 만큼 일본에서의 쓰임새는 그리 많지는 않고, 따라서 이 '기미'라는 일본 한자어에 대해 느끼는 뉘앙스가 일본인들도 사람마다 조금씩 다르다는 말이겠죠. 우리도 어려운 단어나 표현에 대해 다르게 알고 있는 경우가 있듯이 말이죠. 아무튼 먼저 사전을 찾아봅시다. 코지엔과 다이지린 사전입니다.

容易には察せられない微妙な事情·おもむき。
表面からは知りにくい微妙な心の動きや物事の趣。

한마디로 말하자면, 겉으로는 쉽게 알아차리기 힘든 미묘한 마음의 움직임, 변화라는 뜻. 그리고 위의 趣는 정취, 멋이라는 뜻이 아니라, 봄 기운이라고 할 때의 기운, 기척, 느낌이란 뜻으로 봐야겠죠. 아무튼 블로그에 수집해서 올린 예문들에 사전의 저 뜻풀이를 대입시켜 봐도 감이 안 잡히는 용례가 많았죠. 퀴즈로 낸 예문에서도 마찬가지고요. 그래서 제가 이 機微라는 일본어에 대해 엄청 많은 시간을 들여서 조사한 결과 크게 나눠서 세 가지 뉘앙스로 쓰이는 것 같다는 결론을 내렸습니다.

첫째, 인간의 마음, 감정, 심리 등의 미묘한 변화, 미세한 움직임이라는 뜻.
둘째, 경제 동향, 정세 등 사물의 미묘한 변화, 미세한 움직임이라는 뜻.
셋째는 이 둘과는 상당히 다른 뉘앙스로 쓰이는 경우인데, 바로 機微情報라는 용어가 그것입니다. 이건 종교, 병력, 집안 내력 등 '민감한 개인 정보'라는 뉘앙스로 쓰입니다.

그런데 문제는 실제로 쓰인 예들을 번역하려 하면 도대체 어떻게 번역해야 할지 막막한 예가 너무도 많다는 사실이죠. 지면 관계상 더 많은 사례를 올리지는 못하겠지만, 정말이지 한국어로 번역하기가 너무도 힘듭니다. 그러니 이 機微라는 일본 한자어는 문맥을 잘 살펴서 소위 감으로 의역해 넣을 수밖에 없다는 결론이죠. 여기서는 제 나름대로 머리를 굴려서 번역을 '제안'해 놨는데, 솔직히 제 번역 능력의 한계를 절감했을 뿐입니다. '항복'이라는 말이 절로 나옵니다.

모범 답안

1. 보아하니 푹 빠져 있던 : どうやら入れ込んでた

사전에서 「どうやら」를 찾아보면 '보아하니'는 없는데, 문맥에 따라 이렇게 번역해 줘야 매끄러운 경우가 있으니 기억해 두시길. 그리고 「入れ込む」는 서랍 등에 깊숙이 넣어 두는 걸 뜻하지만 이렇듯 사람에게 '푹 빠지다', '반하다', '홀리다' 등의 뉘앙스로도 쓰입니다.

2. 男女の機微 : 남녀의 속마음, 남녀 문제

이 機微를 어떻게 번역할지 막막해서 끙끙 앓다가 '남녀 문제'라고 확 의역을 해서 보냈는데, 機微는 겉으로는 알기 힘든 마음의 변화라는 뜻이니 위와 같이 '속마음'이라고 번역할 수도 있을 거 같습니다.

3. 기계한테는 없는 : カラクリにはない

이 「からくり」도 번역하기 골치 아플 때가 많죠. 기계 장치에 해당하는 걸 포괄하는 개념으로 쓰입니다. 이 애니에서 등장하는 짝퉁 긴타마인 킨타마는 지금으로 치면 (인간형)로봇인데, 이걸 '카라쿠리'라고 표현합니다.

4. 앞섰어 : 勝った

이런 문맥에서의 '앞서다'는 이렇게 번역해 줄 수 있겠습니다.

5. 人間の機微 : 사람의 기색, 인간의 가려진 마음

이건 이처럼 기색(氣色)이라고 번역해서 보냈는데 후자와 같이 번역할 수도 있겠습니다.

6. 가뜩이나 예민한 : ただでさえ神経質な

神経質의 복습 차원에서 퀴즈로 내 봤습니다.

7. 잠자코 있어 : 黙ってろ

「黙る」도 닥치다, 입을 다물다는 뜻으로만 쓰이는 게 아니라 이렇게 잠자코 있으라고 할 때도 쓰고, 또 "왜 (나한테) 말 안 했어?"의 경우에도 「何故黙っていた?」라고 합니다.

> **日** 이걸 반대로 "왜 닥치고 있었어?", "왜 입 다물고 있었어?"라고 직역식으로 번역하면 전혀 다른 뉘앙스가 됩니다.

8. 機微に触れる話題 : 민감한 부분을 건드리는 화제

「触れる」도 다양한 뉘앙스로 쓰이는 말이라서 번역가를 애먹이는 단어죠. 여기선 '건드리다'라고 할 수 있겠습니다. 또한 이 경우의 機微는 마음의 미묘한 변화라는 뉘앙스가 아니라 마음의 민감한 부분이라는 뉘앙스로 쓰인 겁니다.

9. 여주인공 : ヒロイン

10. 翻弄される : 휘둘리는

이 翻弄(번롱)이라는 일본어는 대체로 '농락'이라고 번역하는 경우도 많고, 또 이 경우는 '농락당하는'이라고 해도 되겠지만, 번역을 많이 하시는 분은 '농락'이라고 하면 어색한 경우를 접하셨을 겁니다. 2권 큐알코드로 들어가서 읽어 보셨는지 모르겠지만 이처럼 '휘둘리다'로 번역해 줄 수도 있겠습니다.

11. 心の機微に触れることができる : 미묘한 심적 변화를 느낄 수 있는

이 문맥에서의 「触れる」는 위와 같이 번역해 봤습니다. 그리고 용례를 검색한 것 중에는 감명(감동)을 받는다는 뉘앙스로 쓰인 것도 있었습니다. 이렇듯 「機微」와 짝을 지어 쓰는 「触れる」는 긍정적, 부정적 뉘앙스 둘 다로 쓰인 예가 많았습니다.

12. 회사 경력이 길어서 : 社歴が長いので

日	일본은 이처럼 歴이라는 한자어를 많이 사용하는데, 한국의 경우 가족력, 병력 등 굳어져서 널리 알려진 경우를 제외하면 그대로 '~력'이라고 하면 무슨 말인지 모르는 경우가 많습니다. 바로 力과 발음이 같아서죠.

13. 機微を察するのがとてもうまい : 심경을 무척 잘 헤아린다

이 문맥에서는 '심경'이라는 말을 택했는데, 다른 더 적절한 표현이 있다면 그렇게 번역하면 되겠죠.

14. 저희 호텔 : 当ホテル

15. 顧客の機微を巧みに穿つ : 고객의 심리를 꿰뚫어 보는

이 機微의 쓰임새를 설명하는 사이트에서 빠짐없이 등장하는 건데 「穿つ」라는 말 자체가 흔히 쓰이는 말이 아니라서 그런지 일본 사이트에 「機微を穿つ」에 관해 질문해 보니 처음 봤다는 사람도 있더군요. 「穿つ」는 (구멍을) 뚫는다는 뜻입니다. 의학 용어로 장 천공(穿孔)이라고 할 때의 穿이죠.

16. 함부로 : むやみに

「むやみに」는 '함부로'라는 뉘앙스로도 씁니다.

17. 눈치 없는 놈 : デリカシーのない奴

일본은「デリカシー」라는 외래어를 아주 많이 쓰는데, 상대방의 민감한 부분, 상처받을 부분에 대해 생각 없이, 섬세한 사려(배려) 없이 언급하거나 건드리거나 할 때 이와 같이 표현하죠. 그래서 이 문맥에서는 이처럼 '눈치 없는 놈'이라고 의역해 봤습니다.

> 日 　한국은 '델리커시 없는 놈'이라고 하면 못 알아듣습니다.

18. 人の心の機微を穿つな : 사람 마음을 파헤치려 들지 마

「触れる」와 마찬가지로 이「穿つ」역시 긍정적, 부정적 뉘앙스 둘 다로 쓰인 예들이 많았습니다.

19. 주변 사람들이 잘 따라요 : 周りの人から慕われています

일본은 이처럼 피동형 표현을 많이 하죠. 이런 문맥에서「慕う」는 '따르다'로 번역해 줄 수 있겠습니다.

20. 機微を察することができるので : 사람 마음을 잘 헤아리기 때문에

이 역시 위와 같이 의역해 봤습니다.

21. 女性心理の機微に疎いので : 여자의 심리 변화에 둔감해서

일본은 '여성'이라는 말을 아주 자주 하죠. 왜냐하면 일본에서「女子」라는 말의 쓰임새는 한국과 사뭇 다르기 때문입니다. 일본은 '여자'라는 말을 주로 초중고 여학생을 지칭하는 말로 씁니다. 그러니까 성인 여자를「女子」라고 하지 않는다는 말이죠. 다만, 스포츠 등에서 국가대표 성인 여자팀의 경우「女子代表」라고는 합니다.

> 日 　한국은 '여성'이라는 말의 사용 빈도가 일본에 비해 아주 낮습니다. 이 경우는 '여성의 심리 변화'라고 해도 되겠지만, 개인적으로는 '여자'를 택했습니다.

22. 機微に聡いから : 심리를 읽는 게 날카로우니

23. 갈등하는 모습 : 葛藤する姿

일본의 경우 '갈등'이라는 한자어는 이렇게 개인의 심적 갈등이라는 뉘앙스로 주로 씁니다. 다만 구어로 쓰는 경우는 별로 없기 때문에 구어체를 번역할 때는「迷っている」라고 해 주는 게 낫겠죠.

24. 心の機微が見えるような : 마음의 미묘한 변화가 보이는 듯한

25. 丁寧な演技 : 세심한 연기

블로그에서도 책에서도 언급한 적 있듯이 이 丁寧 또한 번역하기 결코 만만찮은 강적이라 할 수 있습니다. 여기서 저는 이런 번역을 택했습니다.

26. 집안에 관해 묻는 건 : 家柄を尋ねるのは

이「家柄」는 집안, 가문 등의 뜻이죠.

> 日 이 경우는 '가문'이라고 하면 부자연스럽고 '집안'이라고 하는 게 매끄럽습니다.

27. 금기 : ご法度

금기, 금칙, 금제라는 뜻으로 쓰이는 단어죠.

28. 機微情報 : 민감한 개인 정보

해설에서 설명했듯 機微의 뜻풀이와는 동떨어진 듯 보이는 이런 뉘앙스로도 씁니다. 또한「機微技術」라는 일본 특유의 용어도 있는데, 이건 군사용으로 전용될 가능성이 높은 (민감한)기술을 뜻합니다. 이걸 어떻게 번역하면 좋을까요? 민감 기술은 좀 그렇고, 쉽게 유출하거나 유출돼서는 안 되는 기술일 테니 '기밀 기술' 정도? 아무튼 번역이라는 일 참 어렵습니다.

29. 외환 위기 사태 : 通貨危機

일본은 이렇듯 '통화 위기'라고 합니다. 그리고 '사태'의 쓰임새도 다르니까 아예 번역을 하지 않는 게 낫겠죠. '천안문 사태' 같은 경우는 '사건'으로 번역하지만 여기서는 '사건'이라고 하면 어색하니까요.

30. 회복될 기미 : 回復の兆し

> 日 한국의 '기미'라는 말은 이런 뉘앙스로만 쓰입니다.

31. 바닥이 보이지 않는 깊은 수렁 : 底の見えない深い泥沼

한국에서 말하는 '수렁'은 이렇게 번역해 줄 수 있겠습니다. 그리고 한국과 마찬가지로 일본도 비유적으로도 씁니다.

32. 신규 참여 사업 : 参入事業

33. 社会変化の機微をうまく捉え : 사회의 변화 조짐을 잘 포착해서

해설에서 설명한 두 번째 쓰임새의 경우는 이렇듯 기미나 조짐 등으로 번역해 줘도 자연스러운 경우가 있는 것 같습니다. 처음에는 한국어 기미와 일본어 機微가 전혀 딴판의 뜻인가 싶었는데, 똑같은 한자인 만큼 이렇듯 뉘앙스가 겹치는 부분도 있긴 있네요.

34. 주초의 외환 시세 : 週明けの為替相場

35. 매수 주문을 낼 생각입니다 : 買い注文を出そうと思ってます

우리는 매수(매도) 주문, 또는 사자(팔자) 주문이라고 하지만 일본은 이렇듯 「買い(売り)注文」이라고 표현합니다.

36. 荒れそうな機微を捉えたので : 요동칠 듯한 기미를 포착했기 때문에

여기서도 그대로 '기미'라고 번역해도 매끄럽겠죠? 그리고 이 경우의 「荒れる」는 위와 같이 '요동치다'로 번역할 수 있겠습니다.

37. 제 취재에 싫은 내색 한 번 않고 : 私の取材に嫌な顔ひとつせず

이 경우도 「一度」가 아니라 「ひとつ」라고 합니다. 이런 것도 통째로 외우는 수밖에 없죠. 그리고 '내색'이라는 한자를 일본은 쓰지 않는데, 그래서 일본어로 번역하기도 만만찮은 단어죠. 이런 문맥에서는 제 능력으로는 위와 같은 번역밖에 떠오르지 않네요.

38. 탁 터놓고 : ざっくばらんに

이 「ざっくばらん」은 말 등을 숨김없이 터놓고 말하는 모양을 나타내고 사람을 묘사할 때는 꾸밈이 없이 솔직한 사람이라는 뉘앙스로 쓰입니다.

39. 機微に触れる部分 : 민감한 부분

위에서 機微情報라는 용어도 나왔듯 일본어 機微는 사람 마음의 민감한 부분이라는 뉘앙스로도 쓰입니다.

読み方

遊女(ゆうじょ)・入(い)れ込んで・機微(きび)・勝(まさ)った・社歴(しゃれき)・巧(たく)み 穿(うが)つ・慕(した)われて・疎(うと)い・聡(さと)い・家柄(いえがら)・ご法度(はっと)・兆(きざ)し 底(そこ)・荒(あ)れそうな

'심증은 가는데'는「心証は行くけど」?

参加者A：おい、やっぱりX子最悪だよ。[　　　1　　　]。

참가자 A : 어이, 역시 X코 최악이야. 어떻게 저런 애인이랑 사귀냐.

[2]：X子の心証は悪くなるばかりです。

중계 아나운서 : X코의 [　　　3　　　]. 〈은혼〉

[4]ずっと[　　5　　]、担当刑事の心証を損なうんじゃないかと

변호인단에게 계속 묵비권을 행사하면 담당 형사에게 [　　　6　　　]

聞いたら、むしろ[　　7　　]があるから、

물었더니, 오히려 약점을 잡힐 우려가 있으니

[　　　8　　　]と言われた。

묵비권을 행사하는 게 낫다는 말을 들었다.

僕の[　　9　　]が彼女の心証を害して、[　　　10　　　]。

나의 이도 저도 아닌 태도가 [　　　11　　　] 짜증나게 한 것 같다.

オーディションで[　　12　　]審査員の心証を良くしようと思って

오디션에서 연주 완성도에 자신이 없어서 심사위원에게 [　　　13　　　]

[　　14　　]、無駄だった。

막 애교를 부렸지만 소용없었다.

あの[15]は、あの被告が[16]であるという[　　17　　]。

저 판사는 저 피고가 진범이라는 심증을 굳힌 것으로 보여.

[　　　18　　　]物証がないので、[　　19　　]。

그놈 짓이라는 심증은 가는데 물증이 없어서 답답해 죽겠어.

[20   ]。 我々が[21   ]
'내가 안 죽였다'는 말만 줄창 해요. 우리한테는 심증만 있지

物証は[22   ]知っているようです。
물증은 확보 못 했다는 걸 알고 있는 모양입니다.

[23   ]、[24   ]、物証が足りなくて
여러 정황으로 볼 때 진범이란 심증은 있는데 물증이 모자라서

まだ[25   ]。
아직 기소를 못했습니다.

랜덤 예제

[1   ]、字幕翻訳では[2   ]、
더빙번역과 달리 자막번역에서는 줄 나누기가 중요한데,

[3   ]が[4   ]を[5   ]。
그 능란함이 베테랑 번역가인지 초보인지를 가늠하는 잣대가 된다.

今、[6   ]早く買え。これ[7   ]なんだぞ。
지금 품귀 상태라니까 얼른 사. 이거 가성비 단연 최고라고.

[8   ]だって言うのに、お前は[9   ]。何か[10   ]でもあんの?
매춘업소 집중 단속이라는데 넌 꼬떡도 않네? 뭐 든든한 뒷배라도 있어?

[11   ]の妻と[12   ]に乗って世界を一周するつもりなんだ。
정년 퇴직하면 평생의 반려자인 마누라랑 호화 여객선을 타고 세계를 일주할 생각이야.

日本サッカー、[13   ]の[14   ]に日本列島は[15   ]。
일본 축구, 사상 최초의 남녀 동반 우승에 일본 열도는 축제 분위기.

퀴즈를 먼저 풀어 봤다면 아시겠지만 심증(心證)이라는 한자어의 쓰임새도 사뭇 다릅니다. 일본어 心証는 상대방에게 받은 '인상'이라는 뜻으로 쓰이고, 법률 전문 용어일 때만 한국과 '결코 똑같지는 않고' 비슷한 뜻으로 쓰입니다. 이번에는 코지엔 사전의 뜻풀이를 살펴보죠.

（１）言葉や行動から受ける印象。「上役の―を害する」
（２）〔法〕訴訟事件の審理において，裁判官が得た事実の存否に関する認識や確信。

즉, 어떤 사람의 말이나 행동에서 받는 인상. 그리고 소송 사건의 심리에 있어서 재판관이 얻은 사실 여부에 관한 인식이나 확신이라고 풀이해 놨는데, 다른 사이트에서는 '내적 확신'을 의미하는 프랑스의 법률 용어 intime conviction을 心証라고 번역한 데서 유래됐다고 설명하고 있습니다. 하지만 일본은 일상 생활에서 2번의 뜻으로 쓰는 일은 거의 없고 주로 1번의 뜻으로만 씁니다. 검색 조건을 압축해서 "心証 はある"로 검색해 본 결과 한국에서 쓰는 '심증'과 비슷하게 쓴 사례가 4건 정도 검색이 됐습니다. 그런데 이번에도 한국의 국어사전을 뒤져 보고 깜짝 놀랐습니다. 왜일까요? 아래를 보시죠.

1. 마음에 받는 인상.

2. 법률 재판의 기초인 사실 관계의 여부에 대한 법관의 주관적 의식 상태나 확신의 정도.
　심증이 가다.
　심증을 굳히다.
　심증만 있을 뿐 물증이 없다.
　막연한 심증뿐 그는 아직 살해 동기조차 짐작하지 못하고 있었다. 출처 <이문열, 사람의 아들>

일본과 비슷한 뜻풀이가 떡하니, 그것도 1번으로 나와 있는 것이었습니다. 이런 사례가 한둘이 아니었지만 '심증'의 경우는 좀 많이 놀랐습니다. 한국 사람 중에 1번 뜻으로 쓰는 사람이 있을까요? 적어도 저는 이 나이껏 살면서 단 한 번도 본 적도 들은 적도 없습니다.

日	한국의 경우 일본과는 달리 법률 용어인 2번의 뜻이 일반인들에게도 널리 퍼져서 쓰이고 있는 실정인데 그 뜻도 사전의 뜻풀이와는 다르게 여러 정황으로 볼 때 그 사람이 범인이 맞을 것이라고 추측 또는 확신하는 것이라는 뉘앙스로 쓰입니다.

모범 답안

1. 어떻게 저런 애인이랑 사귀냐 : よくあんな彼女と付き合ってんな

일본은 이「よく」라는 말이 들어가는 표현을 자주 쓰죠. 문맥에 따라 '용케' 또는 '잘도'라고 번역하면 자연스러운 경우도 있지만 그래선 매끄럽지 않은 경우도 있죠. 앞서 <신세기 에반게리온>의 대사「よくこんな鍵のない部屋で暮らせるわね」의 경우도 부자연스러운 경우고요. 따라서 이런 경우는 흐름에 맞게 적절히 의역하는 수밖에 없겠습니다.

2. 중계 아나운서 : 実況

3. 心証は悪くなるばかりです : 인상은 나빠지기만 합니다

남에게 주는 인상, 남들이 자신에 대해 느끼는 인상이 나빠진다는 말이죠.

4. 변호인단에게 : 弁護団に

5. 묵비권을 행사하면 : 黙秘すると

6. 心証を損なうんじゃないかと : 나쁜 인상을 주지 않겠느냐고

이걸 직역식으로 '담당 형사의 인상을 해친다'고 하면 '인상'의 주체가 '담당 형사'인 것처럼 들리죠. 위에서는 그대로 '인상'이라고만 해도 자연스러운데 이 경우에는 그렇지 않으므로 위와 같이 번역해 줘야겠죠. 일본어 心証는 그냥 '인상'이라고 해도 자연스러운지 아닌지를 잘 판단해야 합니다.

7. 약점을 잡힐 우려 : 足元を見られる恐れ

8. 묵비권을 행사하는 게 낫다 : 黙秘する方がいい

9. 이도 저도 아닌 태도 : どっちつかずの態度

이쪽에도 안 붙고 저쪽에도 안 붙는다. 다시 말해 이도 저도 아닌, 어정쩡한, 애매한 등의 뜻으로 쓰이는 표현이죠.

10. 짜증나게 한 것 같다 : イライラさせたようだ

11. 彼女の心証を害して : 여친에게 나쁜 인상을 줘서

이 역시 '여친의 인상을 해쳐서'라고 하면 반대의 의미가 돼 버리죠.

12. 연주 완성도에 자신이 없어서 : 演奏の出来に自信がなかったので

「できる」라는 동사로 쓸 때는 한자가 아니라 히라가나로 표기하는 게 '원칙'입니다. 그런데 이 예문과 같이 명사로 쓰이는 경우, 예컨대 「出来が良い(悪い)」라고 할 때는 한자로 표기하고 또한 出来栄え, 上出来, 出来具合, 出来心, 出来事, 出来損ない, 出来すぎ 등의 합성어로 쓸 때는 한자 표기가 원칙인데 일본인들도 구분 없이 쓰기도 한답니다.

13. 心証を良くしようと思って : 좋은 인상을 주려는 생각에

14. 막 애교를 부렸지만 : 愛想を振りまいたが

블로그에 올렸던 거죠. 블로그 글 못 읽은 분도 있을 테니, 그리고 블로그 글 읽을 시간이 안 되는 분을 위해서 간략하게 줄여서 설명하겠습니다. 일본도 원래는 이 경우 '애교'를 썼는데 '애상'이라고 하는 사람들이 더 많아져서 일부 사전에도 '애상'을 인정하는 추세지만, 명경국어대사전 같은 데서는 두 한자어의 뉘앙스 차이를 명시하고 있습니다. '애교'는 자연스러운 (한국어)애교를 말하고 '애상'은 인위적인 (한국어)애교를 뜻한다고 말이죠.

놀라지 마시라!!! '애교를 부리다'는 「愛嬌·愛想を振りまく」 어느 쪽?

15. 판사 : 裁判官

16. 진범 : 真犯人

17. 심증을 굳힌 것으로 보여 : 心証を固めたように見える

이렇듯 일본은 법률 용어로서만 한국과 비슷한 뜻으로 心証라고 한답니다.

18. 그놈 짓이라는 심증은 가는데 : 奴の仕業ってのは間違いないようだが

그러니 이런 식으로 의역하는 방법밖에 없겠죠.

19. 답답해 죽겠어 : もどかしくてしょうがない

한국은 '~해서 죽겠어'라는 표현을 관용적으로 쓰지만 일본은 그렇지 않죠.

20. '내가 안 죽였다'는 말만 줄창 해요 : 「俺はやってない」の一点張りです

여기서도 '테이나이'로 표현하죠. 그리고 일본어 「一点張り」는 오직 하나만 하는 것, 하나만 밀어붙이는 것을 뜻하는데 이런 문맥에서 그 말만 계속한다, 그 말밖에 안 한다는 뜻으로 쓰는 것이죠.

21. 심증만 있지 : 犯人だと思い込んでいるだけで

여기서 저는 이처럼 번역해 봤습니다.

22. 확보 못 했다는 걸 : 確保できてないことを

이 역시 '테이루' 표현입니다.

23. 여러 정황으로 볼 때 : 色んな状況から見て

이 경우는 状況라고 번역해도 무난할 거 같은데 여러분 생각은 어떤지 궁금하네요.

24. 진범이란 심증은 있는데 : きっと真犯人だと思いますが

일본도 법률 용어로는 한국과 같은 뜻으로 쓰니까 心証이라고 해도 될 것도 같지만 일본의 경우 이런 뜻의 心証라는 말은 재판에 국한돼서 쓰이는 지극히 전문적인 용어입니다. 일상생활에서 쓸 일은 없기 때문에 위와 같이 의역하는 게 낫겠죠.

25. 기소를 못했습니다 : 起訴できてません

이 역시 '테이루'죠. 특히 이 경우는 「起訴できませんでした」라고 하면 상황이 끝났다는 뜻이 되므로 오역이 됩니다.

랜덤 예제 모범 답안

1. 더빙번역과 달리 : 吹き替え翻訳とは異なり

'더빙'이라는 외래어의 쓰임새도 한국과 일본이 다릅니다. 일본어「ダビング」는 녹화나 녹음된 걸 다른 테이프나 저장 매체에 복제하는 걸 뜻하고, 또한 성우의 대사를 (한국어)더빙하는 게 아니라, 배경음악, 효과음, 대사 등 따로 녹음한 것들과 합쳐서 집어넣는 걸 뜻합니다. 따라서 일본은 외국어 대사를 자기 나라 말로 번역해서 녹음하는 건 위와 같이「吹き替え」라고 합니다.

2. 줄 나누기가 중요한데 : 行送り(改行)が重要だが

이「行送り」라는 말은 워드프로세서 등의 용어로는 윗줄 상단에서 아랫줄 상단까지의 거리, 간격이란 뜻도 있고, 또 줄을 나누는 것, 줄을 바꾸는 것이라는 뜻도 있습니다.

> **日** 한국에선 '줄 바꾸기'라고도 하는데 이게 일본어로는 改行이라는 말이죠.

3. 그 능란함 : その巧みさ

이「巧み」도 번역하기 까다로운 단어죠. 이 경우에는 '능란함'을 뜻합니다.

4. 베테랑 번역가인지 초보인지 : ベテラン翻訳者なのか初心者なのか

우리는 '번역가'라고 하는 게 일반적인데 일본은 '번역자'라고 합니다.

5. 가늠하는 잣대가 된다 : 計る物差しになる

본래의 뜻은 치수를 재는 '자'지만 의미가 확장돼서 척도, 잣대, 표준 등의 뜻으로 쓰이는 단어죠.

6. 품귀 상태라니까 : 品薄状態らしいから

「～らしい」는 추측, 추량의 뜻으로 쓰지만 어떤 걸 자기 눈으로 봤거나, 남한테서 들었거나 한 사실을 말할 때도 씁니다. 그러니까 이 경우는 '상태라니까'라고 번역할 수 있겠죠.

7. 가성비 단연 최고 : コスパ断トツ

우리는 '가성비'라고 하지만 일본은 「コスト·パフォーマンス」를 줄여서 「コスパ」라고 합니다. 그리고 「断トツ」는 「断然トップ」를 줄인 말인데 여기서는 카타카나가 겹치니까 헷갈리지 않게 断이라고 표기했지만 카타카나로 쓰는 걸 더 많이 봤습니다.

8. 매춘업소 집중 단속 : 売春組織(売春業者)の集中取り締まり

일본은 '업소'라는 말을 안 쓰니까 위와 같이 의역해 줘야겠죠.

9. 끄떡도 않네 : びくともしないね

앞에서도 나왔지만 「びくびく」는 움찔움찔, 흠칫흠칫 등의 뜻, 그리고 공포나 불안 등으로 떠는 모양을 표현하는 말이죠.

10. 든든한 뒷배 : 心強い後ろ盾

「後ろ盾」는 직역식으로 말하자면 뒤에서 방패가 돼 주는 존재를 뜻하는 말이죠. 그래서 후원자, 뒷배 등의 뜻으로 쓰입니다.

11. 정년 퇴직하면 평생의 반려자 : 定年したら一生の伴侶

일본은 '정년'이라는 한자어도 이렇듯 동사로 씁니다. 그리고 1권에서 다뤘듯이 이 경우에도 者를 붙이지 않습니다. 한국의 '권위자'도 그렇듯이 말이죠.

12. 호화 여객선 : 豪華客船

일본은 이렇듯 '객선'이라는 표현을 자주 합니다. 이 '객선'은 모든 사전에 실려 있는데 '여객선'은 안 실린 사전도 있을 정도입니다. 그리고 '여객선'의 발음은 「りょかくせん」이지만 '객선'의 발음은 「きゃくせん」이라고 하는 게 일반적입니다.

> **日** 한국도 '객선'이 사전에 실려 있긴 하지만 오늘날은 '여객선'이라고 하는 게 일반적입니다.

13. 사상 최초 : 史上初

일본은 '사상 최초'를 단독으로 쓰지 않는다는 사실. 예컨대 '외교사상 최초'라고 할 때는 그대로 써 주면 되지만 단독으로 쓸 때는 위와 같이 말한다는 거 복습하고 넘어갑시다.

14. 남녀 동반 우승 : アベック優勝

일본은 '남녀 동반 우승'이라는 말을 하지 않습니다. 2권에서 설명했듯이 '동반'이라는 한자어를 거의 쓰지 않기 때문에 이처럼 '아베크 우승'이라고 합니다. '커플'이라는 뜻의 프랑스어죠. 한국에서도 옛날에는 '아베크족(族)' 등의 표현을 했는데 지금은 거의 안 쓰죠?

15. 축제 분위기 : お祭り騒ぎ

우리는 스포츠 등의 신문 표제어나 기사 등에서 '축제 분위기'라는 말을 하지만 일본은 위와 같이 말하는 게 정형적 표현입니다. 이걸 그대로 「お祭り雰囲気」라고 하지 않는다는 것이죠. '분위기'라는 한자어의 쓰임새도 한국과 미묘하게 다르다는 말이죠.

読み方

損(そこ)なう・物証(ぶっしょう)・字幕(じまく)・一周(いっしゅう)・列島(れっとう)・黙秘(もくひ)
愛想(あいそう)・仕業(しわざ)・起訴(きそ)・吹(ふ)き替(か)え翻訳・行送(ぎょうおく)り
改行(かいぎょう)・物差(ものさ)し・品薄(しなうす)・伴侶(はんりょ)・客船(きゃくせん)

쾌적/복안/여건/권유/타락의 한일 간 쓰임새 차이

〈언젠가 티파니에서 아침을〉

7年ぶりの[　1　]**最初は慣れなかったけど、今は**すっごい快適だよ。

7년 만에 **혼자 사는 거라** 처음엔 적응이 안 됐는데 지금은 [　　2　　].

大丈夫だよ。別に仲間もいるし、結構快適だよ。

걱정 마. [3], 친구들도 있고 [　4　]. 〈엽기인걸 스나코〉

皆さんが良くしてくれるから、とても快適です。

다들 잘 해 주시니까 [　　5　　]. 〈신 사쿠라 대전〉

猫との[　　6　　]、とても快適です。

고양이랑 **둘이서 사는 건** [　　7　　].

다자이 오사무 〈I can speak〉

[　　8　　]**得て、前から**[　　9　　]**長い小説に取りかかった。**

자신감 비슷한 걸 얻어서 전부터 마음에 품었던 긴 [　　10　　].

以前から[　11　]**を実行しようとしたが、**

예전부터 품고 있던 복안을 실행하려고 했지만

[　12　]**が整わず**[　　13　　]**した。**

현실적인 여건이 갖춰지지 않아서 **백지화하기로** 했다.

昨年までは大学院に[　　14　　]、

작년까지는 대학원에 진학할 여건이 안 됐지만

今年は[　15　]、[　　16　　]**しました。**

올해는 여건이 돼서 **알바 생활을 접기로** 했습니다.

現在韓国は大量の難民を[17   ]。

현재 한국은 대량의 난민을 수용할 여건이 갖춰지지 않았어요.

医者に[18   ]、当時は[19   ]。

의사한테 수술을 권유받았지만 당시는 수술을 받을 여건이 안 됐었어요.

[20   ]安倍政権ができた時には与件のものでした。

소비세 10% 인상이라는 건 아베 정권이 [21   ].

何度も[22   ]、店の勧誘かよ。

몇 번이나 전화했던 건 [23   ] 드라마 〈모테키〉

新聞購読をしつこく勧誘しに来る

신문 구독을 [24   ]

[25   ]のせいでストレスが[26   ]。

악질적인 신문 영업맨 때문에 스트레스가 이만저만이 아냐.

[27]での勧誘行為は条例で禁止されているので[28   ]。

이 근방에서의 [29   ]는 조례로 금지하고 있으니까 물러가세요.

何故だ。何故私は失敗した。間違いない。私は堕落したのだ。

왜지? 왜 나는 실패했지? 틀림없어. [30   ]. 〈사쿠라 대전〉

[31   ]、このような五七五の再検証をしないと、ここ数十年において

그렇기에 더더욱 이러한 575의 재검증을 하지 않으면 [32   ]

五七五の俳句としての伝統的な価値の堕落が始まると見ている。

575 하이쿠로서의 전통적 [33   ]이 시작된다고 보고 있다. 〈하늘 나는 하이쿠 교실〉

1. 혼자 사는 거라 : 一人暮らしだし

웬만한 분은 다들 아시겠지만 그래도 퀴즈로 내 봅니다. 일본은 혼자 사는 걸 위와 같이 말합니다.

2. すっごい快適だよ : 엄청 살기 편해

이 '쾌적'이라는 한자어의 쓰임새 폭은 일본이 한국에 비해서 대단히 넓습니다. 기본적으로는 비슷한 뜻이지만 일본은 이런 때도 '쾌적'이라는 한자어를 씁니다. 심지어 근육 트레이닝은 '쾌적한' 생활을 가능하게 한다는 식으로도 말합니다. 「快適」의 유의어로 「気楽」와 「気やすい」를 제시하는 곳들이 있는데 이건 편안하다, 편하다는 뉘앙스로 쓰이는 말이죠.

> 日 한국 국어사전의 '쾌적'이란 말의 뜻풀이는 '기분이 상쾌하고 즐겁다'인데, 주로 쾌적한 환경, 쾌적한 집(주택), 쾌적한 침대, 쾌적한 여행 등, 불편함이 없이 상쾌한 느낌일 때 쓰는 말로서 이 예문처럼 '적응이 안 됐는데 지금은 쾌적하다'는 식으로 쓰는 건 어색하다고 생각합니다.

3. 別に : 아니

일본어 「別に」도 뉘앙스의 폭이 넓은 단어죠. 주로 '별로', '딱히' 등으로 번역되는데 이렇게 해서는 부자연스러운 경우도 많습니다. 이 문맥에서도 '별로'나 '딱히'라고 하면 어색하죠. 따라서 이처럼 '아니'나 '그냥' 등으로 번역해야 매끄러워지는 때가 있습니다.

4. 結構快適だよ : 꽤 살기 편해(좋아)

이 경우도 그대로 '쾌적'이라고 하면 부자연스럽죠. 그래서 저는 위와 같은 번역을 택했습니다.

> 日 한국에선 예를 들어 「仲間もいるし、家も快適で住み心地いいし」라고 한다면 그대로 '쾌적'이라고 해도 자연스럽지만 '친구도 있고 쾌적해'라고 하면 이상합니다.

5. とても快適です : 무척 (지내기) 편해요

> 日 이 경우도 '다들 잘 해 주시니까 쾌적해요'라고 하면 어색합니다.

6. 둘이 사는 건 : 二人暮らしは

7. とても快適です : 무척 편안해요

고양이랑 둘이 사는 게 '쾌적'하다? 이렇게 쓰는 한국인이 있는지 모르겠지만 저는 그대로 '쾌적'이라고 번역하진 않겠습니다.

8. 자신감 비슷한 걸 : 自信に似たものを

> 日 이런 문맥에서 한국은 '자신'을 단독으로 쓰기보다는 '감'을 붙여 주는 게 일반적입니다. 한국은 '자신(이) 있다/없다'라고 할 때나 단독으로 쓰고, '자신이 올라간다', '자신이 떨어진다', '자신을 가져' 등에서는 '감'을 붙여서 쓰는 게 매끄럽습니다. 왜냐하면 自身과 발음이 같아서 헷갈릴 수 있기 때문이 아닌가 합니다.

9. 마음에 품었던 : 腹案していた

일본어 '복안'도 한국과의 쓰임새가 다릅니다. 이처럼 동사로도 쓰는데 이 경우는 '복안으로 품었던'보다는 위와 같이 '마음에 품었던'이라고 하는 게 매끄럽지 않을까 합니다.

> 日 한국은 '복안'을 동사로 쓰지 않습니다.

10. 小説に取りかかった : 소설 쓰기에 착수했다

> 日 '소설에 착수했다'라고 하면 좀 이상하므로 '소설 쓰기'라고 번역하길 권합니다.

11. 품고 있던 복안 : 温めていた腹案

일본은 '복안'이라는 한자어를 「温める」라는 동사와 짝지어 쓰는 걸 두어 번 본 적이 있습니다. 이런 경우는 통째로 외우는 수밖에 없죠.

> 日 반대로 이걸 '데우고 있었던'이라고 하면 어색합니다.

12. 현실적인 여건 : 現実的な条件

이 '여건'이라는 한자어도 한국과 뜻이 다른데 이걸 그대로 「与件」이라고 번역해 놓은 예가 많습니다. 그리고 일본은 与件이라는 한자어를 거의 쓰지 않고 한국어 '여건'과는 다른 뜻이기 때문에 문맥에 따라 다양한 일본어로 번역해 줘야 하는 단어죠. 질문을 했더니 이 한자어를 처음 봤다는 일본인도 있을 정도입니다. 이 경우에는 条件이라고 번역하면 자연스러울 거 같습니다만 아래 퀴즈의 예처럼 아닌 경우도 있습니다.

13. 백지화하기로 : 白紙に戻すことに

14. 진학할 여건이 안 됐지만 : 進学する状況ではなかったが

이 경우는 条件이라고 하면 좀 어색하니까 이처럼 '상황'이라는 역어를 선택했습니다.

15. 여건이 돼서 : 状況が整ったので

16. 알바 생활을 접기로 : フリーター生活をやめることに

일본도 가게를 「畳む」라고는 하지만 이 경우에 「畳む」를 쓰면 어색합니다. 일본인에게 물어본 결과 뭘 말하려는지는 알겠지만 일반적인 표현은 아니라는 답변을 얻었습니다.

17. 수용할 여건이 갖춰지지 않았어요 : 受け入れる環境が整っていません

이 경우에 일본은 '수용'이라는 한자어를 쓰지 않고 위와 같이 말하는 게 자연스럽습니다. 또한 이 경우는 '환경'이라고 번역해야 적절할 듯합니다. 일본인의 답변도 똑같았습니다.

18. 수술을 권유받았지만 : 手術を勧められたが

일본도 '권유'라는 한자어를 쓰지만 보험 설계사가 보험을 집요하게 '권유'하거나 신흥 종교 등에 가입을 집요하게 '권유'하거나 할 때 주로 쓰기 때문에 일본인들은 이 한자어에 대해 다소 부정적 뉘앙스를 느낀다고 합니다. 따라서 이 예문의 경우에 그대로 「勧誘されたが」라고 하면 어색합니다. 물론 대학교 동호회 같은 데 가입을 勧誘하는 경우는 부정적 뉘앙스는 아니지만, 어쨌거나 위와 같은 이유 때문에 의사가 수술을 勧誘라고 하면 부자연스럽다고 합니다.

19. 수술을 받을 여건이 안 됐었어요 : 手術を受ける状況ではなかったんです

20. 소비세 10% 인상이라는 건 : 消費税10%への引き上げというのは

21. できた時には与件のものでした : 출범했을 때는 이미 정해진 것이었어요

드디어 일본어 与件이 나왔네요. 일본어 '여건'은 주어진 전제 조건이라는 뉘앙스로 쓰입니다. 그러니까 위의 일본어는 아베 정권이 만든 정책이 아니라 아베 정권이 출범한 시점에는 이미 정해져 있던 전제 조건이라는 뉘앙스라는 것이죠. 따라서 저는 위와 같이 번역해 봤습니다.

> 日 여기서 쓰인 「できた時」를 '정권이 생겼을 때'라고 하면 한국어로서는 좀 어색하므로 위와 같이 번역하시기를 권합니다.

22. 전화했던 건 : 電話してきたのは

여기서도 일본은 「〜てくる」라는 표현을 쓰죠.

> 日 한국은 '전화해 왔지만'이라고 하면 의미야 통하겠지만 일반적인 표현은 아닙니다. 「くる」를 살려서 번역하려면 '전화를 걸어 왔던 건'이라고 하면 그나마 자연스럽습니다.

23. 店の勧誘かよ：가게 영업이었던 거야?

드라마 <모테키>에서 모태 솔로였던 주인공에게 어느 날부터 갑자기 여자들한테서 연락이 마구 옵니다. 고향 후배 여자한테서도 연락이 왔는데 고향에 찾아가 보니 이미 결혼도 한 데다 아이까지 있고, 자기가 경영하는 술집으로 부른 것이었습니다. 그래서 짜증을 내면서 혼자 생각하는 대사입니다. 즉, 일본은 '권유'라는 한자어를 이런 뉘앙스로도 쓴다는 것이죠.

> 日 　이걸 그대로 한국어로 '권유'라고 하면 부자연스러우므로 위와 같이 번역하시길 권합니다.

24. しつこく勧誘しに来る：집요하게 강요하러 오는

그대로 '권유'라고 해도 되겠지만 일본 한자어 勧誘의 뉘앙스를 살리기 위해서 '강요'라고 번역했습니다.

25. 악질적인 신문 영업맨：悪質な新聞勧誘員

일본은 이렇듯 '신문권유원'이라고 하는데 이들에 대한 일본인들의 인상은 좋지가 않답니다.

26. 이만저만이 아냐：尋常じゃないの

이 '이만저만이 아니다'도 직역이 불가능한 한국어죠. 따라서 위와 같이 의역할 수밖에 없겠습니다.

> 日 　이 '심상'이라는 한자어도 쓰임새가 미묘하게 다릅니다. 문맥에 따라서는 그대로 '심상치 않다'로 번역해도 되지만 이 문맥에서는 부자연스럽습니다. 한국의 경우는 상황(사태), 동향, 낌새, 병세 등이 예사롭지 않다(그래서 뭔가 문제가 있다, 불길하다)는 의미로만 쓰고 일본처럼 보통이 아니다, 보통 때와 다르다, 보통 이상이다, 장난이 아니라는 뜻으로는 쓰지 않습니다. 예컨대 일본은 「量が尋常じゃない」, 「数が尋常じゃない」, 「OO君は、尋常でないところがある」, 「尋常じゃない努力(苦労)」 등의 표현을 하지만 이걸 그대로 '심상치 않다'로 번역하면 부자연스럽습니다.

27. 이 근방：この近辺

'근방'이라는 의미로 일본은 이 '근변'이라는 말도 쓰니까 몰랐던 분들은 이참에 외워서 활용해 보시길.

> 日 　국어사전을 찾아보니 '근변'도 실려 있더군요. 하지만 사어라고 보시면 됩니다. 한국인에게 "이 근변에 사십니까?" 등으로 말하면 알아듣는 사람 없을 겁니다.

28. 물러가세요：お引き取りください

이 「引き取る」도 여러 가지 뜻으로 쓰이는 복합동사죠. 이처럼 '물러가다'라는 의미로도 씁니다.

29. 勧誘行為 : 영업 행위

日	이걸 그대로 '권유 행위'라고 해도 뜻은 통하겠지만 일본어 勧誘가 가진 부정적 뉘앙스가 전달되지 않으므로 위와 같은 의역을 권합니다.

30. 私は堕落したのだ : 난 전락한 거야

미국에서 마피아들과 어울려서 킬러로 살고 있던 이 인물을 일본을 지키기 위한 일종의 특공대 대원으로 데려옵니다. 과거를 청산하고 새 삶을 살고 있는 거죠. 근데 그 집단의 어떤 행사에서 '숨은 장기자랑 대회'를 하는데, 자신의 사격 묘기를 선보이려다가 실패로 돌아갑니다. 그러자 현장에서는 허풍을 친 거라고, 어떻게 그런 불가능한 묘기가 가능하겠느냐며 얼버무리고 넘어가는데, 저녁에 혼자 뜰에 나와서 저렇게 고심을 하는 장면입니다. 예전에는 실수 없이 했었는데 왜 실패를 한 건지 자책을 하는 장면인 것이죠. 우리는 자신의 사격 실력이 좀 퇴화한 것 같다고 해서 '타락했다'는 표현을 쓰지는 않죠. 왜 그런지 사전을 간략히 살펴보죠.

① 落ちること。墜落。
② 品行の修まらないこと。身をもちくずすこと。また一般に、不健全になること。
③ おちぶれること。零落。
④〔仏〕道心を失って悪道に落ちること。

보시듯이 '추락'이라는 뜻으로도 썼던 모양이네요. 의외죠? 지금 검색해 봐도 '추락'의 뜻으로 쓰인 예가 검색되는데, 오늘날은 '추락'의 의미로 알고 있는 일본인은 많지 않은가 봅니다. 그리고 3번 뜻풀이가 바로 여기에 해당하는 거라고 봐야겠죠. 전락하는 것, 비슷한 말로 '영락'을 제시하고 있네요.

日	한국에서 '타락'이라는 한자어는 도덕적인 면에서, 사회 규범적인 면에서 올바른 길에서 벗어났을 경우에나 쓰는 말입니다. 예컨대 술, 마약, 섹스, 도박 같은 데 빠져서 살거나 나쁜 짓을 일삼는 사람을 보고 '타락했다'고 하죠.

31. 그렇기에 더더욱 : だからこそ

블로그에 있는 일본어「こそ」의 번역 방법 읽어 보셨는지요? 절대 만만치 않은 일본어죠.

32. ここ数十年において : 지난 수십 년 동안의

日	이걸 '여기 수십 년에 있어서'라고 번역하면 매끄럽지 않은 한국어가 됩니다.

33. 価値の堕落：가치의 추락

위에서 실제 비행기 같은 게 (한국어)추락하는 것도 일본은 堕落라고 했었지만 요즘은 이렇게는 거의 쓰지 않는다고 합니다. 하지만 이 예문과 같은 식으로 쓰인 사례는 많이 검색이 됩니다. 질(質)도 堕落라고 하고 경제, 문화 등도 堕落라는 표현을 쓰고 「食の堕落と日本人」이라는 제목의 책도 있습니다. 따라서 이렇게 쓰인 일본어 堕落는 문맥에 따라 추락, 전락, 몰락, 영락, 퇴락, 쇠락, 쇠퇴, 퇴화, 저하 등 다양한 한국어로 적절히 의역을 해줘야겠죠.

> ### 読み方
>
> 難民(なんみん)・購読(こうどく)・条例(じょうれい)・俳句(はいく)・快適(かいてき)・腹案(ふくあん)
> 白紙(はくし)・与件(よけん)・勧誘(かんゆう)・尋常(じんじょう)・近辺(きんぺん)・堕落(だらく)

코패니즈 한자어 10개 한꺼번에 투척

大統領は[　　1　　]国民のために

대통령은 **코로나 사태로 고통받는** 국민들을 위해

[　　2　　]を支給する具体的[　　3　　]。

특별재난지원금을 지급할 구체적 대책을 강구하라고 지시.

[　　4　　]のメカニズムを[5]講究してきた[　　6　　]。

이분은 엘니뇨 현상의 메커니즘을 **오랫동안** [　7　] 그 방면의 권위자세요.

あんな野蛮な歌い方なのにハートにびしびしと伝わってくる。

저렇게 [　8　]인데도 [　　9　　].

度を過ぎた親切に内実迷惑している。

도를 넘은 친절이 [　10　].

[　11　]という言葉が何故あるのか分かる気がする。

과유불급이란 말이 왜 있는지 알 거 같다.

OO社は[12]、[13]の閉店、[　14　]の売却などを通じて

OO사는 **중국 사업 철수**, **부실 점포** 폐점, **미개발 부지** 매각 등을 통해

[　　15　　]という[　16　]。

기업의 내실을 강화하겠다는 **의지를 분명히 했다.**

[　17　]のために[　18　]ので[　19　]

코로나 사태로 일본 여행이 막힌 것에 대한 보상 심리로

一週間ずっと日本の[20]を見て[　21　]。

일주일 내내 일본의 **맛집** 드라마를 보면서 대리 만족을 했다.

大塩平八郎の乱の噂は、〔 22 〕飛び火し、大阪から遠い地方でも

오시오 헤이하치로의 난의 소문은 **온갖 곳에** 〔 23 〕 오사카에서 먼 지방에서도

大塩の味方の旗をあげた〔 24 〕が続発した。

오시오의 아군 깃발을 올린 **농민 봉기**가 〔 25 〕했다.

A : 私の〔 26 〕初めてでしょう?食べてみな。

A : 내가 **손수 만든 요리** 처음이지? 먹어 봐.

B : うわ、本格的だな。〔 27 〕だよ。

B : 우와, 〔 28 〕. **먹기 아까울 정도**야.

〔29〕なのに〔30〕運転を任されて〔 31 〕、それは災難でしたね。

장롱면허인데 **불쑥** 운전을 맡기는 바람에 **죽는 줄 알았다니**〔 32 〕.

本棚が倒れてくるなんて、災難だったね。

책장이 〔 33 〕〔 34 〕. 〈명탐정 코난〉

取り調べの可視化に先だって昨年から司法取引が始まり、

〔 35 〕에 앞서 작년부터 사법 거래가 시작되어

一連の刑事司法改革は〔 36 〕。

일련의 형사 사법 개혁은 **일단락이 됐다**. 〈마이니치 사설〉

国会議事堂の予算が反映されれば、来年からは〔 37 〕。

국회의사당 예산이 반영되면 내년부터는 설계, 건설이 가시화되겠죠.

年間〔 38 〕の〔 39 〕···政府は「〔 40 〕」、なぜ?

연간 '쌍둥이 적자' 우려 커지지만… 정부 '가능성은 희박', 왜? 〈중앙일보〉

1. 코로나 사태로 고통받는 : コロナ禍で苦しむ

2. 특별재난지원금 : 特別定額給付金

3. 대책을 강구하라고 지시 : 対策を講じるよう指示

이 '강구'라는 한자어도 한일 간에 뜻이 다른데 그대로 講究라고 해 놓은 것들이 많습니다. 뉴스 기사에서도 많이 검색됩니다. 일본어 '강구'의 뜻은 아래와 같습니다. goo 사전입니다.

[名] (スル)物事を深く調べ、その意味や本質を説き明かすこと。

그러니까 사물을 깊이 조사해서 그 의미와 본질을 밝히는 것이라는 말이죠. 다른 사전에는 유의어로 研究와 考究를 제시하고 있습니다. 하지만 한국어 '강구'는 '좋은 대책과 방법을 궁리하여 찾아내거나 좋은 대책을 세우다'라는 뜻이죠. 그러니까 대책, 방법, 방안 들을 마련한다는 뜻으로 쓰이는 것이죠. 따라서 위와 같이 「講じる」라고 번역해야 매끄러워집니다.

4. 이분은 엘니뇨 현상 : 彼はエルニーニョ現象

日	여러 번 나왔지만 옆에 같이 있으면서 「彼」라고 했을 때는 이처럼 '이분, 이 사람' 등으로, 좀 멀리 떨어져 있는 경우에는 '저분, 저 사람' 등으로 번역하시길 권합니다.

5. 오랫동안 : 長年

6. 그 방면의 권위자세요 : その方面の権威です

일본은 권위'자'라고 하지 않는다는 점.

7. 講究してきた : 연구해 온

따라서 일본어 '강구'는 위와 같이 번역해야 그 의미가 비슷하게 전달이 되겠죠. 지금은 거의 안 쓰는 한자어라고는 하지만 전혀 안 쓰이는 건 아닙니다. 講究録, 講究所, 그리고 대학 등에서 「OO学講究」 같은 강의 명칭으로 엄연히 쓰이고 있는 말입니다.

8. 野蛮な歌い方 : 거친 창법

'야만'이라는 한자어의 쓰임새와 뉘앙스도 이렇듯 미묘하게 다릅니다. 우린 야만스런 창법이라고 하면 이상하죠. 이 예제애서 쓰인 일본어 野蛮은 일본어 乱暴라는 한자어와 비슷한 뉘앙스로 쓰인 겁니다. 지면 관계상 이 하나의 예제밖에 못 싣는데, 한국에서 대히트를 친 영화 <러브레터>의 주인공이자 가수이기도 했던 나카야마 미호의 「野蛮な宝石」라는 노래 제목도 있고, AKB 48의 「野蛮な求愛」, NMB 48의 「野蛮なソフトクリーム」이라는 노래, 그리고 「野蛮な読書」라는 책 제목도 있습니다. 이것들을 그대로 야만적인, 야만스러운이라고 직역하면 어색하죠.

9. ハートにびしびしと伝わってくる : 가슴에 팍팍 꽂힌다

「びしびし」도 번역하기 쉽지 않은 단어인데 어떤 일을 가차없이 하는 것, 예를 들어 「生徒をびしびしと指導する」, 「生徒の間違いをびしびしと指摘する」 같은 느낌으로 쓰죠. 그리고 총알 같은 게 마구 꽂히는 모양, 뭔가를 강하게 때리는 소리 등의 뜻으로 쓰이는데 예문과 같이 쓰인 경우는 강렬한 느낌, 가슴에 팍팍 꽂히는 느낌이라는 뉘앙스죠. 2권에서 「ひしひしと胸に迫った」라는 말이 나왔는데 이 경우는 절절한 느낌, 가슴에 사무치는 느낌이라는 점에서 발음만 비슷하지 다른 뜻으로 쓴다고 할 수 있습니다.

10. 内実迷惑している : 기실 불편하다

우선 일본어 迷惑는 보통 폐나 민폐로 번역되곤 하는데 이렇게 해서는 어색한 경우가 분명 있죠. 이 경우가 그에 해당한다고 생각합니다. 특히 「迷惑する」는 문맥에 따라 난감하다, 거슬린다, 싫다 등으로 번역하는 게 자연스러운 경우가 있습니다. 그리고 '내실'이라는 한자어도 쓰임새가 다릅니다. 사전을 찾아보죠. 코지엔 사전입니다.

① 内部の実情。うちまく。
② (副詞的に)その実。本当のところ。実際。「—困った」

이 예문이 바로 사전의 2번 뜻으로 쓴 것이죠. 「その実」는 한자로 쓰면 「其の実」인데 한국어 기실(其實)과 한자 표기가 같죠.

11. 과유불급 : 過ぎたるは猶及ばざるが如し

일본은 '과유불급'이라는 사자성어는 없고 이렇듯 풀어서 말합니다.

12. 중국 사업 철수 : 中国事業の撤退

이 경우도 일본은 '철퇴'라는 한자어를 씁니다.

13. 부실 점포 : 不良店舗

14. 미개발 부지 : 未開発の土地

우리는 '부지'라고 읽는데 일본은 「敷地」라고 하죠. 그래서 敷地라고 적어 놨더니 감수자님께서 위와 같이 고쳐 주셨습니다. 그래서 이것 역시 여기저기 물어 보니 문법적으로 틀린 건 아니고 뜻도 통하지만 일반적인 표현은 아니라는군요. 참고로 한 일본인은 '부지'라고 하면 이미 건물 등을 짓기 위해 '정비돼 있는' 땅이라는 느낌이라서 '미개발'이라는 표현이 어색하다고 했으니 참고하시길.

15. 기업의 내실을 강화하겠다 : 企業の中身を充実させる

이번엔 한국의 국어사전을 볼까요?

1. 내부의 실제 사정.

그 내실은 이렇습니다.

화려한 겉모습과는 달리 그 내실은 별로 보잘것없다.

내 듣기로는 명의만 조선인으로 되어 있을 뿐, 내실은 여전히 왜놈 선주랍디다. 출처 <현기영, 변방에 우짖는 새>

2. 내적인 가치나 충실성.

내실을 기하다.

내실을 다지다.

내실을 추구하다.

경제의 내실을 강화하다.

보시듯이 일본어 内実에는 한국어 '내실'의 2번 뜻이 없습니다. 따라서 2번 뜻으로 쓰인 한국어 '내실'은 문맥에 맞게 적절히 의역해 줄 수밖에 없겠죠.

> **日** 1번 뜻풀이는 일본과 비슷한데 저는 개인적으로 1번 뜻으로 쓰인 예를 책 같은 데서 읽은 기억은 있습니다. 하지만 제가 쓴 적은 단 한 번도 없습니다. 그런데 요즘 젊은 분들 중에는 1번 뜻이 있는지를 모르는 사람도 아마 꽤 되지 않을까 싶습니다. 따라서 1번 뜻으로 쓰인 일본어 内実은 '내부(의) 실정'이나 '실상(實狀:実状)'으로 번역하시기를 권합니다.

16. 의지를 분명히 했다 : 意志を鮮明にした

17. 코로나 사태 : コロナ禍

18. 일본 여행이 막힌 것 : 日本旅行ができなくなった

이걸 그대로 「塞がれた」라고 직역하면 코패니즈가 됩니다. 일본은 길이나 도로, 통로 등이 실제로 막히는 경우에만 씁니다.

19. 보상 심리로 : 気を紛らせようと

이 역시 그대로 補償心理라고 직역하면 코패니즈가 됩니다. 따라서 이처럼 '마음을 달래려고' 등으로 의역해 줘야겠죠. 참고로 이 예제는 감수자님이 제시한 번역을 그대로 썼습니다.

20. 맛집 드라마 : グルメドラマ

21. 대리 만족을 했다 : 行った気になって満足した

이것도 代理満足라고 하면 코패니즈가 됩니다. 한국어 '대리 만족'과 비슷한 개념의 심리학 전문용어가 있는데 그건 바로 「代償行為」입니다. 일본어 代償의 뜻을 다이지센 사전에서는 4번 뜻풀이로 다음과 같이 싣고 있습니다.

欲求などが満たされないとき、代わりのもので欲求を満たそうとすること。「—行為」

욕구가 충족되지 않았을 때 대신 다른 것으로 욕구를 충족시키려 하는 것. 한국어 대리 만족과 거의 비슷하죠? 예문에 '대상행위'라는 게 나와 있고요. 따라서 한국어 '대리 만족'은 이렇게 번역해 주면 되겠습니다. 다만 전문 용어라서 일상생활에서는 거의 안 쓴다고 판단했는지 감수자님은 위와 같이 고쳐 주셨습니다. 그런데 한 일본인은 일상생활에서 쓸 일은 별로 없지만 누구라도 들으면 그 뜻은 알 거라고 했고, 또 다른 일본인은 생활하면서 이따금 자신이 쓰기도 했고 남이 쓰는 걸 보고 들은 적도 있다고 했으니 참고하세요.

22. 온갖 곳에 : 至るところに

23. 飛び火し : 퍼져서

1권 끝부분에서 다뤘던 것이죠. 일본어 「飛び火」는 보통 '비화'라고 번역되지만 이렇게 해선 어색한 경우도 있다고 했죠. 바로 이 경우가 그에 해당한다고 볼 수 있겠죠. '소문이 비화되다'라고 하지는 않죠. 그러므로 일본어 「飛び火」는 문맥에 따라 적절히 의역해 줄 필요가 있습니다.

24. 농민 봉기 : 百姓一揆

25. 続発 : 속출

> 日　한국에도 속발(續發)이라는 한자어가 있다는 건 사전을 찾아보고서야 알았습니다. 옛날에는 쓰였던 모양인데 오늘날 속발이라는 한자어를 알고 있는 사람은 거의 없을 거라고 생각합니다. 따라서 일본어 続発를 한국어로 번역할 때는 이처럼 '속출'이나 문맥에 따라 '연발'이라고 하시기를 권합니다.

26. 손수 만든 요리 : 手料理

27. 먹기 아까울 정도 : 食べるのがもったいないくらい

28. 本格的だな : 완전 프로 솜씨잖아

일본은 '본격적'이라는 한자어를 이런 식으로도 씁니다. 다른 예를 들면 아마추어가 그린 그림이 전문 화가가 그린 것만큼 잘 그렸을 때도 '본격적'이라는 표현을 쓰죠. 그러니 이렇게 쓰인 일본어 '본격적'은 적절히 의역할 수밖에 없죠.

29. 장롱면허 : ペーパードライバー

우리는 장롱면허라고 하지만 일본은 이처럼 '페이퍼 드라이버'라고 합니다.

30. 불쑥 : いきなり

일본어 「いきなり」도 문맥에 따라 다양한 한국어로 번역해야 하는 까다로운 일본어에 속하죠. 한국의 일본어사전에는 갑자기, 별안간, 느닷없이 등을 제시하고 있는데 이렇게 번역해선 어색한 경우가 분명 있습니다. 시작부터, 다짜고짜 등 문맥에 따라 다양하게 번역해 줘야 합니다.

31. 죽는 줄 알았다니 : 生きた心地がしなかったなんて

이 표현도 몰랐던 분은 이참에 외워서 활용해 보시기를.

32. それは災難でしたね : 식겁하셨겠네요

일본은 '재난'이라는 한자어를 이렇듯 가벼운 뉘앙스로도 씁니다. 이걸 그대로 '재난이었네요'라고 하면 이상하죠. 특히 그 당사자를 위안하는 뉘앙스로 「災難でしたね」라는 식으로 종종 표현합니다. 제가 처음 이런 용례를 접한 건 번역은 아니고 감상했던 작품이었는데, 자기가 한 일이 아닌데 오해를 받아서 궁지에 몰리지만 결국 오해가 풀려서 돌아가는 길에 그 사람을 위안하는 의미로 「とんだ災難でしたね」라고 말합니다. 이 경우 역시 '재난'이라고 하면 어색하죠. 제가 번역한다면 '(황당한)봉변을 당하셨네요'라고 번역할 거 같습니다. 결론적으로 이렇게 쓰인 일본어 '재난'은 적절히 의역할 수밖에 없겠죠.

> **日** 한국의 경우도 좀 '오오게사'로 쓰이는 말이 있는데 바로 '날벼락'이라는 말입니다. 본래 의미는 '느닷없이 치는 벼락(雷)'이라는 뜻이지만 '날벼락을 맞다', '마른하늘에 날벼락(靑天霹靂)'의 형태로 비유적으로 쓰입니다. 또한 '날벼락이 떨어지다'의 형태로 호된 꾸지람, 호통이라는 의미로도 쓰입니다.

33. 倒れてくるなんて : 쓰러져 덮치다니

이 경우는 책장이 쓰러져서 실제로 서점 주인이 다친 경우이므로 위와 같이 의역해 줄 수 있겠죠.

34. 災難だったね : 일진이 나빴네요

부상을 입은 서점 주인 할아버지를 문병 가서 코난이 위로하며 하는 말입니다. 그런데 이 역시도 '재난이었네요'라고 하면 한국어로서는 어색하죠. 그리고 원문은 반말, 아니, 「ため口」로 돼 있는데 이걸 그대로 반말로 번역하면 이상하죠. 초등학생 아이가 타인인 할아버지한테 '일진이 나빴네'라고 하진 않죠, 한국에서는요. 저 위의 예문에서도 친구한테 「初めてでしょう」라고 경어로 해 놓고 그 뒤에선 「食べてみな」라고 「ため口」로 말하듯이 한국의 존댓말/반말과 일본의 敬語·ため口는 그 개념과 인식, 무게감, 쓰임새가 사뭇 다릅니다.

35. 取り調べの可視化 : 취조의 공개화

이 '가시화'라는 한자어도 한국과 일본의 쓰임새가 다릅니다. 우선 일본의 경우 '가시화'라는 말이 본격적으로 쓰이게 된 건 90년대부터라고 합니다. 제가 소개했던 사전 모음 사이트에 있는 사전 중에 '가시화'가 실려 있는 사전은 하나도 없고 인터넷 사전인 goo, 코토방크, weblio 사전에만 실려 있습니다. 일본은 검찰과 경찰 등의 취조 과정, 취조 내용 등을 다른 사람들이 확인할 수 있도록 녹화 또는 녹음하는 것을 법제화하는 과정에서 이 「取り調べの可視化」라는 표현을 썼는데 이로 인해 널리 퍼진 게 아닌가 합니다.

36. 일단락이 됐다 : 一区切りを迎えた

일본도 「一段落」라고도 하지만 이렇게도 말하니까 몰랐던 분은 외워 두시길. 그리고 우리는 '일단락되다'라고 하지만 이 역시 일본은 「一段落する」라고 합니다. 읽는 법은 원래 「いちだんらく」인데 「ひとだんらく」라고 읽는 사람도 많아서 이 표기도 게재해 놓은 사전이 많아졌다고 합니다.

37. 설계, 건설이 가시화되겠죠 : 設計·建設が具体化するでしょう

일본은 이걸 그대로 可視化라고 하면 어색하다고 합니다. 일본어 可視化는 위의 예제에서 나온 것처럼 쓰이는 것과 또 하나의 용법이 있는데, 예컨대 에너지 같은 눈에 보이지 않는 걸 수치, 도표, 그래프 등으로 나타내서 쉽게 파악하게끔 하는 경우에나 사용합니다. 우리는 이 경우 '시각화'라고 하는 게 일반적이죠. 자세한 건 큐알코드로 확인하시기 바랍니다. 한국어 '가시화'가 실제로 쓰인 사례를 직역해서 일본인들에게 물어본 결과도 적어 놨습니다.

한국어 '가시화'와 일본어 「可視化」의 뜻과 쓰임새 차이

38. 쌍둥이 적자 : 「双子の赤字」

일본은 '노'를 붙여 줘야 매끄럽다고 합니다.

39. 우려 커지지만 : 懸念が高まるが

우리는 이 경우 '커지다'란 표현을 하지만 일본은 이처럼 '높아지다'라는 표현을 씁니다.

40. 가능성은 희박 : 可能性は薄い

이 '희박'이라는 한자어도 쓰임새가 미묘하게 다른데 코지엔과 다이지린은 아래와 같이 설명하고 있습니다.

液体の濃度、または気体の密度の小さいこと。また一般に、少なく薄いこと。「空気が―な山地」「人情が―だ」↔濃厚

（1）気体の密度や液体の濃度のうすい・こと（さま）。⇔濃厚

「高度が増すと空気が―になる」

（2）乏しいこと。欠ける・こと（さま）。「熱意が―な人」「内容が―だ」

인정이 희박하다? 내용이 희박하다? 그리고 일본은 '애정이 희박하다', '관계가 희박하다'라는 식으로도 씁니다. 그리고 가장 결정적인 차이가 있는데 그건 바로 한국 국어사전의 3번 뜻풀이인 '어떤 일이 이루어질 가능성이 적다' 입니다. 일본은 이런 뜻, 그러니까 가능성이나 확률이 (한국어)희박하다는 뜻으로는 쓰지 않는다는 것이죠.

読み方

売却(ばいきゃく)・講究(こうきゅう)・内実(ないじつ)・猶(なお)及ばざるが如(ごと)し
敷地(しきち)・代償(だいしょう)・続発(ぞくはつ)・心地(ここち)・災難(さいなん)
可視化(かしか)・一区切(ひとくぎ)り・双子(ふたご)・懸念(けねん)

맺는 말

드디어 끝이 났네요. 못 집어넣는 게 아쉬워서 막판에 욱여넣고 한꺼번에 여러 한자어를 집어넣고 했는데도 아직도 못 실은 한자어가 많습니다. 2권 머리말에서 말씀드렸다시피 그런 것들은 사전 형태로 출간하거나 이마저도 여의치 않을 경우에는 블로그에 포스팅을 해 나가겠습니다. 1권을 3천 부가 아니라 적정한 부수를 찍었다면 2권이 더 빨리 나왔을 텐데 이런저런 이유로 그러지 못했다는 사실에 아쉬운 마음이 많이 들지만, 어찌 됐건 크라우드 펀딩 형태로나마 3권까지 세상의 빛을 볼 수 있게 돼서 다행이란 생각도 듭니다. 그동안 응원과 격려를 아끼지 않아 주신 이웃님들과 독자님들께 진심 어린 감사의 말씀을 전하는 바입니다.

그리고 2권, 3권에서도 오류나 잘못된 정보를 발견하시면 블로그나 메일 등을 통해서 기탄없이 지적해 주시기를 바랍니다. 대환영입니다. 이번에는 무식하게 3천 부씩이나 찍지 않고 적당한 부수를 출간할 생각이니 2쇄, 3쇄 등에서 바로잡도록 하겠습니다. 그리고 블로그로도 포스팅을 할 생각입니다. 나름대로 여러 루트를 통해 확인을 거쳤고 감수도 끝낸 내용들이지만 그 역시 완벽하지 못할 가능성이 충분히 있으니까요.

아무쪼록 이 〈앙대 앙~대 코패니즈 한자어〉 시리즈가 여러분의 일본어 실력을 쭉쭉 끌어올리는 데 일조를 할 수 있기를 바랍니다. 그렇게 된다면 저자로서 그 이상 기쁘고 보람 있는 일은 없겠지요. 그리고 현역 (초보)번역가님들, 앞으로 번역 직업에 뛰어들고자 하는 분들께도 제가 제안한 번역들이 어떤 영감으로 작용해서 상승효과를 낼 수 있기를 빌어 봅니다. 길고도 길었던 장정을 이렇게 마무리하면서 여러분의 앞날에 행복과 행운이 가득하시고, 또한 언제나 건강하시기를 기원합니다.

색인